MINDERHEITEN, REGIONALBEWUSSTSEIN UND ZENTRALISMUS IN OSTMITTELEUROPA

SIEBENBÜRGISCHES ARCHIV
ARCHIV DES VEREINS FÜR SIEBENBÜRGISCHE LANDESKUNDE
DRITTE FOLGE – IM AUFTRAG DES ARBEITSKREISES FÜR
SIEBENBÜRGISCHE LANDESKUNDE
HERAUSGEGEBEN VON PAUL PHILIPPI
HARALD ROTH UND GÜNTHER H. TONTSCH

BAND 35

MINDERHEITEN, REGIONALBEWUSSTSEIN UND ZENTRALISMUS IN OSTMITTELEUROPA

Herausgegeben von
HEINZ-DIETRICH LÖWE, GÜNTHER H. TONTSCH
und STEFAN TROEBST

2000
BÖHLAU VERLAG KÖLN WEIMAR WIEN

Das Siebenbürgische Archiv setzt in III. Folge die vier Bände der „Alten Folge" (1843-1850) und die 50 Bände der „Neuen Folge" (1853-1944) des „Archivs des Vereins für siebenbürgische Landeskunde" fort.

Gedruckt mit Unterstützung des Beauftragten der Bundesregierung für Angelegenheiten der Kultur und der Medien.

Die Deutsche Bibliothek – CIP-Einheitsaufnahme:
Minderheiten, Regionalbewusstsein und Zentralismus in Ostmitteleuropa / hrsg. von Heinz-Dietrich Löwe .... –
Köln ; Weimar ; Wien : Böhlau, 2000
(Siebenbürgisches Archiv ; Folge 3, Bd. 35)
ISBN 3-412-12799-X

© 2000 by Böhlau Verlag GmbH & Cie, Köln
Ursulaplatz 1, D-50668 Köln
Tel. (02 21) 91 39 00, Fax (02 21) 91 39 011
www.boehlau.de

Alle Rechte vorbehalten

Umschlagabbildung: Markttag auf dem Großen Ring in Hermannstadt
(Foto: Emil Fischer (1942), Sammlung Konrad Klein, Gauting).

Satz: Kraus PrePrint, Landsberg am Lech
Druckund Bindung: MVR-Druck GmbH, Brühl

Printed in Germany
ISBN 3-412-12799-X

INHALT

VORBEMERKUNG VII

GESCHICHTE UND GEGENWART

HARALD HEPPNER: Regionalismus und Zentralismus in der südosteuropäischen Geschichte 1

KONRAD G. GÜNDISCH: Ständische Autonomie und Regionalität im mittelalterlichen und frühneuzeitlichen Siebenbürgen 21

ALEXANDRU ZUB: Französische Kultureinflüsse und staatlicher Zentralismus in Südosteuropa 51

STEFAN TROEBST: Regionalismus und Autonomiestreben im Ostmitteleuropa der Nach-„Wende"-Zeit: Mährer und Russinen im Vergleich 67

KINGA GÁL: Innere Selbstbestimmung – Aktuelle Autonomiekonzepte der Minderheiten in Rumänien 105

KLEINE MINDERHEITEN

JUDIT PÁL: Armenier im Donau-Karpaten-Raum, im besonderen in Siebenbürgen 121

MARIANA HAUSLEITNER: Von der Inklusion zur Exklusion: Juden in Ungarn und Rumänien vor 1945 139

RICHARD CLOGG: The Greek Merchant Companies in Transylvania 161

BRIGITTE MIHOK: Historische, sprachliche und soziale Differenzierung der Roma im Siebenbürgen der Gegenwart 171

WIRTSCHAFT UND GESELLSCHAFT

GÁBOR GYÁNI: Middle Class and *Bürgertum* in Hungary with Special Regard to Transylvania During the Period of Dualism 185

HEIKE FRENZEL: „Siebenbürgens hervorragende Bestimmung als Industrie-Land" – Wirtschaftliche Erschließungskonzepte 1850-1910 195

HANS-JOACHIM BÜRKNER, WILFRIED HELLER: Aspekte der jüngeren Zentralitätsforschung in Ostmittel- und Südosteuropa – Veränderte Perspektiven für die Bewertung der Städte Siebenbürgens? 213

PERSONENREGISTER 235

MITARBEITERVERZEICHNIS 238

VORBEMERKUNG

Der vorliegende Band versammelt die überarbeiteten Vorträge der 36. wissenschaftlichen Jahrestagung, die der Arbeitskreis für Siebenbürgische Landeskunde e.V. Heidelberg in Zusammenarbeit mit dem Seminar für Osteuropäische Geschichte der Ruprecht-Karls-Universität Heidelberg und dem European Centre for Minority Issues (ECMI) in Flensburg mit internationaler Beteiligung und unter der Schirmherrschaft des Innenministers des Landes Baden-Württemberg, Dr. Thomas Schäuble, im September 1998 in den Räumen der Heidelberger Alma mater veranstaltet hat.

Die Tagung war einem höchst aktuellen Thema gewidmet, denn Minderheitenprobleme erweisen sich auch zehn Jahre nach der Wende in Ostmittel- und Südosteuropa als ständige und hartnäckige Begleiter der europäischen Politik. Regionalbewußtsein als individuelle und kollektive Befindlichkeit und Zentralismus als staatspolitisches Ordnungsinstrument haben die europäische Geschichte über die Zeiten mit unterschiedlicher Intensität begleitet und die Minderheitenpolitik geprägt. Das gilt für Ostmittel- und Südosteuropa mit seinen fließenden Völkerschaftsgrenzen und für das multinationale und plurikonfessionelle Siebenbürgen in besonderem Maße. Neben übergreifenden Analysen, die Zentralismus, Regionalismus, Autonomie und Selbstbestimmungsrecht in Ostmittel- und Südosteuropa als Phänomene der europäischen Geschichte bis in unsere Zeit hinein beleuchten, hat sich die Tagung auch den bislang in der Wissenschaft weniger beachteten „kleinen" Minderheiten (Armenier, Juden, Griechen, Roma) ebenso wie wirtschafts- und sozialgeschichtlichen Aspekten mit dem erklärten Ziel gewidmet, über ihren historischen Bezug hinaus gegenwartstaugliche Handreichungen für ein friedliches Zusammenleben der Völker in Europa zu bieten.

Daß dieser 35. Band des „Siebenbürgischen Archivs" bereits anderthalb Jahre nach der Tagung „Minderheiten, Regionalbewußtsein und Zentralismus in Ostmitteleuropa am Beispiel Siebenbürgen" erscheinen konnte, ist der guten Zusammenarbeit zwischen den Herausgebern und den aus Deutschland, Österreich, Rumänien, Ungarn und Großbritannien stammenden Mitarbeitern zu verdanken. Die Drucklegung ermöglichte ein Zuschuß des Beauftragten der Bundesregierung für Angelegenheiten der Kultur und der Medien.

Heinz-Dietrich Löwe
Günther H. Tontsch
Stefan Troebst

REGIONALISMUS UND ZENTRALISMUS IN DER SÜDOSTEUROPÄISCHEN GESCHICHTE

Harald Heppner

Einleitung

Wenn Geschichtsbetrachtung anhand eines bestimmten Raumes betrieben wird, eröffnen sich zwei Möglichkeiten: Entweder steht die äußerliche Geschichte dieses Raumes, das heißt vor allem die Geschichte politisch-territorialer Einheiten im Vordergrund, oder es geht um Wesenselemente der Geschichte dieses Raumes, das heißt um Eigenschaften, die das Schicksal dieses Raumes in besonderer Weise charakterisieren. Wendet man dieses gedankliche Prinzip auf den Schauplatz Südosteuropa an, betrifft die „Geschichte Südosteuropas" vornehmlich dessen Länder und Völker, wogegen sich die „südosteuropäische Geschichte" auf Phänomene bezieht, die sich hinter der Kulisse von Territorien und ethnischen beziehungsweise nationalen Gemeinschaften befinden und vorwiegend erst über reflexive Vorgänge erkennbar werden.

Derartige, einen bestimmten Raum kennzeichnende Wesenselemente werden zudem erst deutlich, wenn man die Geschichte dieses Raumes mit der anderer Räume vergleicht, denn erst dann läßt sich feststellen, was als allgemein gültig und was als speziell zu bezeichnen ist. Dazu kommt, daß das Profil wesensmäßiger Besonderheiten eines Raumes wie alles und jedes einem steten, wenn auch oft erst langfristig sichtbaren Wandel unterliegt, weshalb es unstatthaft wäre, einem konkreten Raum für alle Zeiten einen bestimmten geschichtlichen Stempel aufzudrücken. Allein die Frage, was wann zu Südosteuropa zu zählen ist, spiegelt diese Problematik wider.[1]

---

[1] Karl K a s e r: Südosteuropäische Geschichte und Geschichtswissenschaft. Wien, Köln 1990, S. 85ff.; Egbert J a h n: Wo befindet sich Osteuropa. In: Osteuropa 5/1990, S. 418-440; Hans L e m b e r g: Osteuropa, Mitteleuropa, Europa.

Es ist hier nicht der Ort, theoretische Überlegungen anzustellen, wie groß und wie beschaffen die Palette der Besonderheiten Südosteuropas ist, auch nicht, welche methodischen Zugänge hierfür möglich oder erforderlich sind; an dieser Stelle soll lediglich einer der denkbaren Pfade beschritten werden, um aufzuzeigen, inwieweit das vorgegebene Thema Regionalismus/Zentralismus dafür geeignet ist, die historische Wesensart des südosteuropäischen Raumes zu erfassen und zu beschreiben. Hierzu bedürfte es der Berücksichtigung von Beispielen außerhalb Südosteuropas. Aus Platzgründen wird allerdings nur ein einziger Vergleichsraum (Zentraleuropa) für die Betrachtung herangezogen, und auch dieser eher nur als Kulisse.

Eingangs ist es notwendig, die Begriffe „Regionalismus" und „Zentralismus" zu erläutern. Da der Mensch in seinem, in der Weltgeschichte sichtbaren generellen Ordnungsbedürfnis danach trachtet, aus Gründen der Sicherheit, des Überlebens, aber auch Verstehens zunächst kleinräumige Strukturen zu errichten, die für ihn überschaubarer und gestaltbarer sind als größerräumige (ehe er sich daran wagt, erweiterte Dimensionen anzusteuern), kann davon ausgegangen werden, daß alles Regionale als das historisch Frühere, Ältere und – zumindest lange Zeit – auch als das Bewährtere gegolten hat. Alles Über-Regionale mußte demgegenüber als das Entfernte, Unsichere und Abstrakte erscheinen, das wegen seiner schwereren Überschau- und Steuerbarkeit einerseits stets weiträumiger wirksamen Konjunkturen unterlag, andererseits aber auch Neugierde erzeugte beziehungsweise als Ziel anzog, um aus bestimmten Situationen innerhalb regionaler Strukturen herauszukommen (Drang oder gar Flucht aus der Unterlegenheit, Unwissenheit, Beschränkung usw.).

Weil regionale Ordnungen (politisch-territorialer, gesellschaftlicher oder geistiger Art) als das Ursprüngliche gelten können, mußten sich zentrale Ordnungen erst mit der Zeit entwickeln, das heißt nach und nach fest- und allenfalls auch durchsetzen. Als die genetisch jüngere und wegen ihrem Hang zum Großen im Prinzip „schwächere" Variante bedurften zentrale Ordnungen im Interesse ihres Aufbaus und ihrer Erhaltung eines stärkeren Einsatzes von Druck oder Sog. Die dabei angewandte Kraft kann man mit Fug und Recht als Zen-

---

Formen und Probleme der „Rückkehr nach Europa". In: Jürgen E l v e r t, Michael S a l e w s k i (Hgg.): Der Umbruch in Osteuropa. Stuttgart 1993, S. 15-28.

tralismus bezeichnen, der signalisiert, daß es einen konkreten Brennpunkt („Zentrum") gibt, dessen Anziehungskraft jedoch nicht automatisch gegeben ist.

Auch wenn das regionalisierende Prinzip das ursprünglichere Muster für Lebens- und Denkformen gewesen ist, hat es, um sich bilden zu können, gleichfalls gewisser zentralisierender Kräfte bedurft. Mit dem Auftauchen antiregionaler Tendenzen entstand Zentralismus im üblicherweise gebrauchten Sinn, der das Ziel hatte, Über-Regionales hervorzubringen. Derartige Prozesse lösten auf regionaler Ebene jedoch oft Gegenkräfte aus, die wir als regionalistisch bezeichnen. Hierdurch wird zweierlei, für das Verständnis des Problems Wichtiges ersichtlich: Zum einen zeigt sich, daß Regionalismus erst entsteht, wenn ein größeres Widerlager mit zentralistischem Anspruch entstanden ist, auf das es zu reagieren gilt, wogegen zum anderen sowohl Zentralismus als auch Regionalismus per se zentralisierende Ansprüche erheben, die sich bloß in der Dimension und Wirkung voneinander unterscheiden.

Die Abfolge des Widerstreits zwischen regionalistisch und zentralistisch ausgerichteten Kräften in der Geschichte ist ebenso kompliziert wie die dahinter verborgenen Ursachen. Dieser äußerst dichte Vorgang kann im vorliegenden Rahmen daher keineswegs ausgearbeitet, sondern nur skizziert werden.

Das Problem des verspäteten Beginnes in Südosteuropa

Das Römische Reich in seiner Spätphase hat Verfallserscheinungen gezeigt, aber nicht deshalb, weil seine zentralisierende Konstruktion ernstlich in Frage gestellt worden wäre, sondern weil der zu beherrschende geographische Rahmen in keinem Verhältnis mehr zu den auf Dauer mobilisierbaren Bindekräften stand.[2] Trotz aller Unterschiede in den einzelnen Provinzen blieb das dem Römischen Reich Gemeinsame und daher auf ein räumliches und ideelles Zentrum Gerichtete als Vision so dominant, daß es in der Form des Oströmisch-Byzantinischen Reiches noch rund tausend Jahre lang als nur

---

[2] Richard K l e i n: Die Auflösung des Weströmischen Reiches. In: Helmut A l t r i c h t e r, Helmut N e u h a u s (Hgg.): Das Ende von Großreichen. Erlangen, Jena 1996, S. 79-110, weist der Teilung des Imperium Romanum für das aufgebaute System jedoch entscheidende Bedeutung zu.

wenig modifiziertes Modell weiterbestand.³ Dieses Modell hat auch dem westlichen Kaisertum manche Anregungen geliefert.⁴

Außerhalb der Grenzen des Imperium Romanum gab es zur Zeit der Völkerwanderung noch keine regionalistisch einstufbaren Prozesse, da der zentralisierende Druck der Römer sukzessiv erlahmte. Die wandernden Stämme und Völker,⁵ in für ihre demographische Größe riesigen Räumen, hielt meist nicht viel mehr zusammen als das gemeinsame Schicksal, denn weder die verwandtschaftlichen und kulturellen Elemente waren von namhafter Bindung noch gab es angesichts der beachtlichen Mobilität eine ausgeprägte Verankerung in einem bestimmten, für damalige Verhältnisse überschaubaren Raum. Das Fehlen regionaler Strukturen ist auch daran zu erkennen, daß es keine Residenzen gab.⁶ Wie aus dem anhaltenden Widerstand gegen die Römer hervorgeht, kommt als einzige Ausnahme das Dakerreich aus der Zeit vor der Eroberung durch Kaiser Trajan in Betracht.⁷

Das sogenannte Frühmittelalter brachte grundlegende Änderungen mit sich, weil sich nun regionale Strukturen, dann aber auch zentralisierende Gegenkräfte bildeten. Die zeitlich lange Ausdehnung der Völkerwanderung in Südosteuropa⁸ schuf die Voraussetzungen für Frühformen der Regionalisierung – einerseits stimuliert durch den Zusammenschluß von Stämmen zugunsten äußerer Sicherheit (Invasionen der Awaren, Protobulgaren und Magyaren), andererseits aus Gründen wirtschaftlich-sozialer Vernetzung innerhalb kürzerer

---

³ Grundlegendes bei Hans-Georg B e c k: Das byzantinische Jahrtausend. München 1978.

⁴ Siehe Pavlos T z e r m i a s: Das andere Byzanz. Konstantinopels Beitrag zu Europa. Freiburg 1991.

⁵ Allgemeines bei Joachim H e r r m a n n (Hg.): Welt der Slawen. München 1986, besonders Kapitel III.

⁶ Siehe hierzu etliche Beiträge in Harald H e p p n e r (Hg.): Hauptstädte in Südosteuropa. Wien, Köln, Weimar 1994, sowie ders. (Hg.): Hauptstädte zwischen Save, Bosporus und Dnjepr. Wien, Köln, Weimar 1998.

⁷ Kurt A. T r e p t o w (Hg.): History of Romania. Iași 1995, S. 35ff.

⁸ In diesem Zusammenhang sei auf Gottfried S c h r a m m: Ein Damm bricht. Die römische Donaugrenze und die Invasionen des 5.-7. Jahrhunderts im Lichte von Namen und Wörtern. München 1997, und die dort angegebene weiterführende Literatur verwiesen.

Distanzen (zum Beispiel Großmährisches Reich).⁹ Ausgeprägte kulturelle Merkmale des in der Form kleiner, isolierter Kammern besiedelten Raumes fehlten noch und konnten daher nicht zur regionalen Identitätsbildung der Menschen dienen, die nur zwischen „Eigenen" und „Anderen" unterschieden haben dürften.¹⁰ Die zentralen Autoritäten der frühmittelalterlichen Zusiedler (Stammesfürsten, Knezen etc.) hingen noch stärker, als dies später der Fall war, von realer, das heißt physischer Macht ab, da es ihnen an jenseitigen Rechtfertigungen noch mangelte. Eine Ausnahme stellen die Hoheitsgebiete der Reitervölker (Hunnen, Awaren, Protobulgaren) dar, wo das Khanat eine überragende symbolische Stellung einzunehmen vermochte.¹¹

Gegen die infolge der Landnahme entstehenden regionalen Ordnungen beziehungsweise Ordnungsversuche richteten sich seit dem 8. Jahrhundert zentralisierende Kräfte, die sich im wesentlichen aus drei Komponenten zusammengesetzt haben. Die eine davon war die Christianisierung,¹² die in mehrfacher Hinsicht zentralisierende Effekte ausgelöst hat: 1. verdrängte mittelfristig die klar definierte religiöse Lehre des Christentums die Vielfalt und Unschärfe naturreligiöser Anschauungen und Bräuche; 2. verschaffte die Übernahme des Christentums den am Herrschaftsausbau interessierten Führungskräften ein Instrument zu verstärkter, auch ideeller Unterordnung der Untertanen; 3. diente die Missionierung als Schlüssel zum Eintritt in die Welt der damaligen Zivilisation (aus der Tatsache, daß die Missionierung etliche Generationen an Zeit benötigte und dabei auch reichlich das Mittel der Gewalt zur Anwendung kam, ist abzuleiten, daß die christianisierte Welt nicht von vornherein als geistigreligiöses Zentrum gegolten haben kann). Die zweite Komponente war die Verknüpfung des Missionseifers mit konkreter Territorialpolitik, wie sie das Karolingerreich beziehungsweise das spätere Deutsche Reich praktiziert haben.¹³ Sicherheits- und Expansionspo-

---

⁹ Siehe Anmerkung 5 (Kapitel IX).
¹⁰ Siehe dazu die Etymologie des slawischen Wortes „Nemec" (der Deutsche): Der keinen Namen Tragende.
¹¹ Walter P o h l: Die Awaren. Ein Steppenvolk in Mitteleuropa 567-822 n.Chr. München 1988, S. 174ff., 199ff., 292ff., der Einblick in die Verhältnisse bei den anderen Reitervölkern gibt.
¹² Jean W. S e d l a r: East Central Europe in the Middle Ages, 1000-1500. Seattle, London 1994, S. 140-196.
¹³ Zusammengefaßt bei Charles H i g o u n e t: Die deutsche Ostsiedlung im Mittelalter. Berlin 1986, passim.

litik gingen dabei Hand in Hand und bewirkten zweierlei: Zum einen vermittelte die lehensmäßige Anlehnung der vielfach noch mit Rivalen kämpfenden Jungdynastien an den fränkischen beziehungsweise deutschen König jenen Rückhalt, der für die Herausbildung einer gesicherten Landesherrschaft vonnöten war,[14] zum anderen war die Bindung an das im Westen benachbarte, hegemonial auftretende Reich eine nahezu ständige Quelle für Emanzipationsbestrebungen, das heißt für regionalistisch ausgerichtete Ziele: Polen und Ungarn konnten ihre Unabhängigkeit bewahren, wogegen Böhmen in das Reichsgefüge hingewachsen ist. Das von den Karolingern und ihren Nachfolgern angewandte Prinzip bedeutete aber weniger Zentralismus um seiner selbst willen, als vielmehr anbindende Unterstellung, um die unsichere Ostflanke des Reiches zu schützen. Die Handhaben, Polen oder Ungarn auf Dauer dem Reich unterzuordnen, waren fast immer zu schwach. Als prinzipiell zentralistisch kann jedoch die Politik der Römischen Kurie ebenso wie des Byzantinischen Reiches[15] bezeichnet werden. Letzteres betrieb ab dem 9. Jahrhundert eine Politik der Reconquista, um die einst verlorengegangenen Territorien und Machtpositionen auf dem Balkan zurückzugewinnen.[16] Das Erste Bulgarische Reich, zu dessen Rand vorübergehend auch Siebenbürgen gehörte, versuchte unter dem Zaren Symeon Byzanz mit seinem Universalprinzip zu beerben, doch wurde es von seinem Rivalen nicht nur überwältigt, sondern auch wieder einverleibt. Wie zentralistisch das politische Denken in Byzanz war, ist auch an der großen Zahl der Usurpationen zu ersehen, die alle das Ziel hatten, die jeweils fraglich gewordene „Ordnung" in der Hauptstadt Konstantinopel wiederherzustellen.[17]

Das Schicksal der südosteuropäischen Länder führt vor Augen, worin das Problem des verzögerten Anfangs beim Aufbau regionaler Strukturen in Südosteuropa bestand: Wegen deren im Vergleich zu West- und Mitteleuropa späteren Aufbaus fehlte es in Bulgarien, Ungarn usw. an Zeit, um jenen von außen kommenden zentralisti-

---

[14] Siehe Jörg K. H o e n s c h: Geschichte Böhmens. 3. Aufl. München 1994.
[15] Siehe Anmerkung 12.
[16] Georg O s t r o g o r s k y: Geschichte des byzantinischen Staates. München 1963, Kapitel IV.
[17] Vgl. Harald H e p p n e r: Zentrale und dezentrale Machtgefüge in Byzanz. In: Revue des études sud-est européennes XXXV, no.1-2, 1997, S. 22-25.

schen Bestrebungen etwas Adäquates entgegenzusetzen, und so waren die jungen, politisch unausgereiften Gebilde mehr oder weniger gezwungen, sich mit dieser Nachbarschaft (Deutsches Reich, Byzanz) irgendwie abzufinden. Diese führte – von kriegerischen Beziehungen abgesehen – entweder zur Zunahme innerer Stärkung (Ungarn) oder zur allmählichen Zerstörung des in der Region vorhandenen Widerstandes (Bulgarien im Spätmittelalter). In diesem Zusammenhang ist es jedoch wichtig festzuhalten, daß das Deutsche Reich und noch mehr die Römische Kurie und das Byzantinische Reich auf Prinzipien aufbauten, die in der Antike entwickelt worden waren, das heißt auf der Suche nach einer umfassenden Gesamtordnung, wogegen die Staatenwelt im östlichen Europa zum Zeitpunkt ihres Entstehens über keine vergleichbare ideologische Plattform verfügt hat.

Die den Donau-, Karpaten- und Balkanraum im Hoch- und Spätmittelalter bestimmenden Verhältnisse haben an der weiteren Entwicklung nichts Grundsätzliches geändert, denn es blieb bei einem Auf und Ab zentralistischer und regionalistischer Prozesse, die sich, soweit sie politischen Charakter hatten, allerdings in wachsendem Maße auf den südosteuropäischen Raum selbst beschränkten, während die an der Peripherie Südosteuropas verankerten traditionellen Träger großräumiger Ordnungen (Deutsches Reich, Byzanz) zusehends an Einfluß einbüßten. Regionale Stabilitäten lösten in Verbindung mit dynastischen Vakuen den Anreiz aus, überregionale Vernetzungen zu versuchen (Union zwischen Litauen und Polen, Union zwischen Böhmen und Ungarn, Union zwischen Polen und Böhmen, Union zwischen Polen und Ungarn, Union zwischen Ungarn, Böhmen und Österreich). Politische Vakuen konnten aber auch das Gegenteil hervorrufen, denn das Schwinden der mongolischen Präsenz an der unteren Donau gab den Rumänen den Anstoß, ihre Zugehörigkeit zum Königreich Ungarn ab- und eigene Vojvodate (Walachei und Moldau) aufzubauen.[18] Wie eng Zentralisierung und Regionalisierung zusammenhingen, beweist auch das siebenbürgisch-sächsische Beispiel: Der ungarische König, darum bemüht sein Land nach außen abzusichern, um seine (zentralen) Anliegen zu schüt-

---

[18] Vlad G e o r g e s c u: The Romanians. A History. Columbus 1991, S. 116-18; Ioan-Aurel P o p: Romanians and Hungarians. The Genesis of the Transilvanian Medieval State. Cluj-Napoca 1996, insbesondere S. 196ff.

zen, holte deutsche Kolonisten ins Land, die ihrerseits nur vom König und von keinen anderen Autoritäten abhängen wollten; dafür waren diese seit ihrer Zusiedlung bestrebt über ein abgeschirmtes Territorium mit eigenen Regeln zu verfügen.[19]

Die Wirkung des im Spätmittelalter deutlich zunehmenden Kontakts zur Außenwelt hat die Verquickung zentraler und regionaler Strukturen noch unterstrichen, denen man den Charakter kommunizierender Gefäße zuweisen kann. Das Städtewesen, der Handel und ein gewisser Aufschwung im Bildungswesen haben einerseits dazu geführt, daß weite Teile Südosteuropas von den kulturellen Errungenschaften der lateinischen Welt erfaßt wurden (Universitäten, Humanismus, Renaissance),[20] andererseits jedoch, daß die Eigenheiten der einzelnen Länder stärker als früher in das allgemeine Bewußtsein eindrangen. Trotz der Tendenz zu weiterer Regionalisierung insbesondere in der Politik und im Geistesleben hat es damals nur in Ausnahmefällen schon fixe hauptstädtische Zentren gegeben.[21]

Zentralismus – zerstörerisch oder heilsam?

Im Zeitalter der sogenannten Frühneuzeit (16.-18. Jahrhundert) hat der Schauplatz Südosteuropa gravierende Veränderungen erfahren, die auch für das Verhältnis Zentralismus/Regionalismus von dauerhafter Bedeutung gewesen sind. Der wohl wichtigste Faktor war das Entstehen des Osmanischen Reiches, das sich über weite Teile Südosteuropas ausgedehnt und auch auf seine unmittelbare Umgebung nachhaltige Einflüsse ausgeübt hat. Es ist zu betonen, daß dieses Weltreich auf einem zentralistischen Prinzip aufbaute, wonach Sultan und Islam die obersten Orientierungs- und Machtinstanzen darstellten. Um den daraus für Europa drohenden Gefahren zu entgegnen, bedurfte es entsprechender Gegenmaßnahmen, die auf Dauer nur Erfolg haben konnten, wenn gleichartige Prinzipien Platz griffen. Mangels entsprechender Voraussetzungen scheiterten die

---

[19] Zusammengefaßt bei Konrad G ü n d i s c h: Siebenbürgen und die Siebenbürger Sachsen. München 1998, Teil II und III.

[20] Siehe hierzu zum Beispiel den Katalog zur Ausstellung „Mathias Corvinus und seine Zeit" (Schallaburg/NÖ 1982).

[21] Vgl. Anmerkung 6.

Griechen, Bulgaren, Serben und Rumänen in ihrer Abwehr an jener nicht bodenständigen islamischen Initiative, und auch die Ungarn waren nicht in der Lage, den Vorstoß der Türken aufzuhalten. Das Habsburgerreich, das sich infolge der dynastisch-territorialen Verschmelzung der Erbländer, der böhmischen und der ungarischen Länder im Jahre 1526 bildete, konnte jenem mächtigen Nachbarn zwar schließlich doch Einhalt gebieten, doch dauerte es trotzdem mehr als 200 Jahre, ehe die Gefahr für den Donauraum überwunden war. Der Defensionszwang gegen die Türken hat den habsburgischen Zentralismus[22] beschleunigt, aber nicht erfunden, denn dieser geht auf ältere Wurzeln zurück. Die eine, die auf dem im Spätmittelalter zunehmenden Rückgriff auf das römische Recht beruhte, war der politische Wille der Dynasten, im Wege absolutistischer Organisationsstrukturen die Grundlagen des modernen Staates zu schaffen.[23] Die andere beruhte auf der von den Habsburgern innegehabten Kaiserwürde, die, um effiziente Kraft zu besitzen, nach Reform der überalteten Organisationsstrukturen rief; Kaiser Maximilians I. Plan zur Einführung eines Reichsregiments (Zentralstelle) fand allerdings keinen großen Widerhall.[24]

Man kann somit behaupten: Dank der allgemeinen Entwicklung im 16. Jahrhundert lag das Prinzip des Zentralismus „in der Luft" – bedingt ebenso durch das veränderte geopolitische Gefüge in Europa wie durch die allmählich deutlich werdenden Schwächen des Feudalismus, der den ständisch-regionalen Strukturen vorerst jedoch noch ein Übergewicht verlieh; erst nach und nach gelangte der „fürstliche Absolutismus" zum Durchbruch. Der zunehmende Druck von seiten der zentralen Obrigkeit ließ im Falle des Habsburgerreiches sehr rasch regionalistische Strömungen aufkeimen, und zwar insbesondere dort, wo bis 1526 andere Traditionen vorgeherrscht hatten (Ungarn, Böhmen). Die Welle des Widerstandes spiegelt sich auffällig auf der konfessionellen Ebene wider: Der Protestantismus war

---

[22] Siehe zum Beispiel Winfried S c h u l z e: Landesdefension und Staatsbildung. Wien, Köln, Graz 1973.
[23] Exemplarisch bei Harald H e p p n e r: Habsburg und die Siebenbürger Sachsen (1688-1867). Zum Thema politische Kultur. In: Zsolt K. L e n g y e l, Ulrich A. W i e n (Hgg.): Siebenbürgen in der Habsburgermonarchie. Vom Leopoldinum bis zum Ausgleich. Köln, Weimar, Wien 1999, S. 49-54.
[24] Hermann W i e s f l e c k e r: Maximilian I. Wien, München 1991, S. 271ff.

nicht nur seinem Ansatz nach antikatholisch, sondern versinnbildlichte auch das Prinzip der Vielfalt (Nebeneinander verwandter Glaubensrichtungen, Landessprachen), das einer vom höfisch-bürokratischen Zeitgeist angestrebten Machtballung zwangsläufig im Wege stand. Das Ergebnis war ein etliche Generationen erfassender Macht- und Kulturkampf, der als eine Art Gärphase zugunsten des modernen Staats- und Gesellschaftsgefüges bezeichnet werden kann.

Der habsburgische Absolutismus, der bis zum 18. Jahrhundert mehr Vision als Wirklichkeit blieb, sorgte jedoch allemal dafür, daß Land und Leute nach der Verdrängung der Türken einer fortschrittsbetonten Entwicklungspolitik unterzogen wurden, die ohne den dahinterstehenden zentralen Willen nicht so rasch zustande gekommen wäre beziehungsweise solche Früchte getragen hätte. Besondere Beispiele in dieser Hinsicht sind das Banat und die Bukowina.[25] Beide Gebiete waren staatsrechtlich Bestandteile anderer Länder gewesen (Ungarns, Moldau), wurden aus deren Substanz herausgelöst und zu neuen territorialen Einheiten gemacht. Beide Provinzen unterlagen dem zentral gesteuerten Willen, Experimentierfelder der Reformpolitik zu sein, was zur Folge hatte, daß beide Provinzen binnen zweier Generationen eine Modernität aufwiesen, die sonst undenkbar gewesen wäre. Die logische Folge dieser Entwicklungspolitik war das Aufkeimen eines „patriotischen Regionalismus" der mit der Zentrale Wien nicht in Widerspruch stand, sondern sich dort anlehnte. Die Förderung der südosteuropäischen Peripherie durch die habsburgische Obrigkeit hat – obwohl nicht direkt bezweckt – auch nicht unerheblich dazu beigetragen, daß die minderberechteten Ethnien des Vielvölkerreiches (Rumänen, Ruthenen, Slowaken und Serben) sich ihrer selbst bewußt geworden sind.[26] Hierdurch entstand der geistige Nährboden für die späteren Nationalbewegungen.

Im benachbarten Osmanischen Reich fehlte die Tradition des Dualismus zwischen Provinz und Hauptstadt, weil es keine mit den west-

---

[25] Zusammengefaßt bei Harald H e p p n e r: Die wirtschaftliche Bedeutung der deutschen Siedlungsgebiete in Südosteuropa für das Habsburgerreich 1720-1918. In: Gerhard G r i m m, Krista Z a c h (Hgg.): Die Deutschen in Ostmittel- und Südosteuropa. Bd. 1. München 1995, S. 87-92.

[26] Zum Beispiel Emanuel T u r c z y n s k i: Konfession und Nation. Düsseldorf 1976, über Serben und Rumänen.

lichen Verhältnissen vergleichbaren regionalen Strukturen gegeben hat. Was dieses Defizit bedeutete, offenbarte sich dann im Kampf um die nationale Befreiung. Nun fehlte es an der Einübung des wenn auch strittigen politischen Dialogs zwischen der Zentrale und den Bittstellern aus den Provinzen ebenso wie an einer ausreichenden inneren Geschlossenheit der Aufstandsgebiete im politischen Handeln, als es darum gehen mußte, alles dem einen Ziel (Autonomie oder Separation) unterzuordnen.[27] Außerdem bot die islamische Obrigkeit der christlichen Bevölkerung, wie es die Habsburger innerhalb ihres Reiches taten, keine positiven schöpferischen Anreize geistiger, organisatorischer oder atmosphärischer Art, die regionalistischen Entwicklungen Vorschub zu leisten vermochten. Die ideellen Wurzeln der sogenannten nationalen Wiedergeburt kamen von außen, hauptsächlich aus dem benachbarten Österreich. Mangels Rückgriff auf derartige Erfahrungen waren die sich dem orientalischen Einfluß entwindenden Völker vor, während und nach ihrer Befreiung daher dazu angehalten, auf ihrem Weg in die Moderne Orientierung am für sie fernen und übergroßen „Europa" zu suchen.[28] Dies erforderte, sich in gewisser Weise dem Okzident zu unterwerfen, der mit der Theorie höherer Zivilisation den Anspruch auf Vorrang verband.[29]

Auch wenn die Zustände im 16. bis 18. Jahrhundert der Idee des Zentralismus entschieden Aufwind verschafften, bleibt richtig, daß sich Zentralismus und Regionalismus im westlichen Südosteuropa gegenseitig ergänzten. Der Wiener Zentralismus, der trotz vieler Versuche nie eine mit Konstantinopel vergleichbare Schärfe erreichte, besaß in den gewachsenen Regionalstrukturen Ungarns, aber auch Galiziens stets ein Widerlager, das eine solche (ohnehin nie angepeilte) Wirkung nicht zuließ. Der osmanische Zentralstaat hingegen hat keine Föderalisierung vorgesehen, weshalb die politische Landschaft und die politische Kultur am Balkan verödete. Nach der Be-

---

[27] Barbara J e l a v i c h: History of the Balkans vol. 1. Cambridge 1983, S. 298f.
[28] Siehe hierzu Harald H e p p n e r (Hg.): Die Rumänen und Europa. Wien, Köln, Weimar 1997; ders., Olga K a t s i a r d i - H e r i n g (Hgg.): Die Griechen und Europa. Wien, Köln, Weimar 1998; ders., Rumjana P r e š l e n o v a (Hgg.): Die Bulgaren und Europa. Sofia 2000.
[29] Larry W o l f f: Inventing Eastern Europe. The Map of Civilization on the Mind of the Enlightenment. Stanford 1994.

seitigung des türkischen „Jochs" traten die jungen Nationen daher in dieselben, zum Teil auch von seiten der westlichen Großmächte empfohlenen Pfade, nämlich zentrale Ordnungsmuster zu forcieren und deren Gegenteil möglichst zu unterbinden.

Zwei Gesichter – eine Kraft: Modernisierung und Nationalismus

Es ist hier nicht der Ort für Überlegungen, inwieweit der Modernisierungsgedanke und die Nationalidee ursächlich miteinander zusammenhängen. Für den vorliegenden Gedankengang reicht es festzuhalten, daß deren Kraft in Südosteuropa ungefähr zeitgleich aufgetreten und wirksam geworden ist.[30] Wesentliche Komponenten der Modernisierung sind ein grundlegender Wandel in Gesellschaft, Wirtschaft und Organisationsformen, der eine zunehmende Präsenz des Staates mit sich brachte. Der Druck der öffentlichen Sphäre hat schon im 18. Jahrhundert zugenommen, wodurch mit der Zeit viel mehr Angelegenheiten als zuvor zur „res publica" wurden. Sowohl der Modernisierungs- als auch der Nationalidee wohnen zentralisierende Ziele inne, wogegen deren Verwirklichung durchaus auch dezentrale Komponenten haben kann.

Der Industrialisierung liegt das Ziel zugrunde, die räumliche Zerstreutheit landwirtschaftlicher Betriebe in lokal eingegrenzte technisierte Unternehmen umzuwandeln; gleichzeitig erfordert sie Arbeitsteilung und Spezialisierung. Die Urbanisierung konzentriert die Menschen auf engem Lebens- und Wohnraum, gibt wegen der komplexen Verdichtung in der modernen Stadt den Bewohnern jedoch

---

[30] Holm S u n d h a u s s e n : Die „Modernisierung" der Balkanländer in vorsozialistischer Zeit: Ein Mißverständnis und seine Folgen. In: Ilina G r e g o r i, Angelika S c h a s e r (Hgg.): Rumänien im Umbruch. Bochum 1993, S. 23-34; ders.: Institutionen und institutioneller Wandel in den Balkanländern. In: Johannes Chr. P a p a l e k a s (Hg.): Institutionen und institutioneller Wandel in Südosteuropa. München 1994, S. 35-54; ders.: Nation und Nationalstaat auf dem Balkan. Konzepte und Konsequenzen im 19. und 20. Jahrhundert. In: Jürgen E l v e r t (Hg.): Der Balkan. Eine europäische Krisenregion in Geschichte und Gegenwart. Stuttgart 1997, S. 77-90; Harald H e p p n e r : Zur Modernisierung der Gesellschaft in Südosteuropa. In: Etudes balkaniques 1. Sofia 1995, S. 56-72; ders.: Gedanken zum Problem der Modernisierung der Kultur in Südosteuropa. In: Revue des études sud-est européennes XXXIII. Bukarest 1995, S. 231-250; ders.: Modernisierung der Politik als Strukturproblem in Südosteuropa. In: Österreichische Osthefte 37. Wien 1995, S. 717-746.

auch Anreize, dieser Verdichtung zu entfliehen, das heißt antiurbane Auswege zu suchen. Der Aufschwung des Bildungswesens im 19. und 20. Jahrhundert erweiterte den Wissens- und Erfahrungshorizont („Informationsgesellschaft") erheblich, wodurch die lokale beziehungsweise regionale Dimension eine neue Wertigkeit erhielt. Während sie ursprünglich wegen ihrer Überschaubarkeit die gewohnte Sicherheit vermittelnde Dimension symbolisierte, kam sie im Zuge der Kommunikationsentwicklung (Eisenbahn, Post, Telefon, Autoverkehr, Television, Internet) in den Geruch der Begrenztheit und wurde daher auch politisch desavouiert („Kirchturmpolitik"). Dieser Druck der größeren Dimension stärkte wiederum den (Lokal-)Patriotismus, der immer wieder zu hohen Ehren kam.[31] Schließlich verlangt Modernisierung immer neue Wellen der Anpassung, was einen stetig steigenden Regulierungszwang bedeutet. Die klassische Nationalidee hingegen beruht auf dem Prinzip des Vorhandenseins eines geschlossenen, unangezweifelten Territoriums und auf dem vereinheitlichten Willen der Nation, ihr Schicksal möglichst ungehindert selbst zu bestimmen.

Diese im westlichen Europa hervorgebrachten Entwicklungsmuster sind im Lauf des 19. und 20. Jahrhunderts in Südosteuropa eingedrungen beziehungsweise übernommen worden. Da die historisch gewachsenen Strukturen hierfür jedoch nicht geeignet waren, entstand eine Fülle von Problemen, die sich auch im Verhältnis zwischen Zentralismus und Regionalismus widerspiegelten. Mit der Ausbreitung des Nationalgedankens wurden die oft in bunter Mischung miteinander lebenden Völker geistig neu gebündelt und politisch in antagonistische Beziehungen gesetzt, so daß nationale beziehungsweise ethnische Interessen beinahe zwangsläufig aufeinanderprallen mußten. Ein großes Problem bestand in der territorialen Abgrenzung, die es nicht nur zwischen Großreich (Osmanisches Reich, Habsburgisches Reich, Russisches Reich) und Kleinstaat zu klären galt, sondern auch zwischen rivalisierenden Kleinstaaten (Griechenland–Bulgarien, Bulgarien–Serbien, Bulgarien–Rumänien, Griechenland–Türkei). Alle nicht zur nationalen Mehrheit Gehören-

---

[31] Siehe zum Beispiel Corneliu Zelea C o d r e a n u: Eiserne Garde. München 1972, passim.

den gerieten hierdurch zwangsläufig in den Status von Minderheiten, auf die nur wenig Rücksicht genommen wurde.[32] Ein zweites Problem bestand darin, daß das bei der Nationalstaatswerdung zum Tragen kommende regionalistische Prinzip innerhalb der neu geschaffenen Gemeinwesen keine Berücksichtigung fand. Dort griff der Zentralismus Platz, und alle Versuche der Minoritäten, föderale Konstruktionen in Verwaltung und Kulturleben einzubringen, blieben ohne namhaften Erfolg. Beispiel für diese Prozesse ist die Rolle der Hauptstädte Athen, Belgrad, Sofia und Bukarest.[33] Weil die im Vergleich zum Westen verspätet einsetzende Modernisierung überstürzt begann und zu sehr von außen und oben betrieben wurde, konnte nichts anderes als eine Polarisierung entstehen, in der das historisch gewachsene regionale Element als veraltet und schlecht, das überregionale beziehungsweise okzidentale Element hingegen als gut und fortschrittlich galt. Der zeitliche und substanzielle Vorsprung „Alteuropas" hat es den in wirtschaftlichen, gesellschaftlichen, kulturellen und daher auch politischen Defiziten steckenden jungen Nationalstaaten Südosteuropas nahegelegt, sich erneut an den Westen anzulehnen – mittels der Übernahme juridisch-administrativer Erfahrungen, ideologischer Orientierungen, künstlerischen Geschmacks usw.[34] Die daraus resultierenden Klüfte zwischen „Alt-Europa" und „Neu-Europa" sind die hauptsächliche Ursache, warum alle südosteuropäischen Staaten immer wieder zu gewaltsamen politischen Mitteln gegriffen haben, und warum andererseits die Rückbesinnung auf Natur, ländliches Dasein und vorindustrielle Idylle in immer neuen Wellen aufgetaucht ist.[35]

Der Zusammenbruch der alten Ordnung, gefolgt von einem Vakuum, das die Pariser Friedensverträge ebenso wie der Bolschewismus zu nutzen versucht haben, forderte in den überschaubar bleibenden Regionen Kräfte heraus, die antizentralistische Pläne beziehungsweise regionalistische Konzeptionen – und sei es nur als Inte-

---

[32] Aus der Unzahl einschlägiger Arbeiten hervorgehoben sei Othmar K o l a r: Rumänien und seine nationalen Minderheiten 1918 bis heute. Wien, Köln, Weimar 1997.
[33] Anmerkung 6 (Hauptstädte in Südosteuropa).
[34] Siehe Anmerkung 28.
[35] Zum Beispiel Eva B e h r i n g: Rumänische Literaturgeschichte von den Anfängen bis zur Gegenwart. Konstanz 1994, Kapitel IV bis VII passim.

rim – zu forcieren suchten, um ein freies Spiel der Kräfte einzudämmen. In dieser Hinsicht lassen sich eine Fülle origineller, zum Teil abstruser Pläne oder Verwirklichungsversuche nachweisen, die eines gemeinsam haben: den Moment zugunsten „kleiner" Ordnungsversuche auszunützen und regionale *fait accomplis* zu setzen.[36] Der Geist der Neuordnung nach dem Ersten Weltkrieg besaß hierfür jedoch keinen Sinn, und so wurden zugunsten größerer quasinationaler Staaten historische Regionen aufgelöst (zum Beispiel Bukowina, Bessarabien, Siebenbürgen, Dalmatien) oder ihres einst autonomen Status beraubt.

Neue Zeiten, neuer Zentralismus

Wegen der spezifischen Rahmenbedingungen kann die sozialistische Ära als neuartige Etappe des Zentralismus in Südosteuropa bezeichnet werden. An dieser Ära war unter anderem neu, daß sie nach einer früheren Welle sogenannter Europäisierung („westernization") eine neue Welle der Fremdbestimmung bescherte, die auf einen noch eindeutigeren und wirksameren Fokus als „den Westen" zurückging: auf Moskau, das Zentrum der Sowjetunion und lange Zeit auch der kommunistischen Weltbewegung. Die sozialistische Ära war jedoch auch deshalb ein besonderer Abschnitt in der Geschichte Südosteuropas, weil die Kommunisten zwar vorgaben, die bis dahin bestehenden Entwicklungsdefizite zu beheben, trotz aller Erfolge jedoch nicht verhindern konnten, daß der Rückstand gegenüber Mittel- und Westeuropa bestehen blieb. Außerdem hat der stark forcierte Anspruch der sozialistischen Bewegung, heilbringende Alternative zum „todbringenden" Kapitalismus zu sein, bewirkt, daß jener mit dem Nachlassen des sowjetischen Einflusses und der davon abhängenden Errungenschaften seit den 1970er Jahren erst recht die allgemeine Aufmerksamkeit auf sich zu ziehen begann.

Das Machtmonopol der Kommunisten hat den Zentralismus zum Dogma erhoben, so daß dessen ergänzende Kraft, der Regionalismus, keine echte Chance erhalten konnte. Es gab zwar wiederholt Versuche, auf überstaatlicher Ebene pluralistische Prinzipien durch-

---

[36] Hierzu Harald H e p p n e r, Eduard S t a u d i n g e r (Hgg.): Region und Umbruch 1918. Wien, Köln, Weimar (im Druck).

zusetzen (Regionalisierung des Sozialismus), doch gelang es allein Jugoslawien und Albanien, sich der Umklammerung Moskaus zu entziehen. Im binnenstaatlichen Bereich waren angesichts der sowjetischen Organisationsstrukturen keine dauerhaft erfolgreichen Modelle regionalistischer Prägung zu verzeichnen, denn die Autonomisierung der Slowakei (1968) ebenso wie der Vojvodina und des Kosovo (1974) blieb an der Oberfläche und hielt auch nicht lange an. Der monopolistische Anspruch der kommunistischen Machthaber verlangte alte Verwaltungsgrenzen durch neue zu ersetzen, um in den Provinzen gewachsene Traditionen möglichst zu verwischen.[37] Darüber hinaus kam auch die Theorie der einheitlichen sozialistischen Nation (besonders in Rumänien) zur Anwendung, die Rückgriffe auf regionale Wurzeln der Gesellschaft verhindern sollte.[38]

Obwohl regionalistische Bewegungen nicht entstehen konnten, ist das kulturelle Profil der alten Regionen nicht verschwunden, da die Regional- und Lokalmuseen ebenso wie manche Bildungsinstitutionen das Bewußtsein an das Besondere eines bestimmten historischen Raumes wach hielten; auch touristische Erwägungen mögen eine Rolle gespielt haben, derartige Eigenheiten nicht zum Verschwinden zu bringen. Auf diese Weise kam zum Beispiel in Rumänien[39] die räumliche Untergliederung in Siebenbürgen, Banat, Kreischland, Marmarosch, Moldau, Walachei und Dobrudscha nicht außer Gebrauch, und auch in Slowenien blieb die Unterscheidung in Krain, Küstenland, Steiermark und Prekmurje (Übermurgebiet) üblich.[40]

Zentralismus und Regionalismus im Zeitalter der Europäischen Integration

Ob der Zerfall der sowjetischen Ordnung 1989/1991 nur eine Nebenerscheinung einer langfristig unaufhaltsamen Einigung Europas oder für jene eine wichtige Vorbedingung gewesen ist, kann mangels zeit-

---

[37] Franz R o n n e b e r g e r (Hg.): Zwischen Zentralisierung und Selbstverwaltung. Bürokratische Systeme in Südosteuropa. München 1988, passim.
[38] Vgl. Dionisie G h e r m a n i: Die Rumänische Kommunistische Partei. In: Klaus-Detlev G r o t h u s e n (Hg.): Rumänien (Südosteuropa-Handbuch II). Göttingen 1977, S. 32ff.
[39] Siehe zum Beispiel: Reiseland Rumänien. București, Freiburg 1973.
[40] Siehe zum Beispiel: Slovenia (Touristischer Bildband). Ljubljana 1973.

lichem Abstand nicht beurteilt werden. Klar ist hingegen, daß die politische „Wende" in Osteuropa gewisse Hindernisse beseitigt hat, wodurch ein freieres Spiel der Kräfte möglich geworden ist, das sich auch auf das Verhältnis zwischen Regionalismus und Zentralismus auswirkt.[41]

Schon allein die Auflösung des Satellitengürtels durch die Sowjetunion unter Michail Gorbačov setzte eine Welle der Regionalisierung in Bewegung, weil alle betroffenen Staaten neue und getrennte Wege einschlugen. Die Entflechtung ursprünglich aneinander gebundener Einheiten begann bald aber auch innerhalb der einzelnen Staaten. Als auffälligstes Beispiel muß Jugoslawien gelten, das neben vielen anderen Umständen vor allem durch den Regionalismus der Hauptnationen dieses Vielvölkerstaates auseinanderbrach – einem Regionalismus, der auch vor den Republiksgrenzen nicht haltmachte.[42] Ein zweites Beispiel ist die Tschechoslowakei, die sich 1993 in zwei selbständige Staaten auflöste. Ein drittes Beispiel wäre Moldawien, das auf andere Weise als das ehemalige Jugoslawien zugunsten regionalistischer Bedürfnisse eine veränderte innere Struktur annehmen mußte.[43]

Dieser Welle regionalisierender Vorgänge – ausgelöst durch das veränderte geopolitische Gefüge sowie durch den Wechsel im politischen System – stehen allerdings zentralisierende Bewegungen gegenüber, die ob ihrer historischen Wurzeln als neozentralistisch bezeichnet werden können und die in der Europäischen Integration und im innenpolitischen Kurs der Reformstaaten ihren Ausdruck

---

[41] Michael S t e i n e r, Hubert I s a k, Joseph M a r k o (Hgg.): Alle Macht nach unten? Regionen und Gemeinden gestalten die neuen Demokratien Europas. Graz 1992; Günther H. T o n t s c h: Wandel der politischen Systeme Südosteuropas unter besonderer Berücksichtigung der Verfassungsordnungen. In: Klaus-Detlev G r o t h u s e n (Hg.): Ostmittel- und Südosteuropa im Umbruch. München 1993, S. 53-68, sowie Franz R o n n e b e r g e r: Der Staat als Institution in Südosteuropa. In: Johannes Chr. P a p a l e k a s (Hg.): Institutionen und institutioneller Wandel in Südosteuropa. München 1994, S. 55-62.

[42] Aus der Unzahl von Schriften unterschiedlicher Art zu diesem Thema sei für den vorliegenden Zusammenhang exemplarisch genannt Viktor M e i e r: Wie Jugoslawien verspielt wurde. München 1995; Joseph M a r k o, Tomislav B o r i ć (Hgg.): Slowenien–Kroatien–Serbien. Die neuen Vefassungen. Wien, Köln, Graz 1991.

[43] Claus N e u k i r c h: Die Republik Moldau. Münster 1996, Kapitel 5.

finden. Im Gegensatz zum pluralen Charakter des Deutschen Reiches im Mittelalter und der Politik der bedeutendsten europäischen Staaten („Konzert der Großmächte") stellt die Europäische Integration insoweit eine neue Phase dar, weil es nun eine eindeutige Zentrale (Brüssel) gibt, deren steuernde Kompetenz mit der Erweiterung nur steigen kann, soll das Endziel nicht in immer weitere Ferne rükken. Die geistige und organisatorische Orientierung der Reformstaaten auf „Europa" kommt dem okzidentalen Zentralismus entgegen, dessen theoretische Begründung im 18. Jahrhundert ihren Ausgang genommen hat.[44] Die Labilität der politischen Lage sowie die mangelnde Erfahrung mit auf regionaler Vielfalt aufbauenden föderalen Konstruktionen zwingt die Regierungen der betroffenen Staaten zu einem zentralistischen Kurs, der voraussichtlich so lange anhalten wird, bis eine Entspannung der Situation in Sicht ist. Dies wird einerseits von der politischen Großwetterlage und andererseits von einem Zuwachs regionaler Emanzipation abhängen („Europa der Regionen").[45]

Summary

Regionalism and Centralism in South-East European History

South-east Europe is most suited to the observation of the interaction between centralism and regionalism. Regional developments in the Middle Ages arose partly as a reaction to centralist-expansive forces, and partly independently, without being able to assert themselves as a basic principle in public and social life. The main reasons

---

[44] Auf das heutige Rumänien bezogen, sei weiters auf zwei sehr unterschiedliche Blickwinkel hingewiesen: Adrian M a r i n o: Revenirea în Europa [Rückkehr nach Europa]. Antologie. Craiova 1996, sowie Ion I l i e s c u: Aufbruch nach Europa. Köln, Weimar, Wien 1995.

[45] Siehe hierzu „Zentrensysteme in Mittel- und Osteuropa" in: Atlas Ost- und Südosteuropa. Stuttgart 1997, 5.3-MO1; Elisabeth V y s l o n z i l (Hg.): Europa und seine Regionen. Frankfurt/M. 1996.

for this were the universalist conceptions emanating from Byzantium and also sundry invasions by equestrian peoples. In the early modern age centralised orders dominated (Ottomans, Habsburgs), which gave rise to mainly national regionalist initiatives. The modern nation state and the socialist system raise a claim to broad centralism. Hence it was only after the fall of the communist regime that regionalism emerged again, and its progress has shown that small-dimensional forms of organisation do not have much tradition to draw on.

Résumé

Régionalisme et centralisme dans l'Europe du Sud-Est

L'Europe du Sud-Est offre un parfait exemple de l'alternance entre régionalisme et centralisme. Le régionalisme au moyen âge fut une réaction au centralisme croissant, mais aussi un phénomène autonome et spontané qui toutefois ne parvint pas à s'imposer comme principe fondamental de l'Etat et de la société, vu la conception universaliste de Byzance et les invasions réitérées des peuples nomades. L'Etat-nation moderne, tout comme le socialisme, se réclame du centralisme. C'est la raison pour laquelle le régionalisme n'a pu recommencer à se développer qu'après la chute du communisme. Le fonctionnement des micro-organisations régionales montre cependant que celles-ci ne reposent pas sur une longue tradition dans l'Europe du Sud-Est.

STÄNDISCHE AUTONOMIE UND REGIONALITÄT IM MITTELALTERLICHEN UND FRÜHNEUZEITLICHEN SIEBENBÜRGEN

Konrad G. Gündisch

Siebenbürgen erscheint im geographischen Kartenbild als eine von Bergen und Gebirgen klar begrenzte Einheit. In dem von den Ost- und Südkarpaten sowie von den Siebenbürgischen Westgebirgen umschlossenen Hochland kann man jedoch auch kleinere geographische Einheiten erkennen. So gliedert der Lauf des Mieresch-Flusses Siebenbürgen in einen nördlichen – mit dem Somesch-Hochland, dem Nösnerland, der Siebenbürgischen Heide und dem Reener Ländchen – und einen südlichen Teil, mit Kokel-, Harbach-, Hamlescher und Zekesch-Hochland, die meist nach Flüssen benannt worden sind und von Höhenzügen getrennt werden. Vor allem der Innerkokler Höhenzug (Zwischenkokelgebiet) eignet sich für den Weinbau, sein westlicher Teil wird daher auch Weinland genannt. Außerdem sind der Unterwald (um Mühlbach), das Hatzeger Land, das Alte Land (um Hermannstadt), das Fogarascher Land und das Haferland (um Reps) als geographische Unterteilungen zu nennen und schließlich die großen innerkarpatischen Senken zu sehen: das Burzenland (nördlich von Kronstadt, im Karpatenbogen) sowie, am Fuße der Ostkarpaten, die Haromszék (Drei Stühle um St. Georgen), die Csík und Gyergyó.[1]

---

[1] Hier und im folgenden werden, soweit vorhanden und gebräuchlich, die deutschen Ortsnamen verwendet. Zu ihren Entsprechungen im Rumänischen und Ungarischen vgl. Ernst W a g n e r: Historisch-statistisches Ortsnamenbuch für Siebenbürgen. Köln, Wien 1977 (Studia Transylvanica 4); Otto M i t t e l - s t r a s s: Ortsnamenbuch. Heidelberg 1992 (Historisch-landeskundlicher Atlas von Siebenbürgen 1), hier auch das „Systematische Verzeichnis der wichtigsten geographischen Namen". Zur geographischen Gliederung vgl. auch Heinz H e l t m a n n, Gustav S e r v a t i u s: Die naturräumliche Gliederung Siebenbürgens. In: Naturwissenschaftliche Forschungen über Siebenbürgen IV. Hg. Heinz

Betrachtet man aber etwa die von Georg Eduard Müller oder von Ernst Wagner angefertigten Karten der administrativ-territorialen Gliederung der Region,[2] so wie sie sich im 11. bis 14. Jahrhundert herausgebildet und weitgehend bis ins 19. Jahrhundert Bestand gehabt hat, dann verwischt sich dieses Bild und man hat eher den Eindruck, vor einem Flickenteppich zu stehen, gebildet aus von Nordwesten nach Südosten aneinandergewebten Streifen mit offenbar wahllos eingefügten Farbtupfern. Kaum eine dieser Verwaltungseinheiten richtet sich nach den natürlichen geographischen Abgrenzungen, die Formen erscheinen willkürlich und die Sammelnamen auch:

– Man spricht von sieben Komitaten in Siebenbürgen, die das *„Land der Ungarn"*, den sogenannten *Adelsboden* bilden, eigentlich sind es acht, nämlich: Inner-Szolnok, Doboka, Klausenburg, Thorenburg, Unter-Weißenburg, Ober-Weißenburg, Kokelburg und Hunyad.

– Man spricht von den Sieben Stühlen im *„Land der Sachsen"*, auf dem sogenannten *Königsboden (fundus regius)*, eigentlich sind es acht, nämlich: Broos, Mühlbach, Reußmarkt, Hermannstadt, Leschkirch, Großschenk, Schäßburg und Reps; überdies gehören auch die Zwei Stühle Mediasch und Schelk und die beiden Distrikte Kronstadt und Bistritz zum „Königsboden".

– Im *„Land der Szekler"* aber gibt es nur fünf Stühle, nämlich Aranyosch, Mieresch, Oderhellen, Csík und Háromszék (Drei Stühle), zählt man allerdings die im Namen des Letzteren zusammengefaßten Stühle Sepsi, Kézdi und Orbai gesondert mit, dann kommt man doch wieder auf die magische Zahl sieben.[3]

H e l t m a n n. Köln, Weimar, Wien 1991 (Siebenbürgisches Archiv 25), S. 91-120, mit weiterführender Literatur und Kartenbeilage.

[2] Georg [Eduard] M ü l l e r: Historische Karte über Siebenbürgens Stühle, Distrikte und Komitate vor dem Jahre 1848, beziehungsweise in den Jahren 1861 bis 1876 nach den Jurisdiktionsgrenzen bearbeitet. Wien 1914 (weitere Auflagen 1922 [blaue Flächenfarbe für das Sachsenland], 1928 [als Beilage zu Georg [Eduard] M ü l l e r: Die sächsische Nationsuniversität in Siebenbürgen. Ein rechtsgeschichtlicher Beitrag zur Geschichte der ältesten organisierten Minderheit der Gegenwart. Hermannstadt 1928 [Sonderdruck aus: Archiv des Vereins für siebenbürgische Landeskunde 44 (1928), S. 227-424)] und 1932 [hellbraune Flächenfarbe für die Kapitelsgebiete auf Komitatsboden]; W a g n e r: Ortsnamenbuch: a.a.O., Anhang.

[3] Zu den „politischen und rechtlichen Einheiten" Siebenbürgens vgl. W a g n e r : Ortsnamenbuch: a.a.O., S. 33-40 sowie die Gliederung seines Ortsver-

Immerhin zeichnet sich aber dank der usuellen Namen dieser „Länder" das Bild von drei zumindest ethnisch zusammenhängenden Regionen Siebenbürgens ab. Doch auch diese Namen sind irreführend. Weder werden die Rumänen, die zahlenmäßig stärkste Ethnie Siebenbürgens, genannt, noch leben, sieht man vom weitgehend homogenen Szeklerland ab, im „Land der Ungarn" nur Magyaren, sondern auch Rumänen, Deutsche und weitere elf Bevölkerungsgruppen oder im „Land der Sachsen" nur Deutsche, sondern auch Rumänen, Ungarn und Angehörige anderer Ethnien.[4]

Die Erklärungen für diese 'Ungereimtheiten' liefern die Entwicklungen Siebenbürgens im 11. bis 14. Jahrhundert: Zum einen handelt es sich um die stufenweise Inbesitznahme der Region durch die am Ende des 9. Jahrhunderts in Pannonien siedelnden und im 10./11. Jahrhundert ein westlich und christlich geprägtes Staatswesen bildenden Magyaren; zum anderen um die Herausbildung der Stände mit korporativen Selbstverwaltungs-, Eigengerichtsbarkeits-, Partizipations- und Kontrollrechten. Gesellschaftliche, wirtschaftliche, regionale, in der frühen Neuzeit auch konfessionelle Gruppeninteressen von Privilegierten werden zunehmend in die politische Entscheidungsfindung einbezogen. Versammlungen einzelner privilegierter Gruppen (Kongregationen), gemeinsame regionale Zusammenkünfte (Landtage) und Vertretungen auf überregionaler Ebene (Reichstage) wirken ab dem 13. Jahrhundert mit abwechselnder, in der Tendenz aber steigender Intensität bei der Steuer- und Finanzpolitik, der Gesetzgebung und Militärorganisation mit, entscheiden schließlich durch Wahl auch über die Person des Herrschers. Am Ende dieser Entwicklung steht die siebenbürgische Ständemonarchie

---

zeichnisses, S. 162-393. Siehe auch György G y ö r f f y: Az Árpád-kori Magyarország történeti földrajza. Geographia historica Hungariae tempore stirpis Arpadianae. Budapest, Bd. 1: A-Cs, 1963; Bd. 2: D-Gy, 1987; Bd. 3: H-K, 1987. Zur Bedeutung der Zahl sieben und des Namens Siebenbürgen vgl. u. a. Fritz H o l z t r ä g e r: Siebenbürgen. Eine sprach- und wortgeschichtliche Untersuchung. In: Südostdeutsches Archiv 5 (1963), S. 20-42.

4 Vgl. zum Beispiel die Übersicht „Verhältnis der Nationalitäten zur Gesammt-Bevölkerung" aufgrund der Volkszählung von 1850 bei Eduard Albert B i e l z: Handbuch der Landeskunde Siebenbürgens. Eine physikalisch-statistisch-topographische Beschreibung dieses Landes. Unveränderter Nachdruck der Ausgabe Hermannstadt 1857 als Festgabe für Ernst Wagner zum 75. Geburtstag. Köln, Weimar, Wien 1996 (Schriften zur Landeskunde Siebenbürgens 19), S. 160f.

der frühen Neuzeit, die auf einem gesellschaftlichen und politischen Konsens zwischen Herrscher und Privilegierten beruht und eine gewisse innere Integrationskraft besitzt.

Auf welche historischen Entwicklungen, rechtlichen und organisatorisch-institutionellen Grundlagen, bevölkerungs- und wirtschaftspolitischen und strategischen Überlegungen kann die Herausbildung dieser Form der Repräsentanz von Gruppeninteressen in Siebenbürgen zurückgeführt werden? Waren die partikularen Interessen der privilegierten Gruppen und ihrer jeweiligen Gebietskörperschaften stärker als die gesamtregional-siebenbürgischen? Hat die Zuweisung lokaler Befugnisse der Verwaltung, der Gerichtsbarkeit, der Finanzen und der Militärorganisation kleinregionale Sonderentwicklungen in den eingangs kurz umrissenen „Ländern" Siebenbürgens bewirkt?

Bekanntlich mußten die Magyaren nach der Niederlage auf dem Lechfeld bei Augsburg (955) ihre Beutezüge im westlichen Europa einstellen. Statt der Konfrontation suchten sie nun die Kooperation mit dem Heiligen Römischen Reich, dessen Religion sie übernahmen und dessen staatliche Organisationsformen sie unter Berücksichtigung eigener Traditionen nachahmten. Insbesondere unter den Großfürsten Géza (991-997) und seinem Sohn Vajk, dem nachmaligen König Stephan I. (997-1038), wurden Gesetzgebung, Organisation der Verwaltung, Münzprägung und lateinisches Urkundenwesen des Staates in Anlehnung an das römisch-deutsche Kaiserreich, also nach dem politisch-gesellschaftlichen Ordnungsprinzip der christlichen Monarchie aufgebaut.[5]

Im administrativen Bereich wurden Burggrafschaften (Komitate, lat. *comitatus*, ung. *megye*) unter der Leitung eines vom König aus den Reihen der militärischen Führungsschicht ernannten Grafen (lat.

---

[5] Zur Herausbildung des ungarischen Staates unter Stephan I. vgl. neuerdings Gyula K r i s t ó: Die Arpadendynastie. Die Geschichte Ungarns von 895 bis 1301. Budapest 1993, S. 55-82; Konrad G ü n d i s c h: Ungarn im Mittelalter. In: Holger F i s c h e r: Eine kleine Geschichte Ungarns. Frankfurt am Main 1999 (edition suhrkamp 2114), S. 20-32. Hier und im folgenden, ältere Forschungen zusammenfassenden Überblick wird insbesondere auf neuere deutschsprachige Literatur hingewiesen. In deren Anmerkungsapparat oder bibliographischem Anhang sind die wichtigsten weiterführenden Titel, auch in ungarischer oder rumänischer Sprache, zu finden.

comes, ung. *ispán*) eingerichtet. Dieser Leitung – sie betraf den administrativen, jurisdiktionellen und militärischen Bereich – unterstanden sowohl königliche (Burg- und Hofgüter) als auch kirchliche und grundherrliche Besitzungen in einem der Burg angegliederten Gebiet. Nur auf den königlichen Burggütern übte der Gespan für den Herrscher, zu dem er in einem unmittelbaren Abhängigkeitsverhältnis stand, auch die grundherrliche Macht aus.[6]

Desgleichen wurde eine kirchliche Hierarchie mit Bistümern (unter anderen Weißenburg in Siebenbürgen) und Erzbistümern (Gran und Kalócsa) geschaffen.[7] Der Klerus war, in Anlehnung an das ottonische Reichskirchensystem, in die politische Ordnung einbezogen und weitgehend der Autorität des Herrschers unterworfen. Auch die königliche Kanzlei wurde von Klerikern geführt, sie dienten zudem oft als Ratgeber und Mitarbeiter des Königs, in dessen Kronrat sie vertreten waren. Zahlreiche Gesetze, die später kodifiziert wurden, regelten die innerstaatlichen Verhältnisse ebenso wie die zwischenmenschlichen Beziehungen; ihre Einhaltung wurde mit harter Hand durchgesetzt. Es entstand ein monarchisch-autokratisch strukturierter Staat: Die Zentralisierung der Lokalverwaltung, der Gerichtsbarkeit und des Heerwesens ging unter Stephan so weit, daß der Herrscher Würdenträger nach Belieben, auch ungeachtet ihrer sozialen Herkunft, ein- oder absetzen konnte; die gegenüber dem Papsttum behauptete Kirchenhoheit ermöglichte eine Einbindung und Kontrolle des Klerus; aus dem umfangreichen königlichen Besitz konnten Getreue durch Schenkungen für ihre Leistungen belohnt werden.

Zwischen dem westlichen Heiligen Römischen und dem oströmischen, dem Byzantinischen Reich, den beiden Imperien, die jeweils für sich die Nachfolge des Römischen Reiches beanspruchten, entwickelte sich Ungarn zu einem wichtigen Faktor der ostmittel- und

---

[6] György G y ö r f f y: Die Entstehung der ungarischen Burgorganisation. In: Acta Archaeologica Academiae Scientiarum Hungaricae 28 (1976), S. 323-358; Gyula K r i s t ó: Die Entstehung der Komitatsorganisation unter Stephan dem Heiligen. In: Settlement and Society in Hungary. Études Historiques Hongroises. Hg. Ferenc G l a t z, Bd. 1. Budapest 1990, S. 13-25; K r i s t ó: Arpadendynastie: a.a.O., S. 73-75.

[7] György G y ö r f f y: Zu den Anfängen der ungarischen Kirchenorganisation aufgrund neuer quellenkritischer Ergebnisse. In: Archivum Historiae Pontificiae 7 (1969), S. 79-113; K r i s t ó: Arpadendynastie: a.a.O., S. 75-78.

südosteuropäischen Politik. Seine Expansionsbestrebungen galten im Südwesten dem Zugang zum Adriatischen Meer, im Osten dem Erwerb Siebenbürgens, wegen seiner Bodenschätze, besonders wegen des für die Viehzucht dringend benötigten Salzes und wegen seiner Funktion als natürliches Bollwerk gegen Angriffe aus dem Osten und Südosten des Kontinents.[8]

Das Vorrücken der Magyaren in Siebenbürgen im 10. bis 12. Jahrhundert erfolgte in mehreren Etappen, die von der innenpolitischen Situation in Ungarn, vom Widerstand der kleineren siebenbürgischen Herrschaftsbildungen, von den Beziehungen zum Byzantinischen Reich und zum Ersten Bulgarisch-Walachischen Zarat bestimmt wurden.[9]

Zunächst setzten sich die Magyaren im 10. Jahrhundert in Westsiebenbürgen dort fest, wo sich die Salzvorkommen befinden oder der Salztransport gesichert werden mußte. Es handelt sich um Gebiete am Kleinen Somesch im Norden und am Mieresch im Süden, wo ein „Gyula" (Stammesfürst) die Macht innehatte, der Weißenburg zu seinem Sitz auserkor. Außerdem wurden königliche Burgen (in der Regel Höhenburgen mit Wällen und Palisaden) errichtet, bewacht von Gruppen freier Krieger, die zur Gefolgschaft des Herrschers gezählt wurden.

Da sich der siebenbürgische Stammesfürst den Zentralisierungsbestrebungen Stephans I. widersetzte, ging der König 1003 militärisch gegen den eigenwilligen Gyula vor und entmachtete ihn; sein Herrschaftsgebiet – die Annalen von Hildesheim, die über diesen Vorgang berichten, bezeichnen es als *regnum*[10] – wurde enger an den jungen ungarischen Staat angeschlossen. Ein Sieg über die um die Mitte des 11. Jahrhunderts eingefallenen Petschenegen (1068 bei Kyrieleis) beendete deren kurzfristige Herrschaft in Teilen von Sie-

---

[8] Zur territorialen Ausdehnung Ungarns bis an die Karpaten und an die Adria vgl. K r i s t ó: Arpadendynastie: a.a.O., S. 78-82, 106-115, 197-200, 214-218; G ü n d i s c h: a.a.O., S. 20-51.

[9] Otto M i t t e l s t r a s s: Beiträge zur Siedlungsgeschichte Siebenbürgens im Mittelalter. München 1961 (Buchreihe der Südostdeutschen Historischen Kommission 6), S. 40-41; Kurt H o r e d t: Siebenbürgen im Frühmittelalter. Bonn 1986 (Antiquitas 3/28), S. 178-192; István B ó n a: Zeit des ungarisch-slawischen Zusammenlebens (895-1172). In: Kurze Geschichte Siebenbürgens. Hg. Béla K ö p e c z i. Budapest 1990, S. 107-174.

[10] K r i s t ó: Arpadendynastie: a.a.O., S. 69.

benbürgen und weitete den ungarischen Herrschaftsbereich nach Osten aus. König Ladislaus der Heilige konnte gegen Ende des 11. Jahrhunderts die Grenze an die Große Kokel und an den Oberlauf des Miersch verlagern. Im 12. Jahrhundert rückten die Ungarn bis an den Alt vor, und erst um die Wende zum 13. Jahrhundert wurden die Ost- und Südkarpaten erreicht, so daß nun ganz Siebenbürgen zum mittelalterlichen ungarischen Königreich gehörte.[11]

Diese Etappen konnten im Gelände an den Spuren eines Schutzsystems festgestellt werden, das die Magyaren an den jeweiligen Grenzen ihres Reiches angelegt haben und das sich auf 10-40 km breite Ödlandstreifen (Verhaue, lat. *indagines*, ung. *gyepűk*) mit Erdburgen und Grenzwächtersiedlungen an den passierbaren Stellen (den Toren, ung. *kapuk*) stützte.[12] Viele Orts- und Riednamen (etwa Kapus/Kopisch im Osten oder Kapuvár im Westen) erinnern bis heute an diese Grenzbefestigungen. Als Wehrbauern wurden an deren „Toren" sogenannte Hilfsvölker angesiedelt, denen man dafür als Gruppe Freiheiten gewährte.

Nach jedem Vorschieben der Grenze wurde das Ödland der alten Verhausäume frei und fiel an den König. Dieser belohnte damit herausragende kriegerische Leistungen durch Verleihung von Grundbesitz und Befreiung von der Steuerpflicht, bevorzugt an die Verteidiger der königlichen Burgen; zu den Angehörigen der alten magyarischen Stammesaristokratie und zu den Rittern, die oft im Gefolge ungarischer Königinnen aus westlichen Herrscherfamilien ins Land gekommen waren, gesellte sich auf diese Weise im Laufe der Zeit eine relativ breite Schicht von größeren oder kleineren Grundbesitzern, die sich in den Burgkomitaten zu Eigengerichtsverbänden zusammenschlossen. Insbesondere nach dem Mongolensturm von 1241-1242, gegen den sich das königliche Burgensystem in keiner Weise bewährt hatte, wandelten sich die Burggrafschaften zu Adelskomitaten mit gewissen autonomen Rechten um.

---

[11] H o r e d t: a.a.O.; Thomas N ä g l e r: Die Ansiedlung der Siebenbürger Sachsen. Bukarest ²1992, S. 117-140.

[12] Ferenc F o d o r: Adatok a magyar gyepűk földrajzához [Daten zur Geographie der ungarischen Grenzsäume]. In: Hadtörténelmi közlemények 37 (1936), S. 113-144; Karl Kurt K l e i n: Grenzwüstung und Siedlung: Gyepű und Gyepűvorland. Bemerkungen zur mittelalterlichen deutschen Südostsiedlung im altungarischen Raum. In: ders.: Saxonica Septemcastrensia. Marburg 1971, S. 117-136.

1222 mußte König Andreas II. mit der sogenannten „Goldenen Bulle" einem Herrschaftsvertrag zustimmen, einem von den königlichen Dienstleuten im Verein mit einigen Baronen und Kirchenführern erzwungenen und mit dem Goldsiegel versehenen Privileg, das dem Hochadel das Widerstandsrecht zusicherte, den Einfluß des königlichen Rates stärkte und den Dienstleuten (servientes regis) sowie den königliche Burgen verteidigenden Kriegern (jobagiones castri) Königsunmittelbarkeit, Immunität, Steuerfreiheit, Erbrecht, geregelte Dienstpflichten und das Recht auf Teilnahme an einer jährlichen Versammlung (dem Reichstag) in Stuhlweißenburg (Székesfehérvár) gewährte.[13] Auf dieser Grundlage bildete sich im 13. Jahrhundert der mittlere und niedere Adel heraus, der über relativ geringen, aber freien und vererbbaren Grundbesitz verfügte und nicht nur im Heerwesen, sondern auch in der Verwaltung eine wachsende Rolle spielte. Ab 1267 wurden nicht nur die Magnaten, sondern auch die königlichen Dienst- und Burgleute von der Kanzlei als *nobiles* bezeichnet.[14]

Die 1351 von König Ludwig I. bestätigte „Goldene Bulle" gilt als Grundlage der adligen Freiheiten im Königreich Ungarn. Im Zusatzartikel XI der Bestätigungsurkunde werden auch die besitzenden Krieger in Siebenbürgen, Slawonien und Kroatien als *veri nobiles*, bezeichnet, die sich *una et eadem libertate* erfreuen dürfen.[15] Die 1351 ergänzte Urkunde von 1222 kommt der Anerkennung eines einheitlichen Adelsstandes in Ungarn gleich, ist dessen „kollektiver Freiheitsbrief".[16] Er stellte die Rechtsgleichheit aller Adligen des Reiches

---

[13] Text und deutsche Übersetzung bei Werner N ä f (Bearb.): Herrschaftsverträge des Spätmittelalters. Bern, Frankfurt/M. ²1975 (Quellen zur neueren Geschichte 17), S. 6-15; Text und Faksimile bei Géza É r s z e g i: Az Aranybulla [Die Goldene Bulle]. Budapest (1989). Vgl. auch József D e é r: Der Weg zur Goldenen Bulle Andreas' II. von 1222. In: Schweizer Beiträge zur Allgemeinen Geschichte 10 (1952), S. 104-138; E(lemér) M á l y u s z: Die Entstehung der ständischen Schichten im mittelalterlichen Ungarn. Budapest 1980 (Studia Historica Academiae Scientiarum Hungaricae 137), S. 23f.

[14] Erik F ü g e d i: Die ungarische Adelsnation in Siebenbürgen. In: Gruppenautonomie in Siebenbürgen. 500 Jahre siebenbürgisch-sächsische Nationsuniversität. Hg. Wolfgang K e s s l e r. Köln, Wien 1990 (Siebenbürgisches Archiv 24), S. 149.

[15] Decreta regni Hungariae. Gesetze und Verordnungen Ungarns 1301-1457. Hg. Franciscus D ö r y, Georgius B ó n i s, Vera B á c s k a i. Budapest 1976 (Publicationes Archivi Nationalis Hungarici II. Fontes 11), S. 124-140, Zitat S. 134.

[16] Ebenda, S. 125.

her, auch jene nichtmagyarischer Herkunft gehören nunmehr dem Stand des ungarischen Adels an, vorausgesetzt sie sind katholischen Glaubens.[17] Die Komitate wandelten sich nun allmählich zu Selbstverwaltungskörperschaften des Adels und der „Gäste", diese privilegierten Gruppen entwickelten sich zu den als *nationes* oder *universitates* bezeichneten Ständen, denen in der Folgezeit immer mehr Einfluß zuwuchs, nicht zuletzt aufgrund ihrer Kriegsdienstpflicht, die sie zu einem gewichtigen innen- wie außenpolitischen Faktor machte, sowie auf den Reichstagen, auf denen seit Mitte des 13. Jahrhunderts über Gesetze und Steuern befunden wurde. Insoweit ist der Vergleich der „Goldenen Bulle" von 1222 mit der englischen „Magna Charta Libertatum" zulässig.[18] Diese ständischen Nationen entwickelten jeweils „lokale Selbstregierungen", die jenen Typus ständischer Landesvertretungen charakterisieren, dem Otto Hintze 1930, mit England als Hauptvertreter, auch Ungarn (mit Siebenbürgen) zugerechnet und den zentralistisch, rein bürokratisch verwalteten Staaten wie Frankreich gegenübergestellt hat.[19] In diesem Zusammenhang spricht Gottfried Schramm auch von einer „festen Verankerung der Ständestaatlichkeit in der Regionalverwaltung gegen absolutistische Entwicklung".[20]

---

[17] Paul P h i l i p p i: Rückwirkungen der Adelsgesetzgebung unter Ludwig dem Großen (1351) auf die siebenbürgische Gruppenautonomie. Eine Hypothese. In: Gruppenautonomie: a.a.O., S. 138.

[18] Der Versuch, etwa von Z. J. K o s z t o l n y i k: Hungary in the Thirteenth Century. Boulder, New York 1996 (East-European Monographs 439), die „Goldene Bulle" mit einer Entwicklung zur konstitutionellen Monarchie und zum Parlamentarismus in Verbindung zu bringen, die am Ende des 13. Jahrhunderts mit Andreas III., dem „ersten konstitutionellen Monarchen" Ungarns (S. 391), abgeschlossen worden sei, verklärt die historische Realität, um aktualitätsbezogene Wirkung zu erzielen und Ungarn sozusagen als eine Wiege der Demokratie ins öffentliche Bewußtsein zu rücken.

[19] Otto H i n t z e: Typologie der ständischen Verfassungen des Abendlandes. In: ders.: Staat und Verfassung. Gesammelte Abhandlungen zur allgemeinen Verfassungsgeschichte. Hg. Gerhard O e s t r e i c h. Göttingen ²1962, S. 124f. [Erstdruck in: Historische Zeitschrift 141 (1930), S. 229-248].

[20] Gottfried S c h r a m m: Polen – Ungarn – Böhmen: Übernationale Gemeinsamkeiten in der politischen Kultur des späten Mittelalters und der frühen Neuzeit. In: Ständefreiheit und Staatsgestaltung in Ostmitteleuropa. Übernationale Gemeinsamkeiten in der politischen Kultur vom 16.–18. Jahrhundert. Hg. Joachim B a h l c k e, Hans-Jürgen B ö m e l b u r g, Norbert K e r s k e n. Leipzig 1996 (Forschungen zur Geschichte und Kultur des östlichen Mitteleuropa), S. 21.

Sehr bald gerieten die niederen Adligen als Familiaren in die Abhängigkeit der Barone, denen sie zunehmend gegen Entgelt militärische oder administrative Dienste leisteten. Sie verfügten über geringen oder gar keinen Grundbesitz, behielten aber ihre Adelsfreiheiten. Eine recht begüterte adlige Mittelschicht wurde insbesondere in den Komitaten einflußreich. Das 1351 mit Dekretartikel XI von Ludwig I. postulierte Prinzip der *una eademque nobilitas* blieb, angesichts der natürlichen wirtschaftlichen und sozialen Differenzierungen innerhalb des Adels, eine Fiktion.[21]

Aus den Burg- und Grenzgrafschaften, die in Siebenbürgen von Nordwest nach Südost in den neuerschlossenen Verhaugebieten eingerichtet wurden (darauf deutet unter anderem ihre eigenartige längliche Form hin), entwickelten sich – aufgrund der durch die „Goldene Bulle" angestoßenen Entwicklungen – die sieben siebenbürgischen Adelskomitate Szolnok (das Teile Nordostungarns und Nordwestsiebenbürgens umfaßte, später geteilt wurde, wonach die siebenbürgischen Gebiete zu Innerszolnok gehörten), Weißenburg (das später in Ober- und Unterweißenburg geteilt wurde), Doboka, Klausenburg, Thorenburg, Kokelburg und Hunyad.[22]

An deren Spitze standen ein aus den Reihen des höheren Adels und der Familiaren des Woiwoden ernannter Gespan und von den Privilegierten gewählte Stuhlrichter (*iudices nobilium*), in den siebenbürgischen Komitaten waren es in der Regel zwei, in den anderen Reichsteilen meistens vier. Der Gespan führte den Vorsitz in der Komitatsversammlung (der Adelskongregation), wurde aber oft vom Vizegespan vertreten, den der „comes" selbst ernannte. In Siebenbürgen fanden in der Regel gemeinsame Kongregationen aller sieben Komitate statt, die in Thorenburg abgehalten wurden, als Zusammenkunft der *universitas nobilium partis Transsiluane*.[23] Eine Füh-

---

[21] F ü g e d i: a.a.O., S. 152.

[22] Erste Erwähnungen siebenbürgischer Komitate: 1164 Doboka, 1166 Szolnok, 1177 Weißenburg und Klausenburg. Vgl. Krista Z a c h: Fürst, Landtag und Stände. Die verfassungsrechtliche Frage in Siebenbürgen im 16. und 17. Jahrhundert. In: Ungarn-Jahrbuch 11 (1980-1981), S. 65. G y ö r f f y: Geographia Historica: a.a.O., Bd. 2, S. 47f. stellt die Gründung des Komitats Doboka in den Kontext der Entmachtung des siebenbürgischen „Gyula" im Jahre 1003.

[23] Belege aus dem 14. Jahrhundert in: Codex diplomaticus sacri Romani Imperii comitum familiae Teleki de Szék. Budapest 1895, S. 67, 95, 100 u.a., vgl. F ü g e d i: a.a.O., S. 156.

rungsposition unter den „comites" nahm der Weißenburger Gespan ein, der zugleich Vizewoiwode von Siebenbürgen, manchmal auch der Woiwode selbst war. Im 15. Jahrhundert versuchte der Adel auf die Bestellung des Vizegespans Einfluß zu nehmen, erst 1548 wurde ihm aber das Recht ihn zu wählen auch gesetzlich zugestanden.[24] Die Stuhlsrichter bildeten die nächste Leitungsebene des Komitats und standen jeweils einem Unterbezirk vor. Schließlich trat mit gewisser Regelmäßigkeit die Komitatsversammlung (*congregatio generalis*) zusammen, in der die Privilegierten berieten und grafschaftsinterne Konflikte regelten. Bei Besitzstreitigkeiten wurden Zeugen aufgerufen, wobei zwischen unmittelbar angrenzenden Nachbarn (*commetanei*), einfachen Nachbarn (*vicini*) und Adligen aus demselben Komitat (*comprovinciales*) unterschieden wurde. Güterverteilungen im Komitat konnten nur mit Zustimmung der Versammlung geändert werden. Dem Gerichtsstuhl unter Vorsitz des Gespans oder Vizegespans gehörten noch der Stuhlrichter und acht gewählte Adlige als Geschworene (*iurati nobiles*) an. Die Komitatsversammlung konnte Statuten erlassen, allerdings nur solche, die nicht mit den Landesgesetzen kollidierten. Die Adligen identifizierten sich zwar mit dem Komitat, in dem sie die Mehrzahl ihrer Güter besaßen,[25] doch entwickelte sich im Rahmen der Generalkongregation aller siebenbürgischen Komitate ein Standesbewußtsein, das über die jeweiligen Grafschaftsgrenzen hinausgriff und sich in Auseinandersetzung mit den Untertanen, mit den anderen privilegierten Ständen und gegebenenfalls auch mit der Zentralgewalt definierte. Zwar kann das mit einer gesamtregionalen Identität gleichgesetzt werden, da Komitate oder adlige Enklaven im gesamten siebenbürgischen Raum anzutreffen sind, doch ist andererseits die Abgrenzung gegenüber den Selbstverwaltungsgebieten der anderen privilegierten Gruppen – der Szekler und der Sachsen – zu berücksichtigen, für die die Verteidigung der jeweils eigenen Interessen auf kleinregionaler Ebene wichtiger war.

---

[24] András K u b i n y i: Landesherr, Reichstag bzw. Landtag und Komitatsversammlungen in Ungarn und Siebenbürgen 1542-1681. In: Ständefreiheit und Staatsgestaltung: a.a.O., S. 82.
[25] Ebenda, S. 150f.

Die Szekler, die sich schon sehr früh den Magyaren angeschlossen hatten, gehörten zu den wichtigsten Grenzwächtern Ungarns.[26] Szeklerorte sind sowohl an der West- und Nord-, als auch an der Ostgrenze Ungarns nachweisbar, in Siebenbürgen jeweils entlang der Verhausäume, die im Zuge der etappenweisen Eroberung durch die Magyaren mehrmals verlegt wurden, bis die Szekler um die Mitte des 12. Jahrhunderts und zum Teil etwas später ihr heutiges Siedlungsgebiet in den Senken am Fuße der Ostkarpaten erreichten. So wurden sie beispielsweise aus der *terra Syculorum terrae Sebus* bei Mühlbach in den späteren Szeklerstuhl Sepsi an den Ostkarpaten umgesiedelt.[27] Dort wurden sie zu einem Komitat zusammengeschlossen, an dessen Spitze der Szeklergraf (*comes Siculorum*) eingesetzt wurde, wie in allen Komitaten eine Persönlichkeit, die zum König in einem besonderen Vertrauensverhältnis stand, seit 1468 war es fast ausnahmslos der Woiwode von Siebenbürgen selbst.[28] Sie genossen als Wehrbauern persönliche Freiheit, als kriegsdienstleistender Gruppe wurde ihnen das Recht auf Selbstverwaltung, Eigengerichtsbarkeit und Steuerfreiheit gewährt. Militärisch waren sie unter einem Heerführer (lat. *capitaneus sedis*, ung. *hadnagy*) nach Geschlechtern und Zweigen organisiert. Je sechs Geschlechter mit vier Zweigen bildeten einen eigenen Gerichtsstuhl, dem ein Richter vorsaß. Aus diesen entwickelten sich im 13.-14. Jahrhundert autonome Gerichts-, Wehr- und Verwaltungsbezirke, die eingangs erwähnten Stühle (lat. *sedes*, ung. *szék*) Oderhellen, Csík, Marosch, Aranyosch sowie die „Drei Stühle" Sepsi, Kézdi und Orbai), die zusammen die Gemeinschaft der siebenbürgischen Szekler (*universitas Siculorum; universitas Siculorum septem sedium Siculicalium*) als einen privilegierten Stand bildeten.[29]

---

[26] Hansgerd G ö c k e n j a n: Hilfsvölker und Grenzwächter im mittelalterlichen Ungarn. Wiesbaden 1972 (Quellen und Studien zur Geschichte des östlichen Europa 5), S. 121-125; Thomas v o n B o g y a y: Über Herkunft, Gesellschaft und Recht der Székler. In: Ungarn-Jahrbuch 2 (1970); S. 20-33; Loránd B e n k ő, Ádám T. S z a b ó: Die Szekler. Zur Siedlungsgeschichte einer ungarischen Volksgruppe. In: Ungarn-Jahrbuch 14 (1986), S. 207-224.

[27] Karl Kurt K l e i n: Terra Syculorum terrae Sebus. Ein Beitrag zur Interpretation des „Goldenen Freibriefs". In: ders.: Saxonica, a.a.O., S. 141-160; Otto M i t t e l s t r a s s: Terra Syculorum terrae Sebus und der sächsische Unterwald. In: Zur Rechts- und Siedlungsgeschichte der Siebenbürger Sachsen. Köln, Wien 1971 (Siebenbürgisches Archiv 8), S. 88-110.

[28] K u b i n y i: Landesherr: a.a.O., S. 83.

[29] G ö c k e n j a n: a.a.O., S. 114-139.

Der Szeklergraf, der auf Burg Görgen residierte, nahm weiter in Vertretung des Königs die höchsten richterlichen und militärischen Befugnisse wahr. Jährlich hatte er eine Generalversammlung der Szeklergemeinschaft einzuberufen, in den Stühlen selbst leitete er die Gerichtsverhandlungen (durfte sich aber dort nur jeweils 15 Tage im Jahr aufhalten) und war vor Ort die höchste Appellationsinstanz, in Kriegszeiten stand er an der Spitze des Szekleraufgebots. Doch blieb die Autonomie der Stühle insoweit gewahrt, als seine Entscheidungen nur die Hochgerichtsbarkeit betreffen konnten und seine Aufenthaltszeit vor Ort begrenzt war.[30]

Im Zuge der Inbesitznahme Siebenbürgens durch das mittelalterliche Königreich Ungarn erwies sich auch die gezielte Besiedlung des sogenannten Königsbodens (*fundus regius*) aus strategischen und wirtschaftlichen Gründen als wichtig. Notwendig erschien es den Herrschern, im Vorfeld der neuerrichteten Verhausäume eine kriegstüchtige Bevölkerung anzusiedeln, die zugleich imstande sein sollte, das Land durch Rodung urbar zu machen, Ackerbau, Handwerk und Handel zu treiben, möglichst auch den wachsenden Bedarf an Salz und Edelmetallen durch Erschließung der Bodenschätze zu decken. Um Siedler – sie wurden in Ungarn als Gäste (*hospites*) bezeichnet[31] – mußte mit Zusagen geworben werden, die sie anlockten. Verlockend waren im Mittelalter vor allem Grundbesitz – dafür stand der Königsboden (*fundus regius*) der ehemaligen Verhausäume bereit – und Privilegien, vor allem persönliche Freiheit und Freizügigkeit, die eine Standeserhöhung bedeuteten, Sicherheit boten und besseres Fortkommen versprachen.

Vor allem König Géza II. (1141-1162) ist es gelungen, auf diese Weise deutsche und flämische Bauern, Handwerker, Kaufleute und niedere Adlige (Ministeriale) anzuwerben und in der Zips, in der heutigen Slowakei sowie in Siebenbürgen anzusiedeln. Für sie bürgerte sich der Name Sachsen ein, nicht unbedingt ein Hinweis auf

---

[30] G ö c k e n j a n : a.a.O., S. 127f.
[31] Harald Z i m m e r m a n n : Hospites Theutonici. Rechtsprobleme der deutschen Südostsiedlung. In: ders.: Siebenbürgen und seine Hospites Theutonici. Vorträge und Forschungen zur südostdeutschen Geschichte. Köln, Weimar, Wien 1996 (Schriften zur Landeskunde Siebenbürgens 20), S. 48-68 [Erstdruck in: Gedenkschrift für Harold Steinacker. München 1966 (Buchreihe der Südostdeutschen Historischen Kommission 16), S. 67-84].

ihre regionale Herkunft. Denn als Sachsen wurden überall im mittelalterlichen Ungarn die Inhaber von Privilegien bezeichnet, die zunächst von sächsischen Bergleuten ausgehandelt worden sind, die man als seltene Fachleute für den Abbau der Bodenschätze dringend benötigte, in der Zips oder in Siebenbürgen ebenso wie in Bosnien und Serbien.[32] Die Bergrechte, die man ihnen zusicherte, um sie ins Land zu locken und zum Bleiben zu veranlassen, enthalten den ganzen Katalog von Vorrechten, den mittelalterliche Kolonisten in Ungarn beanspruchen konnten: persönliche Freiheit, vererbbaren Besitz, eigene Verwaltung und Gerichtsbarkeit, kirchliche Autonomie durch freie Pfarrerwahl, geregelte, damit kalkulierbare Abgaben und sonstige Pflichten. „Sachse" ist somit synonym mit einem Rechtsstatus und nicht unbedingt ein Herkunftsname.

Die Privilegien wurden im Jahre 1224 vom Ungarnkönig Andreas II. schriftlich festgehalten.[33] Unter diesen ist für die weiter oben genannten Fragestellungen vor allem das Recht von Bedeutung, eine politische Einheit (§ 1: *unus sit populus*), unter eigener Verwaltung mit selbstgewählten Richtern (§ 2) und mit eigener Gerichtsbarkeit nach eigenem Gewohnheitsrecht (§ 6, 9) zu bilden. Der sogenannte Andreanische Freibrief wurde zunächst nur für die Sachsen der Grafschaft Hermannstadt (*comitatus Cibiniensis*) ausgestellt. Ein weiteres Komitat entstand im Burzenland. Dorthin wurde 1211 der Deutsche Orden gerufen, der das Gebiet in Zusammenarbeit mit westlichen Bauern und Handwerkern erschließen und von hier aus Mission und Expansion jenseits der Karpaten betreiben sollte.[34] Damit war der Karpatenbogen als natürliche Grenze Siebenbürgens auch im Süd-

---

[32] Konrad G ü n d i s c h: „Saxones" im Bergbau von Siebenbürgen, Bosnien und Serbien. In: Die Deutschen in Ostmittel- und Südosteuropa. Geschichte, Wirtschaft, Recht, Sprache. Hgg. Gerhard G r i m m, Krista Z a c h, 2. Bd. München 1996 (Veröffentlichungen des Südostdeutschen Kulturwerks B/73), S. 119-132.

[33] Urkundenbuch zur Geschichte der Deutschen in Siebenbürgen (fortan Ub.), Bd. 1. Hermannstadt 1892, Nr. 43, S. 32-35. Deutsche Übersetzung in: Quellen zur Geschichte der Siebenbürger Sachsen 1191-1975. Hg. Ernst W a g n e r. Köln, Wien ²1981 (Schriften zur Landeskunde Siebenbürgens 1), Nr. 5, S. 15-20.

[34] Harald Z i m m e r m a n n: Der Deutsche Ritterorden in Siebenbürgen. In: ders.: Siebenbürgen: a.a.O., S. 187-224 [Erstdruck in: Die geistlichen Ritterorden Europas. Hgg. Josef F l e c k e n s t e i n, Manfred H e l l m a n n. Sigmaringen 1980 (Vorträge und Forschungen 26), S. 267-298].

osten der Region erreicht, die stufenweise Eingliederung Transylvaniens in das mittelalterliche Königreich Ungarn abgeschlossen. Wegen eigenstaatlicher Tendenzen wurde der Orden bereits 1225 vertrieben und das Burzenland dem Szeklergrafen unterstellt, der Siedlerverband entwickelte sich nur allmählich.[35] Das Nösnerland im Nordwesten galt lange Zeit als Apanage der Königin und wird 1287 erstmals als eigenständiger, allerdings dem Szeklergrafen unterstellter Distrikt erwähnt.[36]

Auch an der Spitze der siebenbürgisch-sächsischen Komitate stand zunächst ein vom König ernannter Gespan als Königsrichter, der allerdings, zumindest im Hermannstädter Komitat, gemäß Andreanischem Freibrief ein Angehöriger der Gruppe sein mußte. Nach dem Aufstand der Siebenbürger Sachsen gegen Karl I. Robert erfolgte in den Jahren 1325-1329 eine Verwaltungsreform. An die Stelle der Grafschaften traten die Stühle und Distrikte, für das mittelalterliche Königreich Ungarn typische Gerichts- und Verwaltungsgebiete autonomer Bevölkerungsgruppen. An ihrer Spitze befanden sich vom Herrscher aus den Reihen der Siedler bestellte Königsgrafen sowie Richter, die von der aus Vertretern der Gemeinden bestehenden Stuhls- beziehungsweise Distriktsversammlung gewählt wurden.[37] Die ehemalige Hermannstädter Grafschaft bildete das Gebiet der „Sieben Stühle" Broos, Mühlbach, Reußmarkt, Leschkirch, Großschenk, Schäßburg und Reps, mit dem (achten) Hauptstuhl Hermannstadt. Gemeinsame Fragen wurden in der Gauversammlung verhandelt, die zweimal im Jahr (am Georgs- und am Katharinentag) zusammentrat; in der Zwischenzeit führte der Rat von Hermannstadt die Geschäfte. Aus der Mediascher Grafschaft gingen die „Zwei Stühle" Mediasch und Schelk hervor. Bis 1402 verblieben sie allerdings unter der Hoheit des Szeklergrafen, dem gewählte Stuhlrichter beigeordnet waren. Die Burzenländer und die Nösner Grafschaft bildeten sich in Distrikte um. Diese waren stärker als die Stühle dem jeweiligen Vorort untergeordnet; die Führung hatte der Stadtrichter von Kron-

---

[35] Erste Erwähnung der *Saxones de Barasu* 1252 in: Ub. 1, Nr. 86, S. 78.
[36] Ub. 1, Nr. 222, S. 157: *districtus de Beszterce*.
[37] Dazu und zum folgenden insbesondere Georg Eduard M ü l l e r: Stühle und Distrikte als Unterteilungen der Sächsischen Nationsuniversität 1141-1876. Unveränderter Nachdruck der Ausgabe Hermannstadt 1941. Köln, Wien 1985 (Schriften zur Landeskunde Siebenbürgens 10).

stadt beziehungsweise von Bistritz inne, sein Stellvertreter, der Beirichter, war ebenfalls Mitglied des Stadtrates, und die Distriktsversammlung setzte sich aus jeweils sechs Vertretern der Stadt und der umliegenden Gemeinden zusammen. Auch in den beiden Distrikten übte allerdings der Szeklergraf eine Oberhoheit aus, bis durch spätere Bestätigungen des „Andreanums" der Geltungsbereich dieses Privilegs allmählich ausgeweitet wurde – so 1366 von Ludwig I. von Anjou auf das Nösnerland und 1422 von Sigismund von Luxemburg auf das Burzenland –, und es schließlich von König Matthias Corvinus 1486 allen freien siebenbürgisch-sächsischen Siedlungen verliehen und damit deren Zusammenschluß zur Sächsischen Nationsuniversität besiegelt wurde.[38]

Trotz der bestehenden Autonomie privilegierter Gruppen war aber Siebenbürgen in ein recht zentralistisch geführtes Königreich integriert. Die Region bildete im Rahmen der ungarischen Monarchie als Wojwodschaft (*vaivodatus*) eine gesonderte territorial-administrative Einheit[39] und erfreute sich, zumindest zeitweise, einer gewissen Eigenständigkeit. Diese Eigenständigkeit wurde (und wird noch zum Teil) von der rumänischen Historiographie besonders herausgestellt, um Siebenbürgen zu einem der „drei rumänischen Länder" zu verklären, dessen Entwicklung als integrierender Bestandteil rumänischen Bodens der Vereinigung mit der Moldau und der Walachei, der „Einheit des rumänischen Landes" zugestrebt habe. Als wichtigste Argumente werden angeführt, daß eine derartige Institution sonst in Ungarn nicht anzutreffen sei, daß der Begriff Wojwodschaft eine alte slawisch-rumänische Organisationsform in Talschaften aufgreife, die mehrere Dorfgemeinschaften oder Knesate umfaßte, daß die Magyaren auf den Widerstand solcher „spezifisch politisch-ad-

---

[38] Zu dieser Entwicklung vgl. Konrad G ü n d i s c h: Zur Entstehung der Sächsischen Nationsuniversität. In: Gruppenautonomie: a.a.O., S. 63-92.

[39] Erste sichere urkundliche Erwähnung eines „vaivoda" in der Zeugenreihe eines Dokuments von König Emmerich, 1199 in: Hazai okmánytár. Codex diplomaticus patrius. Hg. Imre/Emericus N a g y, Bd. 5. Györ/Iaurinum 1873, Nr. 1, S. 1. Vgl. auch die Liste der Woiwoden und Vizewoiwoden Siebenbürgen in: Documente privind istoria României. Introducere [Urkunden zur Geschichte Rumäniens. Einleitung, Bd. 1. (Bucureşti) 1956, S. 497. Hier werden als erste Woiwoden ein „princeps" Mercurius (1111-1119) und Leustachius (1176) genannt, doch beruhen die Angaben auf Quellen, die als Fälschungen verdächtigt werden, vgl. Emericus S z e n t p é t e r y: Regesta regum stirpis Arpadianae critico-diplomatica, Bd. 1. Budapest 1923, Nr. 43.

ministrativer Organisationsformen des ganzen Landes" gestoßen seien, die mit frühen „politischen Gebilden" der Rumänen gleichgesetzt werden könnten (insbesondere das „Herzogtum" des Gelou in Nordwestsiebenbürgen) und vor allem, daß das autonome Land „niemals mit dem Königreich Ungarn verschmolzen", sondern immer von den beiden anderen rumänischen Ländern angezogen worden sei.[40]

Die Bezeichnung Wojwodschaft mag einer gewissen regionalen Besonderheit Rechnung tragen, die Tatsache selbst, daß in vom Zentrum (um Ofen und Pest) weiter entfernt liegenden Territorien eigene Provinzialverwaltungen eingerichtet wurden, entspricht den infrastrukturellen Gegebenheiten des Mittelalters und der Notwendigkeit, gegebenenfalls vor Ort schnell und im Sinne der Zentralgewalt zuverlässig zu handeln. In anderen Regionen, etwa in Slawonien oder im Gebiet von Severin nahm diese Funktionen der Ban (*banus*) wahr. Der Ban beziehungsweise der Woiwode wurde allerdings nicht vom Land und seinen Bewohnern, sondern – wie alle bedeutenden weltlichen Würdenträger des Reiches – vom ungarischen König aus den Reihen des magyarischen Hochadels ernannt. In Siebenbürgen waren es vor allem die Familien Kán, Csáky, Borsa, Széchényi, Lackfi, Losonci, Ujlaki, Szapolyai oder Báthory.[41] Siebenbürger Sachsen sind unter den Woiwoden nicht vertreten, rumänischer Herkunft sind die alten Knesenfamilien der Hunyadi und Drágffy, die jedoch längst zum Katholizismus übergetreten waren und standesmäßig dem ungarischen Adel angehörten.

Die Woiwoden waren Mitglieder des königlichen Hofrates, wurden in den Zeugenreihen der Königsurkunden aufgeführt, waren stellvertretend für den König Oberbefehlshaber des siebenbürgischen

---

[40] Die These findet ihre historiographische Begründung insbesondere bei Stefan P a s c u: Voievodatul Transilvaniei [Die Woiwodschaft Siebenbürgen]. 4 Bde. Cluj-Napoca 1971-1989. Vgl. auch ders.: A History of Transylvania. Detroit 1982; ders.: Ce este Transilvania? – Was ist Siebenbürgen? Siebenbürgen im Rahmen der rumänischen Kultur. Cluj-Napoca 1983, hier die oben angeführten Zitate, S. 207 (rumänische Länder), S. 215 (Einheit des Landes), S. 246 (Herzogtum des Gelu), S. 248 (politische Gebilde, lokales Spezifikum, Autonomie). Zur Frage der Autonomie der Wojwodschaft im Mittelalter vgl. auch Z a c h: Fürst, Landtag und Stände: a.a.O., S. 63f.
[41] Vgl. die Liste der Woiwoden in: Documente. Introducere 1: a.a.O., S. 497-507.

Aufgebots und, nach dem Herrscher, oberste Richter der Provinz, als Appellationsinstanz der dortigen Komitatsgerichte. Sie trieben die Steuern ein und durften davon ein Drittel einbehalten. Das Bewirtungsrecht stand ihnen zu, war allerdings bei den Siebenbürger Sachsen aufgrund des Andreanischen Freibriefes eingeschränkt. Die Woiwoden ernannten im Einvernehmen mit dem König die Komitatsgrafen, oft aus den Reihen ihrer Dienstleute (Familiaren). Nicht zuletzt beriefen sie die Adelskongregationen, später den siebenbürgischen Landtag ein und saßen diesen vor. Als Vertreter der Zentralgewalt in dem angeschlossenen Territorium wirkten die Woiwoden für dessen Eingliederung in den Gesamtstaat, nur in wenigen Ausnahmefällen haben sie die übertragene Macht zum Ausbau einer persönlichen genutzt und sich dabei um eine stärkere Autonomie der Region bemüht, etwa Ladislaus Kán, der das Amt über zwanzig Jahre lang (1294-1315) innehatte.[42]

Eine wesentliche Erweiterung der Partizipationsrechte der privilegierten Gruppen erfolgte in der Regierungszeit König Andreas' III. (1290-1301). Der mit Zustimmung des hohen Klerus, der Magnaten und des Adels gekrönte Herrscher gewährte 1291 auch dem siebenbürgischen Adel und den nach der Art der Adligen lebenden Siebenbürger Sachsen für ihre Kriegsdienstleistungen die Steuerfreiheit und andere Vergünstigungen.[43] Im gleichen Jahr wird auch der Landtag, die *congregatio* der Privilegierten, erstmals urkundlich erwähnt.[44] Das „frühe Ständewesen" beginnt sich auch in Siebenbürgen zu ent-

---

[42] Gy[ula] K r i s t ó: Die Macht der Territorialherren in Ungarn am Anfang des 14. Jahrhunderts. In: Études Historiques Hongroises 1985, Bd. 1. Budapest 1985, S. 597, 602f.

[43] Ub. 1, a.a.O., Nr. 242, S. 172-176: *si aliqua potentia extrinseca ad invadendum regnum nostrum venerit, aut aliqua pars vel provincia regni ab oboedientia regia vel potentia et regni se abstraxerit, aut alienare aliquo modo voluerit, nobiles regni nostri et Saxones Transiluani praedia tenentes et more nobilium se gerentes nobis astare et adiuvare nos tenebuntur.*

[44] Ebenda, Nr. 244, S. 177: *cum nos universis nobilibus, Saxonibus, Syculis et Olachis in partibus Transiluanis apud Albam Julae pro reformatione status eorundem congregationem cum eisdem fecissemus.*

wickeln.⁴⁵ Außerdem sind die *universitates* der siebenbürgischen Privilegierten nunmehr auch auf dem ungarischen Reichstag vertreten.⁴⁶

In den siebenbürgischen Provinziallandtagen waren die drei privilegierten Gruppen, der Adel, die Szekler und die Sachsen, vertreten. Diese Gruppen sind als Stände zu bezeichnen, wenngleich sie sich nicht vorrangig, wie in Westeuropa üblich, nach sozialen, sondern nach territorialen Gesichtspunkten, den von ihnen dominierten Gebietskörperschaften definierten.⁴⁷ Die Befugnisse der Landtage waren jedoch vergleichsweise gering. Sie dienten der Schlichtung von Streitfällen zwischen den Angehörigen der einzelnen privilegierten Gemeinschaften oder der Klärung von Steuerfragen, nahmen aber kaum gesetzgeberische Funktionen wahr. Es gelang erst sehr spät, einen engeren Zusammenschluß der siebenbürgischen Stände herbeizuführen, nicht nur wegen der von der Zentralgewalt eingeschränkten Befugnisse des Landtags, sondern auch weil die einzelnen *universitates* nicht dazu bereit waren, an diesen eigene Befugnisse abzugeben.

Erst die Türkengefahr und dann der Ausbruch eines großen Bauernaufstandes im Jahre 1437⁴⁸ ließen die Privilegierten näher zusam-

---

⁴⁵ J[ános] G e r i c s: Das frühe Ständewesen in Ungarn und sein europäischer Hintergrund. Das Patriarchat von Aquileja und Ungarn am Ende des 13. Jahrhunderts. In: Études Historiques Hongroises 1985, Bd. 1. Budapest 1985, S. 285-303. Die These des Verfassers, daß „dieses neue System mit seinen Einrichtungen ohne Übergang, in fertigen Formen, unerwartet (sozusagen von einem Monat zum anderen) in Kraft trat, zehn Jahre lang funktionierte, mit dem Tod Andreas' zusammenbrach und keine Fortsetzung fand" (S. 285), läßt sich – berücksichtigt man die weiter oben geschilderten allmählichen Entwicklungen sowie die Fortdauer ständischer Repräsentation im 14. und insbesondere im 15.-17. Jahrhundert – nicht aufrechterhalten. Ein Beleg für die Fortdauer der ständischen Bestrebungen ist die von Gerics S. 302 erwähnte Bestätigung der Urkunde von 1298 durch Wladislaus I. im Jahre 1440.

⁴⁶ Ub. 1, Nr. 261, S. 192f.: Die Bischöfe und Würdenträger des Reiches *ac universitas nobilium Ongarorum, Siculorum, Saxonum et Cumanorum* erheben *apud Budam in congregatione regni generali* den Erzieher des Königs in den Adelsstand. Die Urkunde wurde, wie G e r i c s: a.a.O., S. 286, Anm. 2, nachweist, nicht 1292 (wie im Ub. datiert), sondern 1298 ausgestellt.

⁴⁷ Dazu Z a c h: Fürst, Landtag und Stände: a.a.O., S. 70f.

⁴⁸ Dazu Ştefan P a s c u: Der transsilvanische Volksaufstand 1437-1438. Bukarest 1964. Paul B i n d e r: Die Rolle der Siebenbürger Sachsen im Bauernaufstand von 1437-1438. In: Forschungen zur Volks- und Landeskunde 15 (1971), S. 52-58.

menrücken. Der Adel, der sich bisher einer engeren Allianz mit den aus seiner Sicht sozial nicht ebenbürtigen Szeklern und Sachsen verweigert hatte, war durch die Erhebung seiner rumänischen, ungarischen und auch sächsischen Untertanen existentiell bedroht. Nun zeigte er sich bereit, *mit den Sachsen der sieben und zwei sächsischen Stühle und von Bistritz sowie den Bewohnern aller Szeklerstühle* ein brüderliches Bündnis *(fraterna unio)* abzuschließen, *damit die Empörungsgelüste der verruchten Bauern unterdrückt und [...] diese Landesteile gegen die Einfälle der überaus grausamen Türken verteidigt werden können*.[49] Die so formulierten Ziele entsprachen den Interessen aller vertragschließenden Seiten, so daß die „Union der drei Nationen" als ein Bund zum gemeinsamen Schutz der Interessen der privilegierten Stände anzusehen ist.[50] Daß dabei nicht die Unterdrückung der rumänischen Hörigen im Vordergrund stand, sondern die Türkenabwehr, zeigt der 1459 erneuerte Vertrag, in dem nur noch von der gegenseitigen Hilfeleistung gegen die *immer häufigeren, ununterbrochenen Einfälle der wilden Türken* in das *regnum Transsilvaniae* die Rede ist.[51]

Die Unionen der ständischen Nationen Siebenbürgens wurden aber nicht nur unter dem Druck der äußeren Bedrohung geschlossen, sondern waren auch als Bündnis gegen Übergriffe der Zentralgewalt gedacht, gegen Mißachtung der Privilegien, außergewöhnliche Abgaben und, im Falle der Siebenbürger Sachsen, gegen die Veräußerung von Königsboden (so die Verleihung von Bistritz an Johannes Hunyadi und von Mühlbach an den Woiwoden Johann Pongrácz).[52]

1467 entschlossen sich die Privilegierten gar zum Aufstand gegen eine Münz- und Steuerreform von König Matthias Corvinus. In dieser Aktion, die sie aufgrund eines am 18. August 1467 geschlosse-

---

[49] Ub. 4. Hermannstadt 1937, Nr. 2293, S. 638-640. Zitate aus der deutschen Übersetzung in: Quellen zur Geschichte der Siebenbürger Sachsen: a.a.O., Nr. 26, S. 68-70.

[50] Vgl. Friedrich T e u t s c h: Die Unionen der drei ständischen Nationen in Siebenbürgen bis 1542. In: Archiv des Vereins für siebenbürgische Landeskunde 12 (1874), S. 37-106 (auch als Sonderdruck: Hermannstadt 1874); Konrad G ü n d i s c h: Das Patriziat siebenbürgischer Städte im Mittelalter. Köln, Weimar, Wien 1993 (Studia Transylvanica 18), S. 315-319.

[51] Ub. 6. Bukarest 1981, Nr. 3198, S. 64-68; Übersetzung in: Quellen zur Geschichte der Siebenbürger Sachsen: a.a.O., Nr. 31, S. 80-86.

[52] G ü n d i s c h: Entstehung Nationsuniversität: a.a.O., S. 75-80.

nen *contractum mutuum* unternahmen, traten die drei Stände erstmals zusammen mit den Woiwoden als eine Einheit gegen den ungarischen Herrscher zum Schutz ihrer Freiheiten auf und machten von ihrem Widerstandsrecht Gebrauch.[53] Sie wählten sich eigene Heerführer (die amtierenden Woiwoden Sigismund und Johann von Sankt Georgen und Bösing und Berthold Ellerbach sowie die Brüder Emmerich und Stephan Szapolyai), übertrugen ihnen die Befehls- und richterliche Gewalt, beschlossen zudem, ihnen in Zukunft die Steuern abzuliefern. Auch über Krieg und Frieden wollten sie nunmehr im Einvernehmen entscheiden. Wenngleich diese Autonomietendenzen rasch unterdrückt werden konnten, indem der König mit aller Härte durchgriff und den Aufruhr noch im Keim erstickte,[54] ist nicht zu übersehen, daß die siebenbürgischen Stände 1467 als gesamtregionale Vertretung aufgetreten sind und gemeinsame Interessen zu verteidigen versucht haben.

In der Folgezeit konzentrierten sich allerdings die einzelnen Stände Siebenbürgens darauf, die eigenen Vorrechte zu sichern. König Matthias Corvinus förderte diesen Prozeß durch seine auf Zentralisierung ausgerichteten Maßnahmen zur Schwächung der Adelsaristokratie vornehmlich durch Förderung der anderen freien Schichten, zu denen die Sachsen und die Szekler zählten. Er förderte den insbesondere von den Städten betriebenen Zusammenschluß der freien Gebietskörperschaften der Siebenbürger Sachsen. Der langwierige Prozeß fand am 6. Februar 1486 seinen Abschluß, als Matthias Corvinus auf Ersuchen des Hermannstädter Bürgermeisters Thomas Altemberger sowie *universorum Saxonum nostrorum partium regni nostri Transsilvanarum* (der Gesamtheit der Sachsen in den siebenbürgischen Landesteilen Unseres Königreiches) die Freiheiten des Andreanischen Freibriefes bestätigte.[55] Für die nunmehr herausgebildete oberste politische, administrative, gerichtliche und repräsentative Instanz der siebenbürgisch-deutschen Siedler bürgerte sich der

---

[53] Ub. 6, Nr. 3544, S. 293f.: *pro conservandis praefatarum partium Transsilvanarum ac totius regni Hungariae libertatibus*.

[54] G ü n d i s c h: Entstehung Nationsuniversität: a.a.O., S. 80f. Vgl. auch Friedrich F i r n h a b e r: Die Verschwörung der Siebenbürger gegen K. Matthias Corvinus im Jahre 1467. In: Notizenblatt. Beilage zum Archiv für Kunde österreichischer Geschichtsquellen 2/13 (1852), S. 193-199.

[55] Ub. 7. Bukarest 1991, Nr. 4623, S. 412f.

Name Sächsische Nationsuniversität (*universitas Saxonum*) ein. Mit dem Begriff *natio* wurde damals die Zugehörigkeit zu einem „Stand angeborenen Rechts" gleichgesetzt, mit den *universitates* die auf das jeweilige Land „bezogenen Personalverbände mit dem Charakter von Rechtsgemeinschaften, an denen die Landstandschaft haftet".[56] Die Nationsuniversität der Sachsen in Siebenbürgen repräsentierte ebensowenig wie die ungarischen Adelskongregationen die Hörigen gleicher Sprach- beziehungsweise Volkszugehörigkeit. Ebenso wie die ungarischen oder die rumänischen Hörigen, waren die auf Adelsboden lebenden Deutschen in Siebenbürgen durch die Nationsuniversität nicht vertreten. Der unter „Nationsuniversität" subsumierte Nationsbegriff ist also primär nicht Ausdruck einer Volks-, sondern einer Standeszugehörigkeit.

Beim institutionell-organisatorischen Ausbau der Nationsuniversität wurde auf das Vorbild der Verwaltungs- und Gerichtsorgane von Hermannstadt zurückgegriffen, die im Laufe der Zeit organisch gewachsen waren und fast unverändert auf den Gesamtverband übertragen wurden. Die Versammlung der Vertreter aller sächsischen Stühle und Distrikte trat in der Regel am Katharinentag in Hermannstadt zusammen. Bei dieser Gelegenheit wurden die gemeinsamen Steuerlasten gemeinsam verteilt, Preisfestlegungen ausgehandelt, gemeinsame Maße und Gewichte beschlossen, Zunftordnungen erlassen, Regelungen in allen Bereichen des täglichen Lebens getroffen, aber auch wichtige politische Entscheidungen gefällt. Als gerichtliche Appellationsinstanz entschied die Nationsuniversität aufgrund des eigenen Überlieferungsrechtes, von Bestimmungen des „Schwabenspiegels" und von Stadtrechten aus dem Magdeburger Rechtskreis. Diese in Siebenbürgen angewandte oder anzuwendende Gesetzesordnung wurde auf Wunsch des Hermannstädter Bürgermeisters im *Codex Altemberger* schriftlich festgehalten.[57] Zwischen den sogenannten Katharinalkonfluxen führte der Magistrat von Hermannstadt die Geschäfte. Der Bürgermeister der Stadt repräsentier-

---

[56] Hans-Dietrich K a h l: Einige Beobachtungen zum Sprachgebrauch von *natio* im mittelalterlichen Latein, mit Ausblicken auf das neuhochdeutsche Fremdwort Nation. In: Aspekte der Nationenbildung im Mittelalter. Hg. Helmut B e u - m a n n, Werner S c h r ö d e r. Sigmaringen 1978, S. 90.

[57] Der Schwabenspiegel bei den Siebenbürger Sachsen. Hgg. Gustav L i n d - n e r. Nachdruck besorgt von Karl August E c k h a r d t. Aalen 1973 (Bibliotheca Rerum Historicarum 9).

te die gemeinsame Institution und führte seit dem 16. Jahrhundert in dieser Eigenschaft den Titel eines Sachsengrafen *(comes Saxonum).* Während sich die Sachsen auf den Zusammenschluß der eigenen Kräfte konzentrierten, traten die Adligen Siebenbürgens zusammen mit dem Adel des Gesamtstaates zunehmend als homogene Gruppe auf, insbesondere nach dem Tod von Matthias Corvinus und der an Bedingungen geknüpften Wahl des Jagellonen Wladislaus II. (1490-1516) zu seinem Nachfolger. Die damals abgetrotzten Wahlkapitulationen trugen wesentlich zum Wiedererstarken der ungarischen Aristokratie bei.[58] Die Szekler wiederum, deren Freiheiten bislang als Gewohnheitsrecht überliefert und respektiert worden waren, suchten diese nun abzusichern und ließen sie 1499 von König Wladislaus in einem Privileg bestätigen.[59] Gegen die adligen Tendenzen, ihre Freiheiten zu beschneiden, wehrten sie sich, und es ist kein Zufall, daß der Bauernkrieg von 1514 von einem Szekler Kleinadligen, György Dózsa, angeführt worden ist. Der von den adligen Truppen des siebenbürgischen Woiwoden Johann Szapolyai nur mit Mühe niedergeschlagene Aufstand wurde grausam unterdrückt, die Bauern „auf ewig" an die Scholle gebunden, ihrer Freizügigkeit und des Besitzrechtes beraubt. Dem niederen Adel hingegen wurde in einer Sammlung des ungarischen Gewohnheitsrechtes, die der Jurist Stefan Verbőczy im gleichen Jahr dem Reichstag vorlegte, die *una et eadem libertas,* die Rechtsgleichheit mit den Magnaten, bestätigt.[60] Die 1467 beschworene Interessengemeinschaft der Siebenbürger hatte demnach keinen dauernden Bestand.

Auch nach dem Untergang des mittelalterlichen Königreichs Ungarn als Folge der fatalen Schlacht bei Mohács (1526) dominierten

---

[58] Janos M. B a k: Königtum und Stände in Ungarn im 14.–16. Jahrhundert. Wiesbaden 1973 (Quellen und Studien zur Geschichte des östlichen Europa 6), S. 62-65.

[59] Székely oklevéltár [Szekler Urkundenbuch], 3. Bd. Budapest 1890, S. 138-145: *pro parte et in personis fidelium nostrorum agilium virorum universorum trium generum Siculorum partium regni nostri Transsylvanarum exhibiti sunt nobis et praesentati certi articuli, in quibus libertates et vetustae consuetudines eorundem Siculorum ... contineri dinoscebantur* (S. 139).

[60] G ü n d i s c h: Ungarn im Mittelalter: a.a.O., S. 50f. Zum Bauernkrieg vgl. die hervorragende Quellenedition Monumenta rusticorum in Hungaria rebellium anno MDCIV. Hgg. Antonius F e k e t e N a g y, Victor K e n é z, Ladislaus S o l y m o s i (Publicationes Archivi Nationalis Hungarici II. Fontes 12). Budapest 1979. Zum Rechtsbuch Stephan Verbőczys vgl. B a k: a.a.O., S. 74-79.

die Partikularinteressen der siebenbürgischen Stände. Die Wahl des siebenbürgischen Woiwoden Johann Szapolyai zum ungarischen (Gegen-)König hatte eine Fraktion des ungarischen Adels durchgesetzt, während die Siebenbürger Sachsen den aufgrund von Ehe- und Erbverträgen legitimen Kandidaten Ferdinand von Habsburg unterstützten. Die Konflikte zwischen den Anhängern der *factio Hungarica* und der *teutschen Partey* vertieften die Kluft zwischen den beiden siebenbürgischen Ständen. Beide Parteien waren jedoch weder finanziell noch militärisch in der Lage, den Konkurrenten auszuschalten und schon gar nicht, den Osmanen erfolgreich entgegenzutreten. Diesen hingegen bot der Bürgerkrieg die willkommene Gelegenheit, ihre Position auch staatsrechtlich auszubauen. Szapolyai verbündete sich mit den traditionellen Gegnern der Habsburger, mit Frankreich und mit der Hohen Pforte, wurde von den Fürsten der Moldau und der Walachei unterstützt. Petru Rareş, dem Szapolyai die Schlösser Csicsó und Bálványos, die Kokelburg und den Bistritzer Distrikt verliehen hatte, um seine Hilfe zu erkaufen, fiel aus der Moldau wiederholt in sächsisches Siedlungsgebiet, vor allem ins Nösner- und ins Burzenland ein.[61]

1529 huldigte Johann Szapolyai ausgerechnet bei Mohács dem Sultan, der damit nicht nur nach islamischer Rechtsauffassung der Souverän Ungarns wurde, wenngleich er dem Land, da es sich freiwillig unterworfen hatte, eine relativ weitgehende Autonomie gewährte, seine Rechtsstrukturen nicht veränderte und auch die Ausübung der christlichen Religion(en) nicht behinderte. Die Sachsen hielten weiter, unter größten Opfern, zu Ferdinand von Habsburg, vielleicht auch aus „*deutscher Treue*", wie Georg Daniel Teutsch formuliert hat,[62] gewiß aber in der Hoffnung, vom mächtigen Reich Karls V. bei der Türkenabwehr unterstützt zu werden. Diese Hilfe blieb jedoch aus. Bis Ende 1535 widerstand Hermannstadt allein den wiederholten Angriffen Szapolyais und seiner adligen Truppen.[63]

---

[61] Zu den allgemeinen Entwicklungen vgl. Harald R o t h: Kleine Geschichte Siebenbürgens. Köln, Weimar, Wien 1996, S. 47-53; Holger F i s c h e r: Ungarn in der Türkenzeit (1526-1686). In: Ders: Eine kleine Geschichte: a.a.O., S. 52-54.

[62] Georg Daniel T e u t s c h: Geschichte der Siebenbürger Sachsen für das sächsische Volk, Bd. 1. Nachdruck der Ausgabe Hermannstadt 1907. Köln, Wien 1984 (Schriften zur Landeskunde Siebenbürgens 9/I), S. 189.

[63] Vgl. dazu und zum folgenden den Überblick über den Zerfall des ungarischen Königreichs und die Herausbildung des Fürstentums Siebenbürgen bei

Um den Bürgerkrieg zu beenden und die Einheit Ungarns wiederherzustellen, vermittelte der zum Schatzmeister Szapolyais und Bischof von Großwardein aufgestiegene Paulinermönch Georg Martinuzzi – ein überragender wenngleich keineswegs selbstloser Politiker – im Jahre 1538 einen Friedensvertrag. Darin wurden einerseits die bestehenden Einflußbereiche der beiden Widersacher – Ferdinand im Westen, Johann im Osten Ungarns (zwischen Theiß und Karpatenbogen) – bestätigt, andererseits den Habsburgern der ungeteilte Besitz des Landes im Falle eines – angesichts des fortgeschrittenen Alters erwarteten – erbenlosen Todes Szapolyais in Aussicht gestellt. Diese Erwartung erfüllte sich nicht. 1540, wenige Wochen vor seinem Tod, wurde Szapolyai Vater. Sein Sohn wurde als Johann II. Sigismund zum König erhoben, nach erneuter Anerkennung der türkischen Oberhoheit. Die Regentschaft übernahm seine Mutter Isabella, eine Jagellonin, die Regierung aber führte Martinuzzi als Statthalter. Ferdinand anerkannte ihn nicht, worauf sich Süleyman veranlaßt sah, die Inbesitznahme Ungarns durch die Habsburger mit Waffengewalt zu verhindern. Vorgeblich um die Halbwaise Johann Sigismund zu schützen, besetzte er 1541 einen Großteil der Ungarischen Tiefebene sowie die Hauptstadt Ofen und unterstellte sie direkt seiner Herrschaft.

Damit wurde die Teilung des mittelalterlichen Königreichs vollendet: Im Westen, dem sogenannten „königlichen" Ungarn mit Teilen Kroatiens im Süden und der Slowakei im Norden, behaupteten sich die Habsburger als Wahrer der eigentlichen staatsrechtlichen Kontinuität; in der Mitte entstand eine türkische Provinz, das Paschalyk von Buda; das noch „königliche" Siebenbürgen Johanns II. Sigismund stand – zusammen mit den „Partes", Gebieten zwischen den Siebenbürgischen Westgebirgen und der Theiß – unter osmanischer Oberhoheit und war der Pforte tributpflichtig, behielt aber seine innere Autonomie und zum Teil seine außenpolitische Handlungsfreiheit.

Die Politik bestimmte hier Georg Martinuzzi, zwischen den Habsburgern und Osmanen oft undurchsichtig lavierend, immer auf den Ausbau der eigenen Machtbasis bedacht. Er wollte von Siebenbürgen

---

Konrad G ü n d i s c h: Siebenbürgen und die Siebenbürger Sachsen. München 1998 (Studienbuchreihe der Stiftung Ostdeutscher Kulturrat 8), S. 74-81.

aus die Einheit Ungarns unter der Krone der Szapolyai wiederherstellen. Dafür mußte er das Land im Innern festigen und organisatorisch aufbauen. Auch aus diesem Grund suchte er den Kompromiß mit allen privilegierten Ständen Siebenbürgens. Die *Unio trium nationum*, die sich im 15. Jahrhundert zu einer die spezifischen Interessen der Landstände Siebenbürgens vertretenden und bewahrenden Institution entwickelt hatte, baute er nun zur tragenden Säule des neuen Staatswesens aus.

Auf dieser Grundlage beschloß der Landtag zu Thorenburg am 31. März 1542 die paritätische Mitbestimmung der drei Nationen – des ungarischen Adels, der freien Szekler und Sachsen – an allen wichtigen Entscheidungen des Landes: mit Vertretung in einem Ratgebergremium des Statthalters, das sich zum Fürstenrat entwickelte und an der Führung der Staatsgeschäfte beteiligt war; mit dem sogenannten Kuriatvotum, wodurch Gesetze blockiert werden konnten, die den Partikularinteressen des jeweiligen Standes zuwiderliefen (sie wurden erst rechtskräftig, wenn sie mit den Siegeln aller drei Stände versehen waren); mit dem Recht, über Krieg und Frieden zu entscheiden, aber auch mit der Pflicht der Landesverteidigung. Aufgrund des nunmehr vom siebenbürgischen Landtag übernommenen Rechtes des ungarischen Reichstags (der nur noch im „königlichen" Ungarn, in Preßburg, zusammentrat), den König zu wählen, konnten die „Nationen" nicht zuletzt über die Person ihres Herrschers selbst bestimmen.[64]

Johann II. Sigismund galt noch als „gewählter König Ungarns"; 1570 unterstellte er sich im Vertrag von Speyer den im „königlichen" Ungarn regierenden Habsburgern und wurde im Gegenzug zum Fürsten erhoben. Sein Titel lautete nun *princeps Transsylvaniae et partium regni Hungariae dominus*, wobei unter den „Partes" die östlichen Komitate Ungarns verstanden wurden, die nicht zum Osmanischen Staatsverband gehörten und an Siebenbürgen angrenzten.[65] 1571 wählte der Landtag seinen Nachfolger Stefan Báthory zum Fürsten von Siebenbürgen. 1575 wurde dieser auch polnischer König und

---

[64] Zu den verfassungsrechtlichen Entwicklungen Siebenbürgens im 16. und 17. Jahrhundert vgl. insbesondere die hervorragende Darstellung von Z a c h: Fürst, Landtag und Stände: a.a.O., S. 75-88.

[65] K u b i n y i: Landesherr und Ständeversammlungen: a.a.O., S. 83.

ernannte seinen Bruder Christoph zum Woiwoden Siebenbürgens. Dessen Sohn Sigismund wurde nach Stephan Báthorys Tod (1586) zum Fürsten gewählt, nicht bevor er mit dem Landtag „Bedingungen" (*conditiones principis*) ausgehandelt und beeidigt hatte. Auch Sigismund anerkannte die Habsburger als Könige Ungarns, empfing aber vom Sultan, dem er Treue versprach und den jährlichen Tribut zahlte, die Investitur. Diese eigenartige staatsrechtliche Stellung behielt das Fürstentum bis 1691 bei.[66]

Im Fürstentum Siebenbürgen wurden die im Mittelalter herausgebildeten ständisch-territorialen Strukturen beibehalten und ausgebaut. Der durch den Zuzug von Adligen aus dem Paschalyk, vor allem aber durch die Großgrundbesitzer in den „Partes" gestärkte ungarische Adel hatte in diesem Kräftespiel eine gewisse Übermacht, gegen das sich die Szekler letztlich erfolglos, die Sachsen mit großen Anstrengungen zur Wehr gesetzt haben. Zwar waren die Landtagsbeschlüsse für das Gesamtgebiet verbindlich, die autonome Verwaltung der jeweiligen Gebietskörperschaften der drei *nationes* blieb jedoch von diesen unberührt. Vielmehr galten hier drei jeweils kleinterritorial beschränkte Gesetzessammlungen:[67] in den Komitaten das „Tripartitum" von Verbőczy aus dem Jahre 1514, unter den Szeklern das Gewohnheitsrecht und dann die 1555 von Mihály Székely geschaffene Gesetzessammlung der „Verfassungen und Privilegien der adligen Szekler Nation" (*A nemes Székely Nemzetnek Constitutiói, Privilégiumai*), unter den Sachsen zunächst der „Codex Altemberger", dann das 1583 veröffentlichte „Eigen-Landrecht".[68] Schließlich entwickelten sich die Stände als Folge der Reformation auch im kirchlichen Bereich auseinander: die Sachsen wurden geschlossen evangelisch-lutherisch, die Szekler blieben nahezu geschlossen katholisch, die Ungarn blieben katholisch oder wurden Kalvinisten beziehungsweise Antitrinitarier. 1557 beschloß der Landtag zu Thorenburg den Grundsatz der gegenseitigen religiösen Toleranz, der zwar ein ver-

---

[66] Vgl. ausführlich Georg Eduard M ü l l e r: Die Türkenherrschaft in Siebenbürgen. Verfassungsrechtliches Verhältnis Siebenbürgens zur Pforte 1541-1688. Hermannstadt-Sibiu 1923.
[67] Z a c h: Fürst, Landtag und Stände, a.a.O., S. 76f.
[68] Das Eigen-Landrecht der Siebenbürger Sachsen. Unveränderter Nachdruck des Erstdruckes von 1583. Mit einer Einführung von Adolf L a u f s. München 1973.

nünftiges Nebeneinander unterschiedlicher Religionen ermöglichte, nicht jedoch dem Miteinander der unterschiedlichen Gruppen diente.[69]

Somit entwickelte sich auch in der Fürstenzeit keine gesamtregionale Solidarität, blieben die Partikularinteressen der Teillandschaften dominant, die sich im Mittelalter herausgebildet haben. Immerhin ermöglichte dieses ständisch geprägte System ein weitgehendes innenpolitisches Gleichgewicht, das auch die Fürstenautokratie in Grenzen hielt[70] und manche Ansätze demokratisch-konstitutioneller Elemente in sich barg.

Summary

Class Autonomy and Regionality in the Medieval and Early Modern Transylvania

Geographically Transylvania is divided into several clearly defined units. The region was formed from 11th to 14th centuries and survived largely into the 19th century, but its administrative-territorial division hardly follows these natural geographic borders. It arose historically through the emergence of the estates in the medieval kingdom of Hungary and in its voivodeship of Transylvania, mostly strictly controlled by the central authority. The estates were divided into their own autonomous districts, i.e. into the komitats of the nobility, the seats and districts of the Szeklers and the Saxons. After a survey of the emergence and development of these territorial autonomies the author inquires into the historical, demographic, economic, organisational, institutional, military and legal bases on which this form of representation of group interests rested, leading to the formation of small-scale regional identities. That is why in the Middle Ages it was hardly possible for a pan-regional identity to develop which could

---

[69] Ludwig B i n d e r: Grundlagen und Formen der Toleranz in Siebenbürgen bis zur Mitte des 17. Jahrhunderts. Köln, Wien 1976 (Siebenbürgisches Archiv 11).

[70] Z a c h: Fürst, Landtag und Stände: a.a.O., S. 88.

have expressed itself in a striving for autonomy of Transylvania. Only after the fall of the medieval kingdom of Hungary and the formation of a principality under Ottoman rule did a pan-Transylvanian regional awareness arise, more by necessity. Yet the small-scale particularities of class-based autonomies subsisted, reinforced after the Reformation by the differing confessions of the respective groups.

Résumé

Autonomie des »états« et régionalisme en Transylvanie à l'époque médiévale et précontemporaine

Du point de vue géographique la Transylvanie se compose de plusieurs ensembles naturels nettement délimités. Par contre la division en unités administratives régionales, telles qu'elles se sont constituées entre le XI et le XIV siècle, ne correspond guère aux frontières naturelles. Elle découle plutôt, historiquement parlant, de la formation des »états« sous l'Empire hongrois au moyen – âge et aussi de l'instauration du voïévode de Transylvanie placé sous le contrôle direct du pouvoir central. Les »états« avaient chacun leur propre représentation autonome, les »comitatus« pour la noblesse, les sièges de tribunaux et les districts pour les Szekler et les Saxons.

Après avoir étudié la formation et le développement de ces autonomies territoriales, l'auteur analyse les bases historiques, démographiques, économiques, institutionnelles, militaires et juridiques sur lesquelles repose cette forme de représentation des différents groupes d'intéret. Ces derniers favorisèrent la naissance d'un sentiment d'attachement local, mais d'un autre côté ils empêchèrent que se développe un sentiment suprarégional, qui aurait pu par exemple se manifester sous la forme de revendications d'autonomie pour le voïévode transylvain. Ce n'est qu'après la chute de l'Empire hongrois médiéval et la création de principautés sous l'Empire ottoman qu'un sentiment régional transylvain apparut, mais les particularités minirégionales des représentations autonomes des »états« persistèrent; elles furent meme renforcées après la Réforme par la multiplicité des confessions.

FRANZÖSISCHE KULTUREINFLÜSSE UND STAATLICHER ZENTRALISMUS IN SÜDOSTEUROPA

Alexandru Zub

Französische Kultureinflüsse und staatlicher Zentralismus in Südosteuropa stellen ein Thema dar, das auf so beschränktem Raum wie hier vorgegeben nur in groben Umrissen, skizzenhaft behandelt werden kann. Die nur in letzter Zeit erschienenen Untersuchungen zur Französischen Revolution sind so zahlreich und widersprüchlich, daß sie ein auch nur halbwegs sinnvolles Systematisieren kaum zulassen. Wir werden uns daher auf einige Aspekte beschränken müssen, und zwar vor allem auf jene im Zusammenhang mit dem thematischen Komplex des Zentralismus in Südosteuropa.

Zunächst ist anzumerken, daß dem staatlichen Zentralismus – obschon von den Historikern als Phänomen immer wieder aufgegriffen – die gebührende Aufmerksamkeit noch nicht zuteil wurde. Eine ordnungsgemäße Bibliographie erweist sich als problematisch. Erst die vom Staat geprägten Erfahrungen unseres Jahrhunderts schienen einen Anstoß zur entsprechenden Behandlung des Themas gegeben zu haben, etwa wie diejenigen, die anläßlich der Zweihundertjahrfeier der Französischen Revolution hervorgebracht wurden. Dieses Ereignis fiel mit dem Zerfall des kommunistischen Systems in Osteuropa zusammen, eine Begebenheit, die von sich aus Überlegungen über die staatliche Anlage jenes Systems veranlaßte. Etwas Ähnliches hatte sich auch nach Abschaffung der faschistischen Regime auf dem Kontinent ereignet.

Der Zerfall der kommunistischen Diktaturen am Ende des 9. Jahrzehnts forderte neue Auslegungen hinsichtlich des totalitären Gefüges heraus, dem sie diachronisch angehörten. Man konnte zwischen der Expansion der Französischen Revolution und den von der französischen Republik geführten Kriegen unterscheiden, wobei der Einfluß der revolutionären Ideen in Mittel- und Osteuropa dadurch streng beschränkt wurde.[1] Die „atlantische" Revolution[2] – sie selbst ist kaum als einheitlich zu bezeichnen – unterschied sich von den Aufruhren in anderen östlichen Ländern, obwohl die Sprache fast dieselbe war.[3]

Heute verfügen wir über eine „Radiographie" der Lage dank der Arbeiten anläßlich der Zweihundertjahrfeier. Eine der damals zahlreich veranstalteten Tagungen, die von der Associazione dei Storici Europei organisiert wurde, ermöglichte eine umfassende Erforschung des Phänomens aus historiographischer Sicht.[4] Daraus kann man schließen, daß Nicolae Iorga 1922 eigentlich Recht hatte, wenn er meinte, daß „die westliche Strömung breit, mächtig und zukunftsreich war, jedoch nicht in der Art, wie dort verkündet wurde, sondern je nach der Interpretation, die jedes Volk ihr gegeben hat; und jedes Volk hat genau den Wert, den es nicht dadurch beweist, daß es die westlichen Ideen früher aufgenommen hat, sondern durch die wahre und tiefgreifende Art und Weise, wie es sie seinen Bedürfnissen angepaßt hat".[5]

Die Unterschiede zwischen einem ethnisch-kulturellen Raum und dem anderen können jetzt leichter wahrgenommen werden, wobei sich die Akzente ändern, wenn der Forscher den Blick vom Atlantik nach Osten rückt. Mitteleuropa wurde freilich in größerem Maße als Südosteuropa von den Ideen der Revolution beeinflußt, wie sich dies aus den Untersuchungen von Wolf D. Gruner, Kurt Holzyfel und anderen[6] für den deutschen Raum, von Monika Senkowska-Gluck

---

[1] Alan F o r r e s t: La Révolution et l'Europe. In: Dictionnaire critique de la Révolution française. Hgg. Françoise F u r e t, Mona O z o u f. Paris 1988, S. 146-155 (fortan: Dictionnaire critique).

[2] Jaques G o d e c h o t: La Grande Nation: l'expansion révolutionnaire de la France dans le monde 1789-1799. Paris 1956 (1983); Les révolutions, 1770-1799. Paris 1965.

[3] Vgl. Georges R u d é: Revolutionary Europe. London 1964.

[4] Armando S a i t t a (Hg.): La storia de la storiografia europea sulla Rivoluzione francese, Bd. I-III. Rom 1990-1991.

[5] Nicolae I o r g a: Solidaritatea românească la începutul secolului al XIX-lea [Die rumänische Solidarität am Anfang des 19. Jahrhunderts]. In: Cuget românesc, 1922, Nr. 8-9, S. 97.

[6] La Révolution française vue par les Allemands, textes traduites et présentés par Joël L e f e b v r e. Lyon 1987; François F u r e t: Marx and the French Revolution. Chicago/London 1988; Wolf D. G r u n e r: The Impact of the French Revo-

und Alina Barsczewska-Krupa[7] für Polen, von Edouard Maur[8] für Tschechien, von Peter Hahner und Sándor Vadász[9] für Ungarn ergibt. In bezug auf den südosteuropäischen Raum, für den einige Wissenschaftler die Bezeichnung „Balkan" verwenden, sei auf die Arbeit von Veselin Trajkov über die bulgarische Historiographie,[10] auf Georgis C. Vlachos' Studien für Griechenland[11] und auf die Untersuchungen von Dan Berindei für Rumänien[12] verwiesen. Es fehlt auch nicht an Versuchen einer Synthese für den ganzen Raum.[13] Wir haben nur einige Beispiele erwähnt, mehr um darauf hinzuweisen, daß die historiographischen Bemühungen zweier Jahrhunderte das Thema der Französischen Revolution und ihrer Folgen in der ganzen Welt keineswegs erschöpft haben.

---

lution of 1789 on the States of Germany and the development of political nationalism and national identity from the perspective of German historiography. In: Armando S a i t t a (Hg.): a.a.O., I, S. 19-40; Kurt H o l z y f e l: 1789: DDR-Forschungen zur Großen Französischen Revolution und die Entwicklung der komparativen Methode. Ebenda, S. 167-194.

[7] Monika S e n k o w s k a - G l u c k: L'historiographie polonaise de la Révolution française. In: Armando S a i t t a (Hg.): a.a.O., III, S. 87-96; Alina B a r s c z e w s k a K r u p a: La Révolution française dans l'historiographie de l'époque de la Grande Emigration Polonaise. Ebenda, S. 79-86.

[8] Edouard M a u r: Historiographie tchèque de la Révolution française. In: Armando S a i t t a (Hg.): a.a.O., III, S. 245-258.

[9] Peter H a h n e r: L'histoire et l'idéologie dans l'historiographie hongroise. In: Armando S a i t t a (Hg.): a.a.O., II, S. 307-318; Sándor V a d á s z: L'image de la Révolution française dans l'historiographie hongroise. Ebenda, S. 299-306.

[10] Veselin T r a j k o v: L'historiographie bulgare et la Révolution française. In: Armando S a i t t a (Hg.): a.a.O., I, S. 275-306.

[11] Georgis C. V l a c h o s: Révolution française et révolution nationale héllénique. Une perspective double pour l'historiographie grècque du XIXe et XXe siècles. In: Armando S a i t t a (Hg.): a.a.O., II, S. 219-260. Vgl. auch: La Révolution française et l'héllénisme moderne. Actes du IIIe Coloque..., Athen 1989; Alexandru D u ţ u (Hg.): Sud-Estul european în vremea Revoluţiei franceze. Stări de spirit, reacţii, confluenţe [Der europäische Südosten zur Zeit der französischen Revolution. Geistige Lage, Reaktionen, Einflüsse]. Bucureşti 1994.

[12] Dan B e r i n d e i: L'historiographie roumaine sous l'impact de la Révolution française de 1789. In: Armando S a i t t a (Hg.): a.a.O., III, S. 111-140; Românii şi Europa în perioadele premodernă şi modernă [Die Rumänen und Europa in der Vormoderne und Moderne]. Bucureşti 1998, S. 82-113.

[13] Konstantin A n g é l o p o u l o s: L'enseignement de la Révolution française dans les Balkans: Albanie, Gréce, Roumanie, Serbie. In: Rainer R i e m e n - s c h n e i d e r (Hg.): Bilder einer Revolution. Images d'une Révolution. Frankfurt am Main/Paris 1994, S. 95-124.

Eine der wichtigsten Folgen der Revolution ist zweifellos der Zentralismus, wie Alexis de Tocqueville schon vor eineinhalb Jahrhunderten bemerkte und diesen unmittelbar mit einer der Entwicklung des modernen Staates anhaftenden Dynamik verband.[14] Es ist aber nicht die Revolution, die den staatlichen Zentralismus geschaffen hat, sie hat ihn nur den neuen Verhältnissen angepaßt, indem sie den seit Jahrhunderten herrschenden vereinigenden Vorgang angeregt hat. „La France plurielle" beugte sich vor der „unteilbaren Republik", die die Errungenschaften der absoluten Monarchie völlig nutzte, um ihre Kraft zu sichern.[15]

Das französische Vorbild setzte sich im Wettbewerb mit den anderen Vorbildern (dem britischen, dem deutschen usw.) in manchen europäischen Staaten durch, blieb jedoch selbst in dem Ursprungsraum nie unumstritten. Die Revolution an sich wurde von neuem analysiert und der Kritik ausgesetzt,[16] und der Staat wurde gemäß den Anforderungen der heutigen Welt umgestaltet. Die Vorstellung von einem „korporativen rationalistischen Staat" (P. Gremion) wurde bereits als Bezeichnung für die Struktur, die den jakobinisch geprägten Staat zu ersetzen neigt, eingeleitet.[17]

Das ist keine neue Idee. In der Zwischenkriegszeit entwickelte der rumänische Ökonom Mihail Manoilescu eine ausführliche Theorie hinsichtlich dieses Themas, da er für die Welt ein korporatives Jahrhundert voraussah.[18] Es wurde auch gleich über „reforma corporativa del Estado"[19] geschrieben und die Idee sollte lange Zeit aktuell bleiben.[20] Man suchte eine neue Form von wirtschaftlichem Gleich-

---

[14] Alexis de Toqueville: L'Ancien Régime et la Révolution. Images d'une Révolution. Paris 1856.
[15] Yann Fauchois: Centralisation. In: Dictionnaire antique, S. 653-664.
[16] Vgl. Michel Pertué: La Révolution française est-elle terminée? In: Annales historique de la Révolution française, 54/1982, S. 329-348.
[17] P. Gremion: Le pouvoir péripherique. Bureaucrates et notables dans le système politique française. Paris 1976.
[18] Mihail Manoilescu: Le siècle du corporatisme. Doctrine du corporatisme intègral et pur. Paris 1976.
[19] Eduardo Do Annes: La reforma corporativa del Estado. Madrid 1935.
[20] Philippe Schmitter: Still the Century of corporatism? In: The Review of Politics, 36, 1974; Daniel Chirot: Corporatisme, Socialism and development in Romania. In: Sociologische Tijdschrift (Amsterdam), 5, 1978, 3.

gewicht im neoliberalen Sinne[21] als sich der Liberalismus in einer tiefen Krise befand, und diese Lösung, wiederbelebt nach dem Kriege,[22] erweckt immer noch Interesse. Sie beruhte nicht nur auf dem Restrukturieren des wirtschaftlichen Lebens als solchem, sondern auch auf der Förderung neuer Solidaritätsverhältnisse. Falls es tatsächlich mehrere Europas gab, dann mußte jedes zur Harmonie des Ganzen beitragen.[23] Ost- und Südosteuropa hatten beim Sichern des „wirtschaftlichen Friedens" ein Wort mitzureden.[24]

Zwar kann man diese Anregung zur südosteuropäischen Solidarität nicht richtig verstehen, wenn sie nicht im Zusammenhang betrachtet wird mit den gleichzeitigen Bestrebungen Nicolae Titulescus im Völkerbund und in seiner Eigenschaft als Außenminister Rumäniens, die regionalen Verträge als Sicherungsinstrumente zu fördern.[25] Die Ergebnisse erwiesen sich auf beiden Ebenen als unter aller Erwartung, wie auch im Falle anderer vom „Zeitgeist" unzulänglich unterstützten Unternehmungen.

Wir haben diesen quasi bloßgestellten Ausdruck „Zeitgeist" bewußt verwendet, um den Gedanken hervorzuheben, daß das Scheitern vieler Projekte der Zwischenkriegszeit gerade von dem Widerspruch zwischen dem in Europa vorhandenen Staatstypus, dem Volksstaat, und der Notwendigkeit, die Konflikte auf der Grundlage

---

[21] Mihail M a n o i l e s c u: Neoliberalismul [Der Neoliberalismus]. In: Doctrinele partidelor politice [Die Lehren der politischen Parteien], Institutul Social Român. București 1924.

[22] B. V. D a l m a s: La réorganisation de l'économie mondiale. Histoire des doctrines de Smith et List à Cassel et Manoilesco. Paris 1947.

[23] Mihail M a n o i l e s c u: Zusammenarbeit zwischen Ost- und Westeuropa auf neuer Grundlage. In: Wirtschaftliches Archiv, März 1935; Die drei Europa. In: Europäische Revue, September 1939.

[24] Ders.: Pacea economică mondială [Der wirtschaftliche Weltfriede]. In: Lumea nouă, 5, 1935; Die geistige und wirtschaftliche Autarchie Osteuropas. In: Europäische Revue, Dezember 1936; Solidaritatea economică a estului european [Die wirtschaftliche Solidarität des europäischen Ostens]. București 1939; Europa sud-estică în marele spațiu economic european [Südosteuropa im großen europäischen Wirtschaftsraum]. București 1942.

[25] Costin M u r g e s c u: Mersul ideilor economice la români [Der Ablauf der wirtschaftlichen Ideen bei den Rumänen]. Epoca modernă, II. București 1990, S. 729-743; Petre B ă r b u l e s c u: România la Societatea Națiunilor (1929-1939) [Rumänien im Völkerbund (1929-1939)]. București 1975, S. 122-141, 167-314.

übernationaler Konstruktionen zu lösen, verursacht wurde. Das Versaille-System setzte im Grunde genommen ein „französisches Europa"[26] fort, gegen das sich ausreichende Kräfte vereinten, um es lebensunfähig zu machen. Dieses Europa beruhte auf einer im 17. Jahrhundert entstandenen Ideologie und auf einem schon angefochtenen Staatsgebilde. Die Distorsionen überwogen die solidarisierende Vernunft,[27] und die Fortentwicklungsversuche scheiterten einer nach dem anderen.

Unter diesen Umständen schien die Idee der Verstärkung des Staates eine realistische Antwort auf den geopolitischen Druck zu sein. Es genügt in dieser Hinsicht zu erwähnen, daß Vasile Pârvan, ein namhafter Historiker und Archäologe, sich einen Bismarck für Rumänien[28] wünschte und sich den Staat als einen mehr als autoritären Mechanismus vorstellte. Der soziale Raum konnte weder wie vor dem Kriege verbleiben noch nach vorübergehenden Vorstellungen verwaltet werden. Man bedurfte eines neuen geistigen Horizonts, wo das Verhältnis zwischen dem Individuum und der Polis nicht mehr konfliktueller Art sein sollte. Dieser Auffassung zufolge sollten die Prominenten sich einem Prozeß der Sozialisation unterziehen, während die Massen systematisch ausgebildet werden sollten, so daß die Gesamtheit eine für alle wohlstiftende „Synergie", eine schöpferische Solidarität auf Landesebene und darüber hinaus bedeuten würde. Bis unlängst eine rein politisch-administrative Struktur, sollte der Staat nun selbst zum kulturellen Staat werden, denn nur auf diese Weise könnte er seinen neuen Auftrag erfüllen.[29] Das war eine Idee, die auch Mircea Eliade vertrat und mit dem Zugewinn inneren Friedens verband, den ihm das Aufgeben der Zwangsvorstellung von politischer Einheit bot.[30]

Dadurch wurde der überall in Europa lebendige Begriff vom Volksstaat – mit lokalen Eigenarten, worauf wir hier nicht eingehen können – nicht überholt. Die Orthodoxie beeinflußte die Auseinander-

---

[26] Louis R é a u: L'Europe française au siècle des Lumières. Paris 1951.
[27] Hugh S e t o n - W a t s o n: Eastern Europe between the wars, 1918-1941. Cambridge 1946, S. 362-365, 389-397; Karl K a s e r: Südosteuropäische Geschichte und Geschichtswissenschaft. Wien, Köln 1990.
[28] Vasile P â r v a n: Scrieri [Schriften]. Bucureşti 1981, S. 110-112.
[29] Ebenda, S. 353-375.
[30] Mircea E l i a d e: L'Epreuve du labyrinthe. Paris 1978, S. 26.

setzungen zum Thema Staat in Südosteuropa allgemein. Der alte Parallelismus zwischen Kirche und Staat trug dazu bei, daß sich die Mehrheitskirche eine Identifizierung mit dem nationalen Staat wünschte. Diese Haltung war gerade in der von der Zeitschrift „Gîndirea" initiierten Bewegung und in der publizistischen Tätigkeit Nae Ionescus bei der Zeitschrift „Cuvîntul" offensichtlich.[31] Das Rumänentum und die Orthodoxie wurden im Dienste eines Staates, der sich bedroht sah, pragmatisch gleichgestellt. Schlechtestenfalls konnte man sich die Autarkie vorstellen. Nae Ionescu zögerte nicht, zum „Ausschalten" des Okzidents aufzurufen, und verurteilte das Konkordat mit Rom. Er gab jedoch zu, daß die Identifizierung der Orthodoxie mit dem rumänischen Staat falsch sei. Den Staat sollte man als einen modernen politischen Organismus betrachten, der sich durchaus vom religiösen Phänomen unterscheide.[32] Zweifelsohne konnte dieser Staat nur zentralistisch sein, auf einer vom französischen Vorbild aufgedrängten Grundlage, obschon manche Kritiker den rationalistischen Begriff in diesem Bereich entschlossen zurückwiesen, indem sie ihm das einheimische Recht[33] und als Inspirationsquelle das deutsche Vorbild entgegensetzten, das aus „Reich und Ländern" einen Einheitsstaat hervorgebracht habe.[34]

Nuancierte Auffassungen im westlichen Sinne vertraten damals Eugen Lovinescu in seiner „Geschichte der modernen rumänischen Zivilisation", Ștefan Zeletin in seinen Arbeiten über „Das rumänische Bürgertum" und den „Neoliberalismus" und Tudor Vianu in einer Abhandlung über den Staat. Indem letzterer eine Bilanz der früheren Unersuchungen zog, meinte er, daß der Staat zum einfachen Leitfaden der nationalen Entwicklung und zur treibenden Kraft internationaler Zusammenarbeit werden sollte. Der Staatsgedanke sollte nach dieser Sicht die Volksseele ersetzen, die schon von manchen Exegeten wie Nicolae Crainic übermäßig verwendet werde.[35]

---

[31] Iordan C h i m e t (Hg.): Dreptul la memorie [Das Recht auf Erinnerung], IV. Cluj-Napoca 1993, S. 164-374.
[32] Ebenda, S. 280-282.
[33] Ebenda, III, 1992, S. 137-152: Petre M a r c u - B a l ș: Autohtonia ordinei juridice [Die Bodenständigkeit der Rechtsordnung].
[34] Ebenda, S. 142.
[35] Ebenda, IV, S. 186-194.

Um diesen rumänischen Exkurs abzuschließen, sei noch darauf verwiesen, daß zur selben Zeit Dimitrie Gusti eine regelrechte Schule initiierte, die sich mit der Volkswissenschaft beschäftigte, wobei der Staat als ein Instrument im Dienste des Volkes fungierte.[36]

Solche Auseinandersetzungen den Staat betreffend fanden freilich überall in Südosteuropa statt, und in diesem Zusammenhang stellen die schon angeführten nur einen partikulären und veranschaulichenden Fall dar. Mit ähnlichem Erfolg kann man die Aufmerksamkeit auf jeden beliebigen Staat in der Region richten. Das späte Eintreten in die Moderne hinterließ seinen Stempel überall und verursachte neue Schwierigkeiten, wobei die vergangene gemeinsame Geschichte, die zu einem solidarischen Verhalten hätte führen können, meistens ignoriert wurde.

Von dieser gemeinsamen Geschichte ausgehend begründete Nicolae Iorga 1914 ein Institut für südosteuropäische Studien, das die wissenschaftlichen Forschungen in der karpatisch-balkanischen Region und in den angrenzenden Gebieten anregen, fördern und anleiten sollte. Die Forschungen sollten nicht nur das gegenseitige Kennenlernen fördern, sondern gleichzeitig auch zur praktischen Vorbereitung der Beteiligten auf Tätigkeiten von gemeisamem Interesse beitragen.[37] Die Zukunft sollte nicht mehr dem Spiel des Schicksals überlassen werden. Dieser Gedanke findet sich auch in den Konföderationsprojekten der Zwischenkriegszeit wieder, eine noch vom Volksstaat geprägte Übergangsphase, jedoch offen zur Fortentwicklung im Sinne einer regionalen, wenn nicht gar weltweiten Solidarität.[38]

Es versteht sich von selbst, daß bei diesen Erkundungen der Staat, der Staatstypus seine Aktualität nicht einbüßte und dies bis heute,

---

[36] Dimitrie G u s t i: Știința națiunii [Die Wissenschaft von der Nation]. In: Enciclopedia României, I. București 1938, S. 17-30.

[37] Bullétin de l'Institut pour l'étude de l'Europe Sud-orientale, I, 1, Januar 1914, S. 24.

[38] Vgl. Alexandru Z u b: Istorie și istorici în România interbelică [Geschichte und Historiker im Rumänien der Zwischenkriegszeit]. Iași 1989, S. 203-211: Integrare „europeană" și solidaritate „balcanică" [Europäische Integration und balkanische Solidarität]. Siehe auch Eliza C a m p u s: Ideea federală în perioada interbelică [Die Föderationsidee in der Zwischenkriegszeit]. București 1993; George C i o r ă n e s c u: Românii și ideea federalistă [Die Rumänen und die Föderationsidee]. București 1996.

einer Zeit, in welcher staatliches und geopolitisches Neugestalten an der Tagesordnung ist, nicht getan hat. Zentralisierung und Dezentralisierung können nicht mehr als absolute Größen behandelt werden, sondern nur noch als Nuancen im Rahmen von „Idealtypen" der Machtausübung. Die unter diesem Gesichtspunkt auf einem mehr (H. Lasswell, A. Kaplan, D. E. Lilienthal, J. R. Pennock und anderen)[39] oder weniger breiten Spektrum geführten Debatten erbrachten nützliche Erkenntnisse, die auch von der Geschichtsforschung ausgewertet werden. Diese stellt jetzt im Ergebnis fest, daß das jakobinische Vorbild des Staates seine Ressourcen zum größten Teil aufgebraucht hat und daß die übernationalen Formen seit langem schon aktiv geworden sind.[40]

Der Geschichte-Wirklichkeit-Dynamik entspricht offensichtlich auch im südosteuropäischen Raum eine historiographische Dynamik.[41] Sie hat schon bemerkenswerte Ergebnisse gezeigt, die auf umfangreicheren, übergreifenden Arbeiten fußen. Wie anders könnte man derart zahlreiche „Wenden" in der Welt verstehen? Das Modell selbst, das das moderne Staatswesen inspiriert hat, wird jetzt neugestaltet. In der Begründung des Gesetzentwurfs betreffend die Rechte und Freiheiten der Gemeinden, Bezirke und Regionen in Frankreich, welcher am 16. Juli 1981 in der Nationalversammlung eingebracht worden war, wird festgestellt, daß das Land nach Colbert und Napoleon unter einem zentralistischen Regime gelebt habe, das dazu beigetragen habe, daß die örtlichen Gemeinschaften immer unter Vormundschaft gerieten, und zwar mit negativen Folgen. Die Regierung – konnte man dort lesen – sei bereit, diese Situation abzuschaffen und einer auf dem Mißtrauen der Zentralmacht gegenüber den Staatsbürgern ruhenden Verwaltungsart ein Ende zu setzen, und sie nahm sich vor, die Verwaltung des Landes auf den unumkehrba-

---

[39] Mica enciclopedie de politologie [Kleine Enzyklopädie der Politologie]. București 1977, S. 66-67.
[40] Richard G. P l a s c h k a: Von nationalen zu übernationalen Konzeptionen. In: Richard G. P l a s c h k a u.a. (Hgg.): Mitteleuropa-Konzeptionen in der ersten Hälfte des 20. Jahrhunderts. Wien 1995, S. IX-XII; Joseph R o t h s c h i l d: Return to Diversity. Oxford 1993; Jaques L e R i d e r: Mitteleuropa. Paris 1994.
[41] Jerzy K l o c z o w s k i: L'Europe du Centre-Est dans l'historiographie des pays de la région. Lublin 1995; Piotr S. W a n d y c z: The Price of Freedom. Routledge 1993.

ren Weg der Dezentralisierung zu führen.[42] Dies war auch ein Weg, das Vertrauen in den einfachen Menschen und seine Fähigkeiten, die eigenen Interessen selbst zu verwalten, wiederherzustellen.

Der Entwurf von 1981, im Rahmen der Vorbereitungen für die europäische Integration entstanden, stellte selbstverständlich keine Neuigkeit dar. Er schnitt eine Frage an, die schon seit dem napoleonischen Zeitalter immer wieder aktuell wurde. Doch früher war die Dezentralisierung ein Desideratum der Opposition gewesen und dementsprechend zur Erfolglosigkeit verurteilt, während der neue Entwurf von der Regierung selbst kam, die jetzt bereit war, den Grundsatz der Selbstverwaltung, wie es sie im deutschen Raum seit jeher gab, anzuerkennen, und ihn zu einem wesentlichen Element der Politik des französischen Staates zu befördern. Kogălniceanu erinnerte noch zu seiner Zeit an die Selbstverwaltung unter deren englischer Form (Selfgovernment), die er auch in Rumänien gerne angewandt gesehen hätte.

Das Dezentralisierungsproblem verlangt eine diachronische Betrachtungsweise,[43] übrigens auch im Falle mancher partieller Analysen der Thematik.[44] Der Fall Frankreichs bleibt insoweit aufschlußreich, als man davon ausgehen kann, daß das Modell des zentralistischen modernen Staates dort seinen Ursprung hat. Es bedurfte einer langen Entwicklung voller Konvulsionen, um bis zu der Maßnahme von 1981 zu gelangen, die zeitlich mit dem Rechtsruck der Politik Ronald Reagans, Margaret Thatchers und Helmut Kohls zusammenfiel.

Der Einsatz war beträchtlich, denn die Dezentralisierungsversuche prallten immer wieder mit dem Argument der „nationalen Einheit" zusammen. Als der Abgeordnete Ferdinand Bechard 1848 die Einführung des Dezentralisierungsprinzips in die Verfassung forderte, beschuldigte ihn ein Opponent, Charles Dupin, schlicht und ein-

---

[42] Rainer R i e m e n s c h n e i d e r: Décentralisation et régionalisme au milieu du XIXᵉ siècle. In: Romantisme, Paris, XII, 1982, 35, S. 115.

[43] Ders.: Dezentralisation in Frankreich. Die Verwaltungsreform in historischer Perspektive. In: Dokumente, 37, 1981, 4, S. 316-324.

[44] Ders.: Dezentralisationsbewegungen im Frankreich der Zweiten Republik. Der Verwaltungszentralismus als politisches Problem zwischen Revolution und napoleonischer Restauration. Paris, Bonn 1982.

fach, die von den Vorfahren⁴⁵ so teuer bezahlte Einheit Frankreichs vernichten zu wollen. Das Argument wurde von den Anhängern des staatlichen Zentralismus immer wieder und überall aufgenommen. „Nationales Bewußtsein" und „regionales Bewußtsein" werden nicht nur in Frankreich, sondern in ganz Europa⁴⁶ regelmäßig einander entgegengesetzt, und Dezentralisierung wird fälschlicherweise dem Föderalismus gleichgestellt.⁴⁷

Staatlicher Zentralismus äußerte sich im allgemeinen in einer Zurückdrängung der lokalen Eigenheiten mit der Vorgabe, die „nationale Einheit" sichern zu wollen. Das gelang ihm oft und führte dazu, daß viele unwiederbringlichen, unschätzbaren Zeugnisse der Geschichte, deren Identifizierung heutzutage echter „archäologischer" Fähigkeiten bedarf, fast völlig verschwanden.

Wir wissen noch ziemlich wenig über die Entwicklung dieses Konflikts zwischen dem Zentralismus- und dem Selbstverwaltungsgedanken. Das kann zum Teil auf die Tendenz der Historiker und Juristen zurückgeführt werden, den Zentralismus als Heilsformel der nationalen Einheit zu preisen. Einen starken, zentralistischen Staat zu haben war eine Art Versicherung auf die Zukunft. De Gaulle hat sich bekanntlich sehr um die Stärkung des Staates bemüht, als Antwort auf den auflösenden Druck der Linken in einem äußerst komplexen geopolitischen Zusammenhang. Erst Mitterand war bereit, in einem veränderten Zusammenhang Abweichungen wie die von 1981 zu akzeptieren. Er erkannte im Grunde eine umfangreichere Entwicklung im voraus, die eine rasche Ausrichtung erforderlich machte, auch über das bestehende System hinaus. Indem er den Niedergang der Zentralmacht, das innere Durcheinander und die wirtschaftliche Krise Anfang der 80er Jahre wahrnahm, äußerte Mitterand beiläufig auch die Hypothese einer Auflösung der Sowjetunion noch vor dem Ende des Jahrhunderts.⁴⁸ Er war bei dieser Bewertung von der „Zentralmacht" ausgegangen, denn er wußte sehr wohl, daß

---

⁴⁵ Ders.: Décentralisation et régionalisme au milieu du XIXᵉ siècle. In: Romantisme, Paris, XII, 1982, 35, S. 117-118.
⁴⁶ Maurice A g u i l h o n: Conscience nationale et conscience régionale en France de 1815 à nos jours. In: Federalism. History and current significance of a form of government. Den Haag 1980, S. 249ff.
⁴⁷ R i e m e n s c h n e i d e r: a.a.O. (Anm. 45), S. 121.
⁴⁸ François M i t t e r a n d: Notre fin de siècle. In: Le nouvel observateur, Nr. 1542/1994, S. 46.

das Sowjetreich seine Langlebigkeit insbesondere dem Zentralismus zu verdanken hatte.

So wie die Französische Revolution, die die „unteilbare Republik" verkündet und den Staat unter Berufung auf die äußere Bedrohung verstärkt hatte, machte auch die bolschewistische Revolution aus der Unauflösbarkeit der Union, in deren Namen sie auf die härtesten Maßnahmen nicht verzichtete, ein Programm.[49]

Zwar erleichtern vergleichende Systemstudien das Aufspüren von Nuancen hinsichtlich der Zeit, des Ortes und der jeweils spezifischen Entwicklung. Aber im allgemeinen wurden die zahlreichen und vielfältigen Forschungen auf dem Gebiet der Staatslehre im 19. Jahrhundert von Herder („senkrechte" Linie, begründet auf ethnokulturellen Faktoren) und Renan („waagerechte" Linie, begründet auf der Wahlnation) erheblich vereinfacht. Diese Dichotomie wurde oft mißbräuchlich eingesetzt, um die rechten beziehungsweise die linken Bewegungen anzuregen.[50]

Selbst in Ostmitteleuropa, wo der westliche Einfluß immer stärker war, ist zu vermerken, daß die „späte Leibeigenschaft" Spuren hinterlassen hatte, die dann von der sowjetischen Regierung verschärft wurden, indem sie das Vorherrschen des Staates über die Gesellschaft auch nach der Abschaffung des kapitalistischen Systems propagierte. Von diesem Standpunkt aus richtete sich das kommunistische System mehr nach „Osten" als nach „Westen".[51] Der Liberalismus wurde in jenem Raum immer wieder zurückgedrängt, was autoritäre Regierungen oder Diktaturen zur Folge hatte. Piłsudskis Polen war diktatorisch regiert, genauso Horthys Ungarn. Rumänien, Jugoslawien und Bulgarien entwickelten sich aufgrund einiger tief in der Geschichte verwurzelten vergleichbaren Faktoren in dieselbe Richtung. Ihre Zugehörigkeit zur Orthodoxie und die langwährende türkische Herrschaft prägten ihr Schicksal entscheidend, wobei das westliche Streben lange Zeit eine Illusion blieb.[52]

---

[49] Alain B e s a n ç o n: Présent soviétique et passé russe. Paris 1980; M. H e l - l e r, A. N e l k i r c h: L'Utopie au pouvoir. Histoire de l'URSS de 1917 à nos jours. Paris 1982.

[50] Siehe Guy H e r m e t: Istoria naţiunilor şi a naţionalismului în Europa [Die Geschichte der Nationen und des Nationalismus in Europa]. Iaşi 1997, S. 143.

[51] Ebenda, S. 48-49.

[52] Ebenda, S. 50.

Die Dichotomie zwischen politischer Nation (in Polen symbolisiert von Piłsudski) und der ethnokulturellen (ebenfalls dort repräsentiert von Dmowski) kann über den ganzen zentralöstlichen Raum ausgeweitet werden, sogar nach 1989, als alte agrarische und volksbezogene Bewegungen in der ganzen ehemaligen sowjetischen Einflußsphäre wiederbelebt wurden.[53]

Wenn auch der Zentralismus noch stark ist und der Föderalismus mehr Unruhe verbreitet, so scheint sich dennoch eine neue Form, die des Regionalismus, im postkommunistischen Europa durchzusetzen. Regionalismus erscheint als ein organisches Produkt der Geschichte, das jederzeit aufrufbar zu einer wirklichen „Spurensuche in die Zukunft"[54] werden kann. Den Regionalismus finden wir auch in den internationalen politischen Beziehungen vertreten, aber auch als Form der wirtschaftlichen Zusammenarbeit zwischen mehreren Ländern.[55]

Daß man heute in weit verbreiteten Zeitschriften regelmäßig Beiträge über Regionalismus und Regionen finden kann, erstaunt niemanden mehr. Nach einer langen Herrschaft des Zentrums erscheint es natürlich, daß man auf eine Bewegung zur Wiedergewinnung des Randgebietes, zur Förderung der Region zu Lasten der Metropole setzt.

Wirtschaftliche Regionen im Inland wecken jedoch Mißtrauen als eine mögliche Quelle neuer Unruhen, aber auch weil es eine verbreitete Angst vor dem Föderalismus gibt. Die Europäische Union unterstützt regionale Entwicklungsprojekte,[56] scheint damit aber aus Furcht vor politischer Manipulation[57] nicht auf Enthusiasmus zu stoßen. Eine eingeprägte Verlierermentalität würde diese Reaktion nur teilweise erklären.

---

[53] Ebenda, S. 51.
[54] Siehe Johannes H u m p e l, Ortfried K o t z i a n (Hgg.): Spurensuche in die Zukunft. Europas vergessene Region Bukowina. Augsburg 1991.
[55] Adrian N ă s t a s e u.a.: Regionalism. Concepts and approaches at the turn of century. Bucharest 1995 (Romanian Institute of International Studies/ Norwegian Institute of International Affairs).
[56] România va fi divizată în nouă regiuni [Rumänien wird in neun Regionen aufgeteilt]. In: Monitorul, Iaşi, 19. Mai 1998, S. 5.
[57] Dan P a v e l: Jocuri politice regionale [Regionale politische Spiele]. In: Curentul, Bucureşti, 10. August 1998, S. 18; Central European Issues (Romanian Foreign Affairs Review). Bucharest 1995-1998.

Manche behaupten, ohne konkrete Argumente vorzubringen, daß die Regionalisierung eine verfrühte Lösung sei, weil Rumänien die Phase eines lähmenden Zentralismus noch nicht überwunden habe.[58] Man sollte sich gegenwärtig auf die Lokalautonomie konzentrieren, die in anderen Ländern längst wirke, von der rumänischen Regierung jedoch kaum gefördert werde.

Es wäre vielleicht nicht ganz ohne Sinn, zum Schluß an Václav Havels Äußerung zu erinnern, daß ganz Europa am Ende dieses Jahrhunderts eine Region sei und daß sich die Politiker der dringenden Notwendigkeit, den Kontinent zu solidarisieren, bewußt werden sollten.[59] Die Europäische Union könnte ein Instrument solcher Entwicklung sein, mit einer Vorbildfunktion auch für andere Gebiete der Welt bezüglich des Umweltschutzes, der Menschenrechte, der Verantwortung für die Gesamtheit usw. Ein solches Vorbild sollte keineswegs auf die partikulären Werte verzichten. Im Gegenteil, dem nivellierenden Druck der postmodernen Welt standzuhalten, ist eine Pflicht.

Summary

French Cultural Influences and State Centralism in South-East Europe

The French Revolution did not invent state centralism but, in the form of the "indivisible republic", it made it seem an ideal type, and induced many European states to adopt it. Central Europe was more influenced by the idea of revolution than south-east Europe, yet in the course of history the model of the centralist state found imitators

---

[58] Florin A n t o h i: Regionalizarea, o soluție prematură pentru integrarea în UE [Die Regionalisierung, eine verfrühte Lösung für die Aufnahme in die EU]. In: Independentul, Iași, 21. August 1998, S. 5; D. S.: Euroregiunea Dunărea de Jos a devenit o realitate [Die Euroregion Untere Donau ist Realität geworden]. In: România liberă, București, 15. August 1998, S. 9.

[59] Václav H a v e l: O speranță pentru Europa [Eine Hoffnung für Europa]. In: Lettre internationale, Winter 1996/1997, S. 3-5.

in south-east Europe too. Orthodoxy contributed to this in that, as a majority church, it identified with the nation state. As in France, decentralisation attempts were generally termed a threat to "national unity" and regionalism was equated with federalism. Although in post-communist Europe centralism is still widespread, along with a fear of federalism, the idea of regionalism in the form of inter-governmental political and economic cooperation seems to be gaining ground.

Résumé

Influences culturelles de la France
et centralisme étatique
dans l'Europe du Sud-Est

La Révolution française n'a certes pas inventé le centralisme étatique, mais elle lui a donné un caractère idéal sous la forme de la »république indivisible«, incitant par là de nombreux Etats européens à l'adopter. L'Europe centrale a été plus influencée par les idées de la Révolution française que l'Europe du Sud-Est, même si au cours du temps le modèle de l'Etat centralisé a été aussi copié dans cette partie de l'Europe. L'Eglise orthodoxe, en tant qu'Eglise majoritaire, y a contribué en s'identifiant à l'Etat national. Comme en France, on craignait que les tentatives de décentralisation ne portassent atteinte à l'unité nationale et on assimilait le régionalisme au fédéralisme. Quoique dans l'ex. – Europe communiste le centralisme reste fort et la peur du fédéralisme largement répandue, l'idée du régionalisme, sous forme de coopération économique et politique entre les Etats, ne cesse pourtant de progresser.

REGIONALISMUS UND AUTONOMIE-STREBEN IM OSTMITTELEUROPA DER NACH-„WENDE"-ZEIT

Mährer und Russinen im Vergleich*

Stefan Troebst

> *Identities are not inherited like skin color [...] but constructed like an art object.*
>
> David D. Laitin 1998[1]

Regionalismus und Autonomiestreben sind unterschiedliche Aggregatzustände eines politischen Programms, das auf die Herstellung von Deckungsgleichheit einer mythischen Trias von „Volk", „Land" und „Geschichte" zielt. Propagiert wird es von den Eliten sozialer Bewegungen, die des ihnen gemeinsamen und in der Regel ethnisch begründeten Bezugsrahmens wegen unter dem Begriff Nationalismus subsumiert werden. So diffus dieser Terminus ungeachtet jahrzehntelanger definitorischer Bemühungen noch immer ist,[2] so unbestritten ist doch seine Wirkmächtigkeit. 1915 hat Friedrich Meinecke geurteilt, die Idee der Nation sei nicht nur die dominie-

---

* Eine Kurzfassung dieses Beitrags ist vorab veröffentlicht als Stefan Troebst: Autonomiebewegungen im Osteuropa der Nach-„Wende"-Zeit: Mähren-Schlesien, Subkarpaten-Rus' und Gagausenland. In: Osteuropa 49 (1999), S. 597-615, hier S. 597-605 und 610-615.

[1] David D. Laitin: Identity in Formation. The Russian-Speaking Populations in the Near Abroad. Ithaca, NY, London 1998, S. 11.

[2] Vgl. dazu zuletzt Dieter Langewiesche: Nation, Nationalismus und Nationalstaat. Forschungsstand und Forschungsperspektiven. In: Neue Politische Literatur 40 (1995), S. 190-236; Karl Ferdinand Werner, Bernd Schönemann, Reinhart Koselleck: Volk, Nation, Nationalismus, Masse. In: Otto Brunner, Werner Conze, Reinhart Koselleck (Hgg.): Geschichtliche Grundbegriffe. Historisches Lexikon zur politisch-sozialen Sprache in Deutschland. Bd. 7. Stuttgart 1997, S. 141-431; und Christian Geulen: Die Metamorphose der Identität. Zur „Langlebigkeit" des Nationalismus. In: Aleida Assmann (Hg.): Identitäten. Erinnerung, Geschichte, Identität 3. Frankfurt/M. 1998, S. 346-373.

rende politische Triebkraft des 19. Jahrhunderts gewesen, sondern „wird es, soweit Menschenblick reicht, auch im 20. Jahrhundert sein, aber in einer anderen, neuen Gestalt. Denn", so der Berliner Historiker, „sie ist vielgestaltig und wandlungsfähig wie kaum eine andere politische Kraft."[3] Verifiziert wurde Meineckes Prognose siebzig Jahre später durch einen anderen deutschen Historiker:

> „Nationalismus ist eine politische Kraft, welche die Geschichte Europas und der Welt in den letzten beiden Jahrhunderten stärker bestimmt hat als die Ideen der Freiheit und parlamentarischen Demokratie oder die des Kommunismus."[4]

Und das Epochenjahr 1989 schließlich brachte mit Blick auf Osteuropa eine frappierende Bestätigung dieser Sichtweise: Seitdem formieren sich unter bezug auf die – beziehungsweise besser: eine – Vergangenheit auf unterschiedliche regionale, kulturelle, sprachliche und andere Identitäten gestützte „neue" Nationalismen. Dort wo die Forderungen dieser neu-alten Bewegungen auf der Ebene von Kultur, Bildung, Ökologie und Ökonomie bleiben, gleichen sie dem, was mit Blick auf das engere Europa der Europäischen Union euphemistisch mit einem Begriff belegt wurde, dessen Hauptzweck die Vermeidung des als pejorativ empfundenen Terminus Nationalismus war und ist: Regionalismus beziehungsweise die (nur vermeintlich unpolitische) Forderung nach staatlicher Rücksichtnahme auf regionale Identität.[5] Daß jedoch Regionalismus in der Gegenwart mit Nationalismus identisch ist, wenn auch mit Bezug auf einen lediglich „subnationalen territorialen Bezugsrahmen" (Dirk Gerdes[6]) – also ohne Übernahme der Forderung nach einem eigenen Nationalstaat –, macht die Definition des Soziologen Jürgen Nowak deutlich:

> „Regionalismus ist eine bestimmte Form der ethnosozialen Bewegung und Mobilisierung, um innerhalb der Grenzen eines Natio-

---

[3] Friedrich M e i n e c k e: Die deutsche Erhebung von 1914. Aufsätze und Vorträge. Stuttgart, Berlin 1915, S. 75.

[4] Peter A l t e r: Nationalismus. Frankfurt/M. 1985, S. 10.

[5] Vgl. etwa Dirk G e r d e s: Regionalismus als soziale Bewegung – Westeuropa, Frankreich, Korsika: Vom Vergleich zur Kontextanalyse. Frankfurt/M., New York, NY 1988; Jochen B l a s c h k e: Volk, Nation, interner Kolonialismus. Konzepte zur politischen Soziologie der westeuropäischen Regionalbewegungen. Berlin 1984; oder ders. (Hg.): Handbuch der westeuropäischen Regionalbewegungen. Frankfurt/M. 1980.

[6] Dirk G e r d e s: Regionalismus. In: Dieter N o h l e n (Hg.): Pipers Wörterbuch zur Politik. Bd. 1. München, Zürich 1989, S. 852.

nalstaates kulturelle und soziale Autonomie für eine *ethnische Minderheit* im Rahmen einer föderativen Staatsordnung zu erreichen [Hervorhebung im Original – S.T.]."[7]

Diejenigen Regionalbewegungen, die neben kulturellen und sprachlichen Anliegen auch einen explizit politischen Forderungskatalog aufstellen, argumentieren dabei mit Rechtskategorien wie dem sich seit 1998 international deutlich festigenden Minderheitenschutz[8] oder mit dem Selbstbestimmungsrecht der Völker. Allerdings wird dieses Rechtsgut aus völkerrechtlicher Sicht nicht ausschließlich in Richtung Sezession gedeutet, sondern als rechtlicher Januskopf: Neben der Wilson'schen *äußeren* Selbstbestimmung in Form von Eigenstaatlichkeit steht die *innere* Selbstbestimmung, etwa mittels Föderalisierung oder Autonomierechten.[9] Die heikle Frage nach der Unverletzlichkeit der Grenzen eines Staates und damit nach seiner territorialen Integrität wird dadurch umschifft. Eindrückliches Bei-

---

[7] Jürgen N o w a k: Europas Krisenherde. Nationalitätenkonflikte vom Atlantik bis zum Ural – Ein Handbuch. Reinbek 1994, S. 312.

[8] Vgl. zu den aktuellen Entwicklungen im Rahmen des Europarates Stefan T r o e b s t: From Paper to Practice: The Council of Europe's Framework Convention for the Protection of National Minorities. In: Helsinki Monitor 10 (1999) 1, S. 19-27; und Hans-Joachim H e i n t z e (Hg.): Moderner Minderheitenschutz. Rechtliche oder politische Absicherung? Bonn 1998; sowie grundlegend Patrick T h o r n b e r r y: International Law and the Rights of Minorities. Oxford 1991; María A m o r, Martín E s t é b a n e z: International Organizations and Minority Protection in Europe. Turku 1996; John P a c k e r, Kristian M y n t t i (Hgg.): The Protection of Ethnic and Linguistic Minorities in Europe. Turku 1997; und Rainer H o f m a n n: Minderheitenschutz in Europa. Völker- und staatsrechtliche Lage. Berlin 1995.

[9] Vgl. zum Stand der durch das Epochenjahr 1989 stark intensivierten völkerrechtlichen Diskussion Antonio C a s s e s e: Self-determination of Peoples. A Legal Reappraisal. Cambridge 1995; Hurst H a n n u m: Autonomy, Sovereignty, and Self-Determination, The Accommodation of Conflicting Rights. Philadelphia, PA 1996; Hans-Joachim H e i n t z e: Autonomie und Völkerrecht. Verwirklichung des Selbstbestimmungsrechts der Völker innerhalb bestehender Staaten. Bonn 1995 (= Interdependenz, 19); Wolfgang D a n s p e c k g r u b e r, Arthur W a t t s (Hgg.): Self-Determination and Self-Administration. Boulder, CO, London 1997; Thomas D. M u s g r a v e: Self-Determination and National Minorities. Oxford 1997; Hans-Joachim H e i n t z e (Hg.): Selbstbestimmungsrecht der Völker – Herausforderung der Staatenwelt. Zerfällt die internationale Gemeinschaft in Hunderte von Staaten? Bonn 1997; Erich R e i t e r (Hg.): Grenzen des Selbstbestimmungsrechts. Die Neuordnung Europas und das Selbstbestimmungsrecht der Völker. Graz, Wien, Köln 1997; sowie exemplarisch Otto L u c h t e r h a n d t: Das Recht Berg-Karabachs auf staatliche Unabhängigkeit aus völkerrechtlicher Sicht. In: Archiv des Völkerrechts 31 (1993), S. 30-81.

spiel für die konfliktmindernde Wirkung solcher Autonomieregelungen ist das Statut über Territorialautonomie für die Gagausen im Süden der Republik Moldova vom 23. Dezember 1994. Die Spannung zwischen dieser vormals militanten Minderheit und einer anfänglich unnachgiebigen Zentralregierung ist mit der Errichtung von *Gagauz Yeri*, dem „Gagausenland", fast auf Normalnull gesunken.[10]

Diejenigen sozialwissenschaftlichen Disziplinen, die sich zusätzlich zu Beschreibung und Analyse zugleich mit Möglichkeiten zur Beilegung von politischen Konflikten zwischen zentralistischen Nationalstaaten und zentrifugalen Nationalismen befassen, haben das Konzept der inneren Selbstbestimmung bereitwillig aufgegriffen. *Autonomy – Flexible Solutions to Ethnic Conflicts* lautet etwa der Titel eines unlängst veröffentlichten Buches der Jerusalemer Völkerrechtlerin Ruth Lapidoth, die seinerzeit die israelisch-palästinensischen Verhandlungen in Oslo über den Autonomiestatus von Westbank und Gazastreifen beratend begleitet hat. Die Autorin hat sich darin ein ehrgeiziges Ziel gesteckt: das Entwickeln eines in der Praxis anwendbaren generellen Modells für die Lösung ethnopolitischer Konflikte in Form von Autonomiekonzepten. Doch schon im Vorwort kapitulierte sie vor der Komplexität des Problems:

> „This research was initially begun with the hope that it would lead to a model or some models of autonomy, but the author soon realized that due to the great diversity of the various cases, it would not be feasible to formulate a practical general model."[11]

Statt dessen unternahm die Autorin einen Tour d'horizon durch die gesamte Bandbreite von Autonomielösungen dieser Welt, von Puerto Rico über die Färöer bis Eritrea, mit historischen Rückblenden auf das West-Berlin des Kalten Krieges, das Memelgebiet der

---

[10] Vgl. Paula T h o m p s o n: The Gagauz in Moldova and Their Road to Autonomy. In: Magda O p a l s k i (Hg.): Managing Diversity in Plural Societies. Minorities, Migration and Nation-Building in Post-Communist Europe. Nepean, Ontario 1998, S. 128-147; Jeff C h i n n, Steven D. R o p e r: Territorial Autonomy in Gagauzia. In: Nationalities Papers 26 (1998), S. 87-101; Rudolf A. M a r k: Das Gesetz über die besondere Rechtsstellung von Gagausien (Gagauz-Yeri) in der Republik Moldova. In: WGO. Monatshefte für Osteuropäisches Recht 37 (1995), S. 291-297; sowie zusammenfassend Stefan T r o e b s t: Von „Gagauz Halki" zu „Gagauz Yeri": Die Autonomiebewegung der Gagausen in Moldova von 1988 bis 1998. In: Ethnos – Nation 7 (1999), H. 1, S. 41-45.

[11] Ruth L a p i d o t h: Autonomy – Flexible Solutions to Ethnic Conflicts. Washington, DC 1997, S. 4.

Zwischenkriegszeit oder das russische Großherzogtum Finnland im 19. Jahrhundert. Ihr ernüchterndes und ausgesprochen theoriefernes Resümee lautet:

> „Autonomy is not a panacea, but only a tool or a framework that can constitute an adequate compromise if the parties are looking for one. [...] Like any tool, it must be used in accordance with the special circumstances of each case."[12]

Innere Selbstbestimmung mittels Autonomie kann also innerstaatliche Konflikte interethnischer Art zum beiderseitigen Vorteil lösen und das vermeintliche Nullsummenspiel in eine *win-win*-Situation überführen: Die Mehrheit gewinnt Stabilität, die Minderheit Sicherheit.

Die Fallstudien

Im folgenden sollen aus der Fülle ostmitteleuropäischer Fallbeispiele[13] *partes pro toto* zwei behandelt werden, die das Spannungsverhältnis von neuen Staaten und neu-alten Identitäten ethnokultureller und -regionaler, aber auch sozioprofessioneller und sprachlicher Art schlaglichtartig beleuchten. Es sind dies die in der gegenwartsbezogenen Osteuropaforschung stiefmütterlich behandelten Fälle der Mährer und Schlesier in Mähren und Mährisch-Schlesien sowie der Russinen in Transkarpatien. Beiden ist gemeinsam, daß sie nicht Diaspora- oder Grenzminderheiten einer „Mutternation" sind, also keinen Protektor in Gestalt eines benachbarten oder weiter entfernten Nationalstaats haben. Und ebenfalls beide agieren in Allianz mit anderen minoritären Bewegungen – die Russinen gemeinsam mit Ungarn und Roma, und die Mährer und Schlesier sind ohnehin ein

---

[12] Ebd., S. 204.

[13] Hier sei lediglich auf die rumänisierten katholischen Csángó-Magyaren in Rumänien, auf die Kaschuben in Polen sowie auf den Versuch der Formierung einer weißrussischen Nation verwiesen: Reinhard O l t: Vergessene Volksgruppe. Die Csángós wollen ihre nationale Identität zurückgewinnen. In: Frankfurter Allgemeine Zeitung Nr. 129 vom 7. Juni 1993, S. 12; Sybille T e m p e l: Die Kaschuben. In: Osteuropa 45 (1995), S. 545-553; Astrid S a h m: Politische Konstruktionsversuche weißrussischer Identität. Zur Bedeutung des Rückgriffs auf Geschichte für die unabgeschlossene weißrussische Nationalstaatsbildung. In: Jahrbücher für Geschichte Osteuropas 42 (1994), S. 541-561. Die Beispielliste würde sich erheblich verlängern, bezöge man auch Südosteuropa, den Kaukasus sowie die Rußländische Föderation mit ein.

Tandem. Adressaten der Forderungen nach minderheitenrechtlicher Anerkennung, regionalen Selbstverwaltungsrechten und territorialer Autonomie dieser Gemeinschaften sind die seit der Implosion der Sowjetunion im Jahr 1991 unabhängige Ukraine sowie die 1993 aus der Tschechischen und Slowakischen Föderativen Republik (ČSFR) hervorgegangene Tschechische Republik. Ungeachtet der genannten Parallelitäten können die hier darzustellenden Fälle von Autonomiebewegungen zugleich als Prototypen unterschiedlicher Verlaufsmodelle gelten:

– Die anfangs regionalistisch-kulturelle und rasch ethnonationale Züge annehmende Autonomiebewegung der Mährer in ČSSR, ČSFR und Tschechischer Republik hatte 1989 – bildlich gesprochen – zwar einen guten Start in Form eines raschen Mobilisierungserfolges, konnte aber nicht an Höhe gewinnen und setzte schließlich hart wieder auf dem Boden der veränderten Realität im neuen tschechischen Staat auf.

– Die Russinen im äußersten Westen der Ukraine befinden sich seit ihrem *take-off* von 1990 zwar weiterhin im Steigflug, haben aber die Reisehöhe von Massenbewegung und Autonomiestatut noch nicht erreicht.

Warum ungeachtet ähnlicher Ausgangsbedingungen die russinische Bewegung Erfolg hatte, die mährische indessen nicht, wird im folgenden Leitfrage sein.

„Haben Nationen Nabel?"

Der hier auf den Prozeß der politischen Formierung ethnischer Gruppen im Zuge der Bildung neuer Staaten zu werfende Blick geschieht unter Bezug auf den Sozialanthropologen Ernest Gellner. Drei Erklärungsmuster sind es, die dabei im Vordergrund stehen:

(1) Zwar hat Gellner den von ihm selbst geprägten Begriff der „Dornröschen-Nation" (*sleeping-beauty nation*) als Bestandteil der „sozialen Metaphysik des Nationalismus" wieder verworfen,[14] aber dennoch erscheint dieser Terminus passend für solche kulturellen, sprachlichen oder ethnischen Gruppen in Ostmittel- und Südosteuropa, die keine national argumentierenden Eliten wie Adel, Bürgertum, Kle-

---

[14] Ernest Gellner: Nations and Nationalism. Oxford 1983, S. 48. Hier zit. nach der dt. Übers. Nationalismus und Moderne. Berlin 1991, S. 76.

rus, Intelligentsia oder Großagrarier ausgebildet haben beziehungsweise, falls doch, von diesen (noch) nicht „wachgeküßt" wurden. „Dornröschen-Nationen" sind demnach nicht-dominante ethnische Gruppen, die gemäß dem Phasenmodell des Prager Neuzeithistorikers Miroslav Hroch entweder in der „'Phase A' des gelehrten Interesses" oder in der „'Phase B' der nationalen Agitation" durch „Vorkämpfer", „Patrioten", „Träger" und andere steckengeblieben sind, jedenfalls die „'Phase C' der Massenbewegung" (noch) nicht erreicht haben.[15]

(2) Mit kenntnisreichem Augenzwinkern hat der gleichfalls in Prag geborene Gellner ein am Beispiel der fiktiven ethnischen Gruppe der bäuerlichen „Ruritanier"[16] in einem nicht minder fiktiven „Reich Megalomania" exemplifiziertes „typisches Verlaufsmuster" der „Herausbildung eines Nationalismus" entworfen, das er unmittelbar von ostmitteleuropäischen Beispielen abgeleitet hat.[17]

---

[15] Miroslav H r o c h: Die nationalen Formierungsprozesse in Mittel- und Südosteuropa. Ein Vergleich. In: Berliner Jahrbuch für osteuropäische Geschichte (1995) 2, S. 7-16, hier S. 8. Vgl. zur ursprünglichen Fassung des Hrochschen Drei-Phasen-Modells ders.: Die Vorkämpfer der nationalen Bewegung bei den kleinen Völkern Europas. Eine vergleichende Analyse zur gesellschaftlichen Schichtung der patriotischen Gruppen. Praha 1968 (überarbeitete englische Übersetzung als ders.: Social Preconditions of National Revival in Europe. A Comparative Analysis of Patriotic Groups Among the Smaller European Nations. Cambridge 1985). – Gellner lehnte 1994 Hrochs Modell als „a remarkable attempt to superimpose the Marxist and nationalist visions of history on each other" ab. Vgl. Ernest G e l l n e r: Preface. In: ders.: Encounters with Nationalism. Oxford 1994, S. vii-xii, hier S. ix, und ders.: An Alternative Vision. Ebd., S. 182-200. Siehe auch die Replik von Miroslav H r o c h: Real and Constructed: the Nature of the Nation. In: John A. H a l l (Ed.): The State of the Nation. Ernest Gellner and the Theory of Nationalism. Cambridge 1998, S. 91-106.

[16] Den Begriff „Ruritanier" (*Ruritanian*) hat Gellner Anthony H o p e s Erfolgsroman The Prisoner of Zenda (Bristol, London 1894) entlehnt, in welchem die (deutschsprachigen!) Ruritanier allerdings bereits in ihrem eigenen, auf dem Balkan befindlichen Staat, eben in Ruritanien, leben. Vgl. Vesna G o l d s w o r t h y: Inventing Ruritania. The Imperialism of the Imagination. New Haven, CT, London 1998, S. 45-51.

[17] G e l l n e r: Nations and Nationalism, a.a.O., S. 92-97. – Während Hann meint, daß die Vorlage für das Gellner'sche Ruritanien und seine Bewohner das habsburgische Ostgalizien war, hält Hroch die Slowaken in der ungarischen Reichshälfte als Vorlage für wahrscheinlicher. Vgl. dazu Chris H a n n: Nationalism and Civil Society in Central Europe: From Ruritania to the Carpathian Euroregion. In: H a l l (Hg.): The State of the Nation a.a.O., S. 243-257, hier S. 244, sowie zu Hroch ebd., S. 256.

(3) Und schließlich stellte Gellner in seinem posthum erschienenen Buchessay *Nationalism* die Frage „Haben Nationen Nabel?"[18], mit der er den Streit zwischen Primordialisten und Modernisten in der historischen Nationalismusforschung in ironische Beziehung zur Debatte zwischen Befürwortern und Gegnern der Darwinschen Evolutionstheorie setzt: Wenn die biblische Schöpfungsgeschichte zutrifft, dann muß der mutterlose Adam auch nabellos gewesen sein, hätte doch ein Nabel keine Funktion gehabt. Hat aber Darwin recht damit, daß der *homo sapiens* Schlußglied einer Entwicklungskette ist, dann muß Adam eine Mutter und damit zwangsläufig einen Nabel gehabt haben. Während sich die Nabelprobe bei Adam aus naheliegenden Gründen nicht mehr durchführen läßt und zumindest aus dieser Richtung keine unzweideutige Antwort auf die Frage nach Evolution oder Schöpfung zu erhoffen ist, ist laut Gellner der Test auf das Vorhandensein beziehungsweise Fehlen eines Nabels bei Nationen durchaus möglich. Mit dem Instrumentarium sozialwissenschaftlicher Forschung, so sein Argument, läßt sich durch Einzelfallprüfung Nabellosigkeit beziehungsweise Nabelhaftigkeit der Nationen ermitteln. Im Ergebnis stellt er fest, daß einige wenige Nationen einen genuinen Nabel aufweisen, ihre Herkunft also weit in die Vergangenheit hinein zurückverfolgen können. Andere hingegen sind ihm zufolge reine Produkte der Moderne und entsprechend nabellos. Doch der weitaus häufigste Fall, so Gellners Fazit, ist derjenige von Nationen, die nicht über einen angeborenen, sondern einen mittels nationaler Propaganda „erfundenen" Nabel verfügen.[19] Als Beispiele führt der böhmisch-britische Sozialanthropologe die Fälle von Tschechen und Esten an:

> „Czech culture [...] is very neatly located halfway between navelless nations, and nations possessed of what seem to be well-authentic historic navels. The Estonians [...] are a fine example of highly successful navel-free nationalism."[20]

Während Gellner konstatiert, daß die Art des Erwerbs eines Nabels bei erfolgreichen Nationalismen keine entscheidende Rolle spielt[21], macht er keine Aussagen zu zeitversetzten Entwicklungs-

---

[18] Ernest G e l l n e r: Nationalism. New York 1997, S. 90 (dt. Übers. Nationalismus. Kultur und Macht. Berlin 1999).
[19] G e l l n e r: Nationalism, S. 96.
[20] Ebd.
[21] Ebd., S. 101.

verläufen beziehungsweise zu weniger erfolgreichen, gar erfolglosen. Dies gilt auch für die Mährer und Russinen, die sozusagen Landsleute des in der ČSR der Zwischenkriegszeit Aufgewachsenen waren. Desgleichen hat auch Hroch in seine Auswahl zu vergleichender „kleiner Völker" im Europa des 19. Jahrhunderts weder Russinen noch Ukrainer aufgenommen, wie auch seine Darstellung der Tschechen „beschränkt auf Böhmen" blieb,[22] Mähren also ausklammerte.

Die Mährer und Schlesier in Mähren und Mährisch-Schlesien

Nicht nur in der Außensicht, sondern gerade auch in der Binnenperspektive waren beziehungsweise sind die Mährer in Mähren und die kleine Gruppe der Schlesier im zur ČSR gehörigen Teil des historischen Schlesien gleich den Bewohnern Böhmens Tschechen. Für eine friktionsarme Verbindung von mährischer Regionalidentität und tschechischem Nationalbewußtsein standen so berühmte Garanten wie František Palacký, der von sich sagte: „Ich bin ein Mährer von Geburt, ein Tscheche der Sprache nach".[23] Die regionale Identität von Mährern und Schlesiern stützte sich also nicht auf linguistische Verschiedenheiten, wie auch der Faktor Konfession hier keine Rolle spielte, ja selbst in sozialer und wirtschaftlicher Hinsicht keine Kluft zwischen der Region und dem Kernland Böhmen mit der Kapitale Prag existierte. In einer Studie zur politischen Kultur und zum Regionalismus im Mähren der Jahrhundertwende hat der Münchner Bohemist Robert Luft daher unlängst den Begriff der „Zentrallandschaft zweiten Grades" geprägt, der das Verhältnis dieser bis 1993

---

[22] Miroslav H r o c h: Das Erwachen kleiner Nationen als Problem der komparativen sozialgeschichtlichen Forschung. In: Theodor S c h i e d e r (Hg.): Sozialstruktur und Organisation europäischer Nationalbewegungen. München 1971, S. 121-139, hier S. 123 (Nachdruck in Heinrich August W i n k l e r (Hg.): Nationalismus. Königstein/Ts. 1978, S. 155-172). Dieselben Lücken finden sich bei Günther S t ö k l: Die kleinen Völker und die Geschichte. In: Historische Zeitschrift 212 (1971), S. 19-40; und Klaus Z e r n a c k: Zum Problem der nationalen Identität in Ostmitteleuropa. In: Helmut B e r d i n g (Hg.): Nationales Bewußtsein und kollektive Identität. Studien zur Entwicklung des kollektiven Bewußtseins in der Neuzeit 2. Frankfurt/M. 1994, S. 176-188.
[23] Zit. nach Ferdinand S e i b t: Deutschland und die Tschechen. Geschichte einer Nachbarschaft in der Mitte Europas. Neubearb. München 1993, S. 13.

nicht einmal geographischen „Peripherie" zum „Zentrum" gut faßt.[24] Um so überraschender kam im „Wende"-Jahr 1989 nicht nur für außenstehende Beobachter, sondern gerade auch für die tschechische Mehrheit das vehemente Auftreten eines mährischen Regionalbewußtseins. Politische Speerspitze war die Mährische Bürgerbewegung (Moravské občanské hnutí), die anfangs ausschließlich mit regionalen Traditionen und kultureller Spezifik argumentierte.[25] Als Zündfunke wirkte ein kulturpolitischer Streit – die Kürzung von Prager Subventionen für das Theater der südmährischen Metropole Brünn (Brno).[26] Binnen kurzer Zeit jedoch erhob die Bewegung politische Forderungen nach territorialer Autonomie für Mähren-Schlesien beziehungsweise nach Reföderalisierung des Landes, gar nach Anerkennung der Mährer als von den Tschechen getrennte Nation. Auf der Suche nach Gründen für den ethnopolitischen Aufbruch der Mährer ist der Politikwissenschaftler Klaus von Beyme 1994 daher auf mehr Fragen als Antworten gestoßen:

> „[W]arum mobilisierten sich die Mährer und Schlesier in der Tschechoslowakei? Das schien verständlich, als Mähren Opfer für die Slowakei bringen mußte. Wird das Gefühl der Vernachlässigung gegenüber Böhmen nach der Trennung der Tschechen und Slowaken nunmehr ab- oder zunehmen? Ist die Situation des Mährers überhaupt unter die ethnischen Probleme zu rechnen, und können die ethnischen Mobilisierungsbefunde auf regionale Probleme innerhalb einer relativ homogenen Ethnie übertragen werden?"[27]

Zwar gibt es in historischer Sicht durchaus Anknüpfungspunkte für ein ethnoregionales Mährertum, doch handelt es sich in den Worten des Sozialhistorikers Werner Conze um „eine schon in ihren [mittelalterlichen] Anfängen an der Vollendung verhinderten Nation", die „auch später [...] ihren Sonderweg, eingefügt in die Krone

---

[24] Robert L u f t : Politische Kultur und Regionalismus in einer Zentrallandschaft zweiten Grades: das Beispiel Mähren im späten 19. Jahrhundert. In: Werner B r a m k e in Zusammenarbeit mit Thomas A d a m (Hgg.): Politische Kultur in Ostmittel- und Südosteuropa. Leipzig 1999, S. 125-160.
[25] Ebd., S. 148-149.
[26] Ivo B o c k: Die Wiedergeburt regionaler kultureller Traditionen in Mähren. In: Forschungsstelle Osteuropa an der Universität Bremen (Hg.): Kollektive Identitäten in Ostmitteleuropa – Polen und die Tschechoslowakei. Bremen 1994, S. 134-184.
[27] Vgl. Klaus v o n B e y m e: Systemwechsel in Osteuropa. Frankfurt/M. 1994, S. 141.

Böhmen, nicht zu Ende gehen" konnte.[28] Was José Ortega y Gasset 1930 auf Burgund münzte, träfe demnach auch auf Mähren zu – „eine mißlungene Nation".[29] Gänzlich anders hingegen die Interpretation Robert Lufts, der „[d]ie Markgrafschaft Mähren, seit dem Hochmittelalter Nebenland des Königreiches Böhmen und zweitwichtigster Teil des Länderkomplexes der Wenzelskrone, ... bis 1948 fast durchgängig als eigene Verwaltungseinheit mit eigenen Institutionen"[30] charakterisiert:

> „Als verwaltungspolitisch eigenständige Region wies Mähren im 19. Jahrhundert ein aus ständischer Zeit tradiertes, ausgeprägtes Landesbewußtsein auf, dessen Symbole das Landeswappen mit dem schachbrettartig gemusterten Adler auf blauem Grund und die Landesfarben Gold-Rot waren. Seit dem 17. Jahrhundert hatte dabei das mährische Landesbewußtsein das übergreifende böhmische Kron- oder Staatsbewußtsein in den Hintergrund geschoben und konkurrierte seitdem mit der Loyalität zu den Habsburgern und einem altösterreichischen Patriotismus."[31]

Luft zufolge war Mähren „ein Land, das kein Zentrum ist, aber in mehrfacher Hinsicht in der Mitte liegt, historisch als Zentralraum fungierte und häufig von seiner zentralen Lage profitierte".[32] „[M]eist in einem Spannungsfeld der beiden Zentren Wien und Prag" befindlich,[33] kam Mähren daher bis ins 19. Jahrhundert hinein „machtpolitisch die Funktion eines Scharniers zwischen der Herrschaft in Böhmen und in (Nieder-)Österreich zu."[34]

Diese Scharnierfunktion versah Mähren auch im ersten tschechoslowakischen Staat – jetzt zwischen Prag und dem slowakisch-transkarpatischen Osten des Landes. Doch in der Zwischenkriegszeit formierte sich in Mähren, dessen Landtag als Landesselbstverwaltungs-

---

28 Werner C o n z e: Ostmitteleuropa. Von der Spätantike bis zum 18. Jahrhundert. Hg. Klaus Z e r n a c k. München 1992, S. 43. Vgl. auch Werner C o n z e: Ethnogenese und Nationsbildung – Ostmitteleuropa als Beispiel. In: Studien zur Ethnogenese. Opladen 1985, S. 189-206 (= Abhandlungen der Rheinisch-Westfälischen Akademie der Wissenschaften, 72).
29 José O r t e g a y G a s s e t: Der Aufstand der Massen. In: Michael J e i s - m a n n, Henning R i t t e r (Hgg.): Grenzfälle. Über neuen und alten Nationalismus. Leipzig 1993, S. 277-289, hier S. 279.
30 L u f t: Politische Kultur und Regionalismus a.a.O., S. 126.
31 Ebd., S. 127.
32 Ebd., S. 134.
33 Ebd., S. 133.
34 Ebd.

organ fortbestand und das 1927 mit Schlesien zusammengefügt wurde, kein nach Autonomie oder gar Unabhängigkeit strebender politischer Regionalismus. Und unter NS-deutscher Besatzung in Südmähren entstehende separatistische Tendenzen waren offensichtlich eher Resultat Berliner Divide-et-impera-Politik denn eines Sezessionsstrebens „von unten".[35] 1945 kam in der wiederhergestellten ČSR zwar die Überlegung auf, die um ihren transkarpatischen Annex verkleinerte Republik administrativ in die drei historischen Teile Böhmen, Mähren-Schlesien und Slowakei zu untergliedern, doch nach der Machtübernahme der Kommunisten wurde 1948 eine Einteilung in 19 Kreise vorgenommen, die keine historischen Einheiten mehr erkennen ließ. 1960 erfolgte eine neuerliche Umstrukturierung, diesmal in zehn Verwaltungseinheiten, darunter Nordmähren und Schlesien mit dem Verwaltungszentrum Ostrau (Ostrava) und Südmähren mit Brünn.[36] Im Mai 1968, auf dem Höhepunkt des „Prager Frühlings", erhob die Brünner „Gesellschaft für Mähren und Schlesien" (*Společnost pro Moravu a Slezsko*) offen die Forderung nach Autonomie,[37] doch die 1969 erfolgte Föderalisierung des Landes brachte keine Erfüllung: Lediglich die Slowakei mit Preßburg (Bratislava) sowie der Westteil des Landes mit der Gesamthauptstadt Prag wurden zu Föderationssubjekten erhoben. Aus mährischer Sicht stellte dies eine Bedrohung regionaler Interessen dar, und in der Folgezeit wuchs in Brünn und Ostrau der Unmut sowohl über die anhaltende

---

[35] Lubomir S l e z á k: Separatistické hnutí na jihovýchodní Moravě v letech 1938-1945 z pohledu německých okupantů [Die Separatistische Bewegung in Südost-Mähren in den Jahren 1938-1945 aus der Sicht der deutschen Besatzer]. In: Politické strany a spolky na jižní Moravě. XXII. Mikulovské sympozium 7.-8. října 1992. Brno 1993, S. 153-156. Vgl. auch František M e z i h o r á k: Moravský extremní regionalismus a pokus o Velké Slovensko [Der extreme mährische Regionalismus und das Bemühen um eine Groß-Slowakei] (1918-1939). Olomouc 1994; ders.: Hry o Moravu. Separatisté, iredentisté a kolaboranti 1938-1945 [Spiele um Mähren. Separatisten, Irredentisten und Kollaborateure 1938-1945]. Praha 1997.

[36] Vgl. Tilman B e r g e r: Mähren. In: Peter R e h d e r (Hg.): Das neue Osteuropa von A-Z. Staaten, Völker, Minderheiten, Religionen, Kulturen, Sprachen, Literaturen, Geschichte, Politik, Wirtschaft, Neue Entwicklungen in Ost- und Südosteuropa. München, 2. Aufl. 1993, S. 393-394, hier S. 394; und Paul Robert M a g o c s i: Historical Atlas of East Central Europe. Seattle, WA, London 1993, S. 132-133, 149 und 175.

[37] Jiří P e r n e s: Pod moravskou orlicí, aneb, Dějiny moravanství [Unter dem mährischen Adler, oder: Geschichte des Mährertums]. Brno 1996, S. 193-212.

Dominanz der böhmischen Kapitale Prag wie über die teils vermeintliche, teils tatsächliche wirtschaftliche und infrastrukturelle Bevorzugung des weniger entwickelten slowakischen Landesteils durch Partei und Gesamtstaat. Resultat war die Gründung der genannten Mährischen Bürgerbewegung Ende 1989, die sich im Frühjahr 1990 zur „Bewegung für eine selbstverwaltete Demokratie – Gesellschaft für Mähren und Schlesien" (*Hnutí pro samosprávnou demokracii – Společnost pro Moravu a Slezsko, HSD-SMS*) wandelte. Damit knüpfte sie explizit an die gleichnamige Gesellschaft von 1968 an. Und wie diese wurde sie primär von Brünner Intellektuellen sowohl antikommunistischer wie (post-)kommunistischer Couleur wie dem Naturwissenschaftler Boleslav Bárta, dem Ingenieur Zdeněk Tichý oder dem Schriftsteller Zdeněk Rotrekl getragen.[38] Ziel der Bewegung war die „Wiederherstellung der mährischen Selbstverwaltungsorgane sowie [...] eine fundamentale Erweiterung der Selbstverwaltungskompetenzen" innerhalb des tschechischen Landesteils, wie sie die Bundesversammlung der ČSFR am 9. Mai 1990 zwar beschlossen, indes nicht umgesetzt hat.[39]

Ziel*gruppe* dabei war das Potential der vier Millionen Bewohner des mährisch-schlesischen Industriegebiets im Norden und des überwiegend agrarischen Südmährens. Bei den ersten freien Wahlen vom Juni 1990 gewann die Bewegung im Süden Mährens auf Anhieb 28 % der Stimmen.[40] Mit einem Ergebnis von landesweit 6 %, das heißt 10 % in der Tschechischen Teilrepublik, zog die HSD-SMS sowohl in

---

[38] Zur Programmatik der Bewegung vgl. Zdeněk R o t r e k l: Existence Moravy ve Střední Evropě [Die Existenz Mährens in Mitteleuropa]. In: Proglas. Revue pro politiku a kulturu 1 (1990), S. 5-17; und Josef V á l k a: Historická Morava a problem národa [Das historische Mähren und das Nationsproblem]. In: ROK – Revue otevřené kultury 5 (1991), S. 1-6. Siehe auch den Konferenzband Jiří P e r n e s (Hg.): Morava v českém státě včera, dnes a zítra: Příspěvek k diskusi na téma: Jaký národ žije na Moravě? [Mähren im tschechischen Staat gestern, heute und morgen. Ein Beitrag zur Diskussion über das Thema: Welches Volk lebt in Mähren?]. Brno 1992 (= Vědecká zasedání Moravského zemského muzea Sv. 1).

[39] Karel V o d i č k a: Politisches System Tschechiens. Vom kommunistischen Einparteiensystem zum demokratischen Verfassungsstaat. Münster 1997, S. 391.

[40] Hans L e m b e r g: Nationale Minderheiten in der Tschechoslowakei. In: Georg B r u n n e r, Hans L e m b e r g (Hgg.): Volksgruppen in Ostmittel- und Südosteuropa. Baden-Baden 1994, S. 97-109, hier S. 107.

das tschechische wie in das Gesamtparlament ein.[41] Noch deutlicher spiegelte die Volkszählung vom 3. März 1991 das neue mährische Selbstbewußtsein wider: 1.360.155 beziehungsweise 8,7 % der 15.567.666 Einwohner der ČSFR bezeichneten sich jetzt nicht als Tschechen, Slowaken, Ungarn, Roma und andere, sondern explizit als Mährer, weitere 45.223 beziehungsweise 0,3 % als Schlesier. Bezogen auf die Einwohnerzahl der tschechischen Teilrepublik, waren das zusammen 13,6 %.[42] Während in Nordmähren das zahlenmäßige Verhältnis von Mährern und Schlesiern zu den Tschechen 1:5 war, überwogen im Süden die Mährer:[43] Hier ordneten sich 1.150.004 Personen dieser Gruppe zu, 982.528 bezeichneten sich als Tschechen.[44] In Brünn selbst dominierte das neue Mährertum gar mit zwei Dritteln.[45] Zugleich änderte sich auch der Ton: „Wir sind keine Tschechen!" (Nejsme češi!)[46]

Im Zuge des Auseinanderbrechens der Tschechoslowakei forderten mährische Abgeordnete im Prager Parlament, den neuen Weststaat „Tschechisch-Mährische Republik" zu nennen – ein Postulat, das von der tschechisch-böhmischen Mehrheit brüsk abgelehnt wurde. Die mit vollzogener „samtener Scheidung" härter werdende Prager Gangart gegenüber dem Regionalismus im Ostteil des Landes bewirkte sodann eine politische Radikalisierung der mährischen Be-

---

[41] Vgl. Berthold K o h l e r: Keine Zeit für Minderwertigkeitsgefühle der Brünner. Prag will eine weitere „Zellteilung" durch die Mährer nicht hinnehmen. In: Frankfurter Allgemeine Zeitung Nr. 294 vom 18. Dezember 1992, S. 6; und Janusz B u g a j s k i: Ethnic Politics in Eastern Europe. A Guide to Nationality Policies, Organizations, and Parties. With a New Postscript. Armonk, NY, London 1995, S. 307.

[42] Leoš Š a t a v a: Národnostní menšiny v Evropě [Nationale Minderheiten in Europa]. Praha 1994, S. 52. Vgl. auch Georg B r u n n e r: Nationalitätenprobleme und Minderheitenkonflikte in Osteuropa. Gütersloh, 2. Aufl. 1996, S. 181.

[43] Vgl. zu den Hochburgen der mährisch-schlesischen Bewegung die Karte von László S e b ö k: Nationalitätenkarte Ostmittel- und Südosteuropa 1989-1992. Budapest 1998. Beilage zu: Gerhard S e e w a n n, Péter D i p p o l d (Hgg.): Bibliographisches Handbuch der ethnischen Gruppen Südosteuropas. Bd. 2. München 1997.

[44] P e r n e s: Pod moravskou orlicí, a.a.O., S. 23-24.

[45] L e m b e r g: Nationale Minderheiten in der Tschechoslowakei, a.a.O., S. 97.

[46] Vgl. die Fotografie eines Demonstrationszuges der HDS-SMS am 29. April 1991 in Prag bei P e r n e s: Pod moravskou orlicí, a.a.O., vordere Umschlagseite.

wegung. Gruppierungen wie die 1990 gegründete radikale Mährische Nationalpartei (*Moravská národní strana*) des Ingenieurs Ivan Dřímal bezeichneten die Mährer jetzt nicht länger als Bestandteil der tschechischen Nation, sondern als nationale Minderheit in der Tschechischen Republik, ja als eine eigenständige mährische Nation. Dennoch strebten sie nicht die Sezession, sondern die Föderalisierung des Landes an. Mit dem Slogan „Unterteilen, nicht zerteilen" (*Ne rozdělit, ale dělit*) ging die Mährische Nationalpartei in die Kommunalwahlen von 1994,[47] errang jedoch zusammen mit der jetzt in Böhmisch-Mährische Partei der Mitte (*Českomoravská unie středu*) umbenannten HSD-SMS nur noch etwas mehr als ein Prozent der Stimmen. Mit zusammen 0,7 % noch schlechter war für die beiden mährischen Parteien das Ergebnis der Wahlen von 1996.[48] Seitdem drückt die Prager Zentrale jeglichem mährisch-schlesischen Eigenständigkeitsstreben erfolgreich den Stempel irrationalen Nationalismus und widersinnigen Partikularismus auf.[49] Bemühungen der Slowakei, 1995 durch Finanzierung einer „Gesellschaft der Mährer" auf eigenem Territorium dem Nachbarstaat Probleme zu bereiten, verstärkten dabei die Prager Argumente. Darauf, daß die noch ausstehende neuerliche Gebietsreform in der Tschechischen Republik die „Nationalität der 'Mährer' und 'Schlesier'" konsolidieren, gar „diese beiden Volksgruppen in nationale Minderheiten umwandeln" wird,[50] wie gemutmaßt wurde, deutet wenig. Gänzlich eingeschlafen ist die mährische Bewegung allerdings nicht. So haben die Tschechische Sozialdemokratische Partei und die Demokratische Bürgerallianz erhebliche Stimmenzuwächse in Mähren zu verzeichnen seitdem sie die Dezentralisierung der Staatsverwaltung auf ihr Panier geschrieben haben und „Regionen mit weitreichenden Selbstverwaltungs-

---

[47] Vgl. das Faksimile eines Wahlplakates bei P e r n e s: Pod moravskou orlicí, a.a.O., vs. S. 145.

[48] L u f t: Politische Kultur und Regionalismus, a.a.O., S. 148. Im April 1997 schlossen sich beide Parteien dann zur Mährischen Demokratischen Partei (*Moravská demokratní strana*) zusammen (ebd., S. 159).

[49] Christiane B r e n n e r: Staat, Nation und Minderheiten nach der tschechoslowakischen Trennung. In: Magarditsch A. H a t s c h i k j a n, Peter R. W e i l e m a n n (Hgg.): Nationalismen im Umbruch. Ethnizität, Staat und Politik im neuen Osteuropa. Köln 1995, S. 90-104, hier S. 97.

[50] Dieter B r i c k e: Minderheiten im östlichen Mitteleuropa. Deutsche und europäische Optionen. Baden-Baden 1995, S. 78.

befugnissen" fordern.⁵¹ Und bezüglich des wohl nur kleinen harten Kerns der mährischen Autonomisten gibt es Hinweise auf beträchtliche *self-fulfilling prophecy*-Effekte des „Pragozentrismus". So hieß es in einer international verbreiteten Mitteilung eines Aktivisten aus dem ostmährischen Uherské Hradiště vom 13. Januar 1999:

> „Moravians and Silesians are not recognized as ethnicities, any development of national & ethnic identity is impossible under this situation (hard Czech rule); there is methodical state propaganda and pressure to eradicate all the rest of our national identity. [A] Moravian-Silesian national liberation movement is arising and being developped nowadays. The situation is urgent nowadays because our nation [is] de facto before a total extinction of identity."⁵²

Diese vereinzelte Stimme kann jedoch nicht darüber hinwegtäuschen, daß der Versuch einer ethnokulturellen Regionalbewegung in Mähren und Schlesien, dem „Land, das ist und [zugleich] nicht ist" (*Země, která je a není*),⁵³ aus heutiger Sicht ein kurzlebiges Zerfallsprodukt der ČSSR, ja eine politische Fehlzündung war.

Exkurs: Die Schlonsaken in Oberschlesien

Die mährisch-schlesische Bewegung in ČSSR, ČSFR und Tschechischer Republik weist Parallelen zur gleichfalls auf innere Selbstbestimmung in Gestalt eines „dritten Weges" zwischen polnischer Mehrheitsbevölkerung und deutscher Minderheit zielenden „Bewegung für Schlesische Autonomie" (*Ruch Autonomii Śląska*) in den benachbarten südpolnischen Wojewodschaften Katowice (Kattowitz) und Opole (Oppeln) auf.⁵⁴ Beide Regionalbewegungen beziehen

---

⁵¹ V o d i č k a: Politisches System Tschechiens, a.a.O., S. 392.

⁵² Avinty L a n a i k e y: Moravia-Silesia. Uherské Hradiště, 13 January 1999. In: MINELRES – a forum for discussion on minorities in Central & Eastern Europe (http://www.riga.lv/minelres/archive.htm). S. auch die Homepage der *National Liberation Initiative for Independence of Moravia-Silesia* (http://www.ecn.cz/tandit/msi).

⁵³ So eine Formulierung des 1989 verstorbenen Brünner Poeten und Dissidenten Jan S k á c e l. Vgl. P e r n e s: Pod moravskou orlicí, a.a.O., S. 11.

⁵⁴ Vgl. Jan F. L e w a n d o w s k i: Niedoszłe państwo górnośląskie: Trzecia droga [Oberschlesien – ein ungeborener Staat: Der dritte Weg]. In: Śląsk Nr. 19 vom Mai 1997, S. 26-28; und Tadeusz K i j o n k a: Śląsak – czyli kto?... [Schlesien – wer ist das?]. In: Śląsk Nr. 22 vom August 1997, S. 3-4; sowie zum Hintergrund Kazimiera W ó d z: Rewitalizacja śląskiej tożsamości – szanse i zagrożenia

neben dem Faktor Kultur explizit auch der eigenen Region drohende ökologische Katastrophen mit ein.[55] Daß von einem Zentrum ausgelöste Umweltgefahren als Initialzündung für Formierung, Mobilisierung und Radikalisierung ethnischer Identität wirken können, haben erstmals in den siebziger Jahren die Saamen Nordnorwegens vor Augen geführt. Auch die Renaissance alemannischen Sprach- und Regionalbewußtseins im Elsaß, der Schweiz und in Baden-Württemberg in der Planungsphase des Atomkraftwerks Wyhl war ein vergleichbarer Impuls.[56] Allerdings besitzt zumindest der Vorsitzende der oberschlesischen Autonomiebewegung, Rudolf Kołodzejczyk, auch erhebliche politische Ambitionen, wie anhand seiner Kontakte zu Basken, Katalanen und zur „Lega Nord" im oberitalienischen „Padanien" sowie an der Suche nach Protektion durch den Europarat ablesbar ist.[57] Parallel zum gegenwartsbezogenen ökologisch-politischen Schlonsakentum finden historiographische Bemühungen um die Freilegung mittelalterlicher Wurzeln „schlonsakischer Kultur und Sprache"[58] sowie Anknüpfungsversuche an den oberschle-

---

[Die Belebung schlesischen Bewußtseins – Chancen und Bedrohungen]. In: Kazimiera W ó d z (Red.): „Swoi" i „obcy" na Górnym Śląsku. Z problematyki stosunków etnicznych. Katowice 1993, S. 7-40. Siehe auch die Dokumentation von Siegfried L a m m i c h: Autonomiebestrebungen und Nationalitätenprobleme in Oberschlesien. In: Osteuropa 43 (1993), S. A 487-A 496.

[55] Vgl. Polen: Dschungel des Todes. Wirtschaftsnot und Umweltzerstörung verwandeln das oberschlesische Industrierevier in eine sterbende Landschaft. In: Der Spiegel (1993) Nr. 5, S. 150; und Andrzej T o m e c z e k: Śląskie ruchy ekologiczne – mechanizmy działania, bariery rozwoju [Schlesische Ökologiebewegungen – Funktionsmechanismen, Entwicklungsbarrieren]. In: Mark D z i e w i e r s k i, Tomasz N a w r o c k i (Red.): Grupa etniczna – region – tożsamość kulturowa. Katowice 1997, S. 141-151.

[56] Zum „Öko-Nationalismus" im Osteuropa der Gegenwart vgl. Jane I. D a w s o n: Eco-Nationalism: Anti-Nuclear Activism and National Identity in Russia, Lithuania, and Ukraine. Durham, NC, 1996.

[57] Vgl. Poland: Not so pure? In: The Economist, 29. November 1997, S. 34; und Michael L u d w i g: Die Schlesier gehen nach Straßburg. In: Frankfurter Allgemeine Zeitung Nr. 145 vom 26. Juni 1998, S. 8.

[58] Małgorzata B u d y t a - B u d z y ń s k a: A New Interpretation of Ethnicity in Central and Eastern Europe. In: National Identities and Ethnic Minorities in Eastern Europe. Hg. Ray T a r a s. New York, NY, 1998, S. 113-121, hier S. 115. Vgl. dazu aus nichtschlonsakischer, sondern professionell-mediävistischer Sicht Tomasz J u r e k: Die Entwicklung eines schlesischen Regionalbewußtseins im Mittelalter. In: Zeitschrift für Ostmitteleuropa-Forschung 47 (1998), S. 21-48.

sischen Separatismus der Jahre 1918-1922 statt.[59] Die Bewegung der Schlonsaken agiert dabei unter teils ähnlichen, teils aber deutlich unterschiedlichen Bedingungen wie Mährer und Mährisch-Schlesier: Zum einen ist Oberschlesien innerhalb Polens ebenfalls eine „Zentrallandschaft zweiten Grades", zum anderen aber sind hier nicht *eine*, sondern *zwei* Konkurrenzidentitäten wirksam: die majoritärpolnische und die minoritär-deutsche.

Die Russinen in den Karpaten

Ähnlich wie in Oberschlesien, Mähren und Mährisch-Schlesien kam es im transkarpatischen Teil der UdSSR im Zuge des Epochenjahrs 1989 zu einer ethnoregionalen „Bewußtseinsexplosion" (Paul R. Magocsi).[60] Vor allem die politische Elite der bis dahin in der Außensicht den Ukrainern zugeordneten ethnischen Großgruppe der Russinen nutzte die neuen politischen Partizipationsmöglichkeiten umgehend und weitreichend. Die Russinen sind christliche Ostslaven unierter, das heißt griechisch-katholischer Konfession, die heute vor allem in der Ukraine, der Slowakei und in Polen, in geringer Anzahl auch in der Tschechischen Republik, Ungarn, Kroatien und Rumänien sowie als Diaspora in der zur Teilrepublik Serbien innerhalb der Bundesrepublik Jugoslawien gehörigen Vojvodina leben.[61] Ihr Alltagsidiom ist ein „ukrainisch-ostslovakischer Misch- und Übergangs-

---

[59] Vgl. dazu Andrea S c h m i d t - R ö s l e r: Autonomie- und Separatismusbestrebungen in Oberschlesien 1918-1922. In: Zeitschrift für Ostmitteleuropa-Forschung 48 (1999), S. 1-48.

[60] Paul Robert M a g o c s i: A New Slavic Nationality? The Rusyns of East Central Europe. In: Tom T r i e r (Hg.): Focus on the Rusyns. International Colloquium on the Rusyns of East Central Europe. Copenhagen 1999, S. 15-29, hier S. 20.

[61] Vgl. Paul R. M a g o c s i: Die Russinen: Ihr gegenwärtiger Status und ihre Zukunftsperspektiven. In: Osteuropa 43 (1993), S. 809-824 (mit Karte „Carpatho-Rusyn Homeland", S. 812); ders.: The Rusyns of Slovakia. An historical survey. New York, NY, 1993; L'udovít H a r a k s i m: The National Identity of the Rusyns of East Slovakia. In: Jana P l i c h t o v á (Hg.): Minorities in Politics: Cultural Change and Language Rights. Bratislava 1992, S. 228-235; Mykola P. M a k a r a, Ivan I. M y h o v y č: Karpats'ki rusyny v konteksti sučasnoho etnopolityčnoho žyttja [Die Karpaten-Russinen im Kontext des zeitgenössischen ethnopolitischen Lebens]. In: Ukraïns'kyj istoryčnyj žurnal (1994) 1, S. 117-128; und Sven G u s t a v s s o n: Rusinerna i Jugoslavien, deras kultur och språk [Die Russinen in Jugoslawien, ihre Kultur und Sprache]. Stockholm 1975.

dialekt [...], der aber auch deutliche Verwandtschaft zum Polnischen und zum Weißrussischen aufweist".[62] Zu terminologischer Konfusion und Verwechslungen gibt der Umstand Anlaß, daß die sich selbst als Russinen (*rusyn*) bezeichnende ethnische Gruppe Ostmitteleuropas in historischer Perspektive die Teilmenge einer Bevölkerungsgruppe des Habsburger Reiches ist, die bis zum Untergang der Doppelmonarchie unter der Bezeichnung „Ruthenen" firmierte. Etymologisch gehen russinisch/ruthenisch/*rusyn* auf die in ethnischer Hinsicht unspezifische ostslawische Imperialbezeichnung *Rus'* zurück.[63] In der Wiener Verwaltungssprache wurde der Begriff „Ruthene" als ethnonationale Kollektivkategorie für sämtliche Ostslawen des Reiches verwendet, also für (Groß-)Russen, Ukrainer („Kleinrussen"), Belo- beziehungsweise Weißrussen („Weißruthenen") und eben Russinen. Politisch den anderen slawischen Großgruppen gleichgestellt, fanden sich die „Ruthenen" im Zuge des Ausgleichs von 1867 auf beide k.u.k.-Reichshälften aufgeteilt.[64] Zu diesem Zeitpunkt hatte bereits eine genuin russinische Nationalbewegung eingesetzt, die sich klar von denjenigen der ukrainisch wie der russisch orientierten habsburgischen Ostslawen abgrenzte.[65]

1918 der neuen Tschechoslowakei zugefallen, verfügte die russinische Bevölkerungsmehrheit im Karpato-Ukraine genannten Ost-

---

[62] Peter R e h d e r: Russinen, älter auch Ruthenen. In: Das neue Osteuropa von A-Z, a.a.O., S. 565-566, hier S. 566. Vgl. auch Aleksandr D. D u l i č e n k o: Das Russinische. In: Peter R e h d e r (Hg.): Einführung in die slavischen Sprachen (mit einer Einführung in die Balkanphilologie). Darmstadt, 3. Aufl. 1998, S. 126-140, der zwischen „Jugoslavo-Russinisch" auf der einen und „karpatorussinischen Dialekten" auf der anderen Seite unterscheidet.

[63] Vgl. dazu Gottfried S c h r a m m: Die Herkunft des Namens Rus'. Kritik des Forschungsstandes. In: Forschungen zur osteuropäischen Geschichte 30 (1982), S. 7-49. Rus' leitet sich vom finnischen Ethnonym *ruotsi* („Schweden") ab und war auf die Reichsbildung der Waräger am Dnepr gemünzt.

[64] Wolfdieter B i h l: Die Ruthenen. In: Die Habsburgermonarchie 1848-1918. Bd. III: Die Völker des Reiches. 1. Teilbd. Wien 1980, S. 555-584; Emanuel T u r c z y n s k i: Orthodoxe und Unierte. In: Die Habsburgermonarchie 1848-1918. Bd. IV: Die Konfessionen. Wien 1985, S. 399-478, bes. S. 413-419.

[65] Ivan Ž e g u c: Die nationalpolitischen Bestrebungen der Karpato-Ruthenen 1848-1914. Wiesbaden 1965; Paul Robert M a g o c s i: The Shaping of a National Identity: Subcarpathian Rus', 1848-1948. Cambridge, MA, London 1978; Ivan L. R u d n y t s k y: Carpatho-Ukraine: A People in Search of Their Identity. In: East European Quarterly 19 (1985) 2, S. 139-159; Istvan M a d i: Carpatho-Ukraine. In: Tuomas F o r s b e r g (Hg.): Contested Territory. Border Disputes at the Edge of the Former Soviet Empire. Aldershot 1995, S. 128-142.

teil des Landes über ihr eigenes Bildungswesen und kulturelle Institutionen. 1938 erlangte der Landesteil für wenige Monate Territorialautonomie innerhalb der ČSR,[66] bevor das Gebiet 1939 an Ungarn abgetreten werden mußte. Zur Jahreswende 1944/1945 von der Roten Armee befreit und 1945 in ein sowjetisch-tschechoslowakisches Kondominium umgewandelt, wurde das westliche Karpatenvorland 1946 von Moskau annektiert und der Ukrainischen SSR eingegliedert. Nun begann eine radikale Entrussinisierung in Form von Ukrainisierung und Sowjetisierung, vor allem aber von Russifizierung – ein Prozeß, der 1948 durch die Liquidierung der Griechisch-Katholischen Kirche noch intensiviert wurde.[67]

Während in der Gegenwart vor allem die im heute zur Ukraine gehörigen Gebiet Transkarpatien (*Zakarpats'ka oblast'*)[68] und in der Nordost-Slowakei lebenden Russinen ihre russinische Identität wiederentdecken, ist die Situation in anderen traditionell „ruthenischen" Siedlungsgebieten kaum verändert. Die auf den Südosten Polens und das ukrainische Galizien verteilte Untergruppe der Bojken identifiziert sich in ethnischer Hinsicht derzeit ganz überwiegend mit den Ukrainern; dasselbe gilt für die Huzulen in der heute ukrainischen Bukovina;[69] und die in Polen lebende Gemeinschaft der Lemken ist

---

[66] Jerzy K o z e ń s k i: Die Karpaten-Ukraine im Jahre 1938. In: Manfred A l e x - a n d e r, Frank K ä m p f e r, Andreas K a p p e l e r (Hgg.): Kleine Völker in der Geschichte Osteuropas. Festschrift für Günther Stökl zum 75. Geburtstag. Stuttgart 1991, S. 130-141; Marian Z g ó r n i a k: Ukraina Zakarpacka 1938-1939 [Die Transkarpaten-Ukraine 1938-1939]. In: Michał Pułaski (Red.): Ukraińska myśl politzyczna w XX w. Kraków 1993, S. 155-162.

[67] Vincent S h a n d o r: Carpatho-Ukraine in the Twentieth Century. Cambridge, MA 1998.

[68] Der Begriff „transkarpatisch" (*zakarpats'kyj*) geht auf die ostslavische Perspektive zurück: Von Kiev und Moskau aus gesehen liegen Užhorod, Mukačovo (Mukačevo) oder Prešov jenseits, nicht – wie aus westeuropäischer Sicht – diesseits der Karpaten. Im russischen Sprachgebrauch wird die neutrale Form „subkarpatisch" (*podkarpats'kyj*) verwendet.

[69] Vgl. zu den historischen Siedlungsgebieten von Bojken, Huzulen und Lemken die Karte von Mark J. M i h a l a s k y „Carpatho-Rusyn Settlements, 1910" (http://ic.net/~ggressa/maps/hmldtopg.gif) sowie außerdem Galizien. Ethnographische Erkundung bei den Bojken und Huzulen in den Karpaten. Begleitbuch zur Jahresausstellung '98 im Ethnographischen Museum Schloß Kittsee vom 6. Juni bis 2. November 1998. Wien 1998 (= Kittseer Schriften zur Volkskunde, 9), und Ivan S e n k i v: Die Hirtenkultur der Huzulen. Eine volkskundliche Studie. Marburg/L. 1981 (= Marburger Ostforschungen, 39).

dreigeteilt, gibt es doch hier neben den „Bindestrich-Lemken" wie Russinen-Lemken, Polen-Lemken und Ukrainer-Lemken auch solche, die sich weder als Subkategorien von Ukrainern, Russinen oder Polen, sondern als eigenständige ethnische Gruppe der „bindestrichfreien" Lemken definieren.[70]

Zu Disputen Anlaß gibt die Frage nach der Zahl der Russinen, da dieses Ethnonym zwar mittlerweile Eingang in die Volkszählungskategorien der Slowakei, Ungarns und anderer Staaten, nicht hingegen in die der Ukraine gefunden hat. Im Jahr 1900 waren in den beiden Hälften der Doppelmonarchie 540.000 „Ruthenen" gezählt worden, und 1941, als Transkarpatien vorübergehend ungarisch war, wurden allein dort 544.000 „Russinen" registriert – in beiden Fällen jedoch, ohne daß die Möglichkeit der Selbstzuordnung als „Ukrainer" gegeben war. Umgekehrt die Situation in der UdSSR und der heutigen Ukraine: Die letzte sowjetische Volkszählung von 1989 ergab für den transkarpatischen Teil 976.749 „Ukrainer"[71] – ohne Selbstzuordnungsmöglichkeit als „Russine", „Transkarpate", „Subkarpate" oder ähnliches.[72] Allerdings liegen Hinweise darauf vor, daß von

---

[70] Zu den unterschiedlichen Lemken-Identitäten vgl. Chris M. H a n n : Ethnicity in the New Civil Society: Lemko-Ukrainians in Poland. In: László K ü r t i, Juliet L a n g m a n (Hgg.): Beyond Borders. Remaking Cultural Identites in the New East and Central Europe. Boulder, CO 1997, S. 17-38; ders.: Postsocialist Nationalism: Rediscovering the Past in Southeast Poland. In: Slavic Review 57 (1998), S. 840-863; Jarosław M o k l a k: Łemkowszczyna w drugiej Rzeczypospolitej. Zagadnienia polityczne i wyznaniowe [Das Lemkentum in der Zweiten Republik. Politische und religiöse Aspekte]. Kraków 1997; Susyn Yvonne M i h a l a s k y: Lemkos View Poland and Poles. In: Nationalities Papers 25 (1997), S. 683-697; Paul J. B e s t: Moskalofilstwo wśród ludności łemkowskiej w XX w. [Russophilie in der Lemkenbevölkerung im 20. Jh.]. In: P u ł a s k i (Red.): Ukraińska myśl polityczna, a.a.O., S. 143-147; und Paul R. M a g o c s i: Nation-building or nation-destroying? Lemkos, Poles and Ukrainians in Poland. In: Polish Review 35 (1990) 3, S. 197-208.
[71] [András B e n e d e k:] Tab. Ethnische Struktur der Bevölkerung der Transkarpatenukraine 1910-1989. In: S e e w a n n, D i p p o l d (Hgg.): Bibliographisches Handbuch a.a.O., Bd 1, S. 341.
[72] Aleksandr V. P e l i n: Različija meždu oficial'noj statistikoj i rezul'tatami sociologičeskogo issledovanija po problemam nacional'nych men'šinstv v Zakarpat'e [Unterschiede zwischen der offiziellen Statistik und den Ergebnissen soziologischer Untersuchungen zu den Problemen nationaler Minderheiten in Transkarpatien]. In: Vasyl' Ju. K e r e c m a n u.a. (Red.): Materialy naukovo-praktyčnoï konferencii „Deržavne reguljuvannja mižetničnych vidnosyn v Zakarpatti". Užhorod 1997, S. 199-213, hier S. 199.

den damals gezählten „Ukrainern" sich lediglich 55 % tatsächlich für solche hielten, 27 % indes der Meinung waren, sie seien „eigentlich" Russinen.[73] Während überseeische Russinenaktivisten heute von 650.000 Russinen in der Ukraine sprechen,[74] handelt es sich aus offizieller Kiever Sicht um eine verschwindend geringe Anzahl. Immerhin soll ein für das Jahr 2001 geplanter Bevölkerungszensus erstmals eine Kategorie *rusyn* (Russine) enthalten.[75] Diese in Gegenwart internationaler Beobachter stattfindende Volkszählung könnte somit erstmals verläßlichen Aufschluß über den tatsächlichen Mobilisierungsgrad und die Verbreitung russinischer Identität im Westen der Ukraine geben.

Mit dem Ende der 45 Jahre sowjetischer Herrschaft über Transkarpatien trat deutlich zutage, daß die Ukrainisierung dieser Region allenfalls in städtischen Inseln erfolgreich gewesen war. 1990 formierte sich in der Regionalhauptstadt Užhorod die „Gesellschaft der Karpaten-Russinen" (*Obščestvo karpats'kich rusynov*) als Sprachrohr einer russinischen Autonomiebewegung in der von ihren Vordenkern so genannten Subkarpaten-Rus' (*Podkarpats'ka Rus'*). Im Ergebnis dieses politischen Aufbruchs kam es am 1. Dezember 1991 – zusammen mit der Volksabstimmung über die Unabhängigkeit der Ukraine und den ukrainischen Präsidentschaftswahlen – zu einem Referendum über innere Selbstbestimmung für die Region. In der Abstimmungsfrage wurde das Reizwort „Autonomie" auf Kiever Drängen wie folgt umschrieben: „Möchten Sie, daß die Karpatenukraine den Status eines besonderen selbstverwalteten administrativen Territoriums als

---

[73] Andrew W i l s o n: Ukrainian Nationalism in the 1990s. A Minority Faith. Cambridge 1997, S. 165.

[74] Vgl. Paul Robert M a g o c s i: Language and National Survival. In: Jahrbücher für Geschichte Osteuropas 44 (1996), S. 83-85, hier S. 83. Magocsi geht hier von insgesamt 900.000 Russinen in Ostmitteleuropa und weiteren 650.000 in Nordamerika aus. Gar von 700.000 Russinen in der Ukraine und drei Millionen weltweit sprach unlängst der Fünfte Weltkongreß der Russinen. Vgl.: Rusyns want to be recognized as distinct ethnic group within Ukraine. In: Radio Free Europe/Radio Liberty Newsline, 28 June 1999, S. 8 (http://www.rferl.org/newsline/1999/06/280699.html).

[75] Mykola P. M a k a r a: Dejaki pytannja istoriï j sučasnoï etnopolityčnoï sytuacyj v Zakarpatti [Einige Fragen der Geschichte und der gegenwärtigen ethnopolitischen Situation in Transkarpatien]. In: K e r e c m a n (Red.): Materialy, a.a.O., S. 32-45, hier S. 36.

ein Subjekt und Teil der Ukraine hat [...]?"⁷⁶ An dem Referendum beteiligten sich 83 % aller Wahlberechtigten, von denen 546.450 bzw. 78 % mit Ja stimmten.⁷⁷ Dabei handelte es sich nicht nur um Russinen sowie mutmaßlich etliche Ukrainer und Russen, sondern gerade auch um die regionalen Minderheiten der Ungarn und Roma. Parallel dazu fand ein Referendum über eine „Autonomie in der Autonomie" für das kompakte Siedlungsgebiet der nach offiziellen Angaben 155.711 transkarpatischen Ungarn (1989) um die Stadt Beregszász, dem Bezirk Berehovo, statt: 81.4 % stimmten hier für die Errichtung eines ungarischen „nationalen Distrikts".⁷⁸ Daß beide Autonomiereferenda mitnichten eine separatistische Stoßrichtung aufwiesen, belegte die Tatsache, daß in Transkarpatien die Haltung zur Unabhängigkeitserklärung der Ukraine zu 92.6 % zustimmend war.⁷⁹ Dennoch wurden die Ergebnisse der beiden Autonomiereferenda – anders als im analogen Fall der Krim – durch Kiev nicht umgesetzt. Um Druck auf die Zentralregierung auszuüben, bildete die tonangebende Russinenorganisation gemeinsam mit der politischen Vertretung der Ungarn am 19. Mai 1993 in Užhorod eine „Provisorische Regierung der Subkarpatischen Rus'" unter dem Vorsitz des Biochemieprofessors Ivan M. Turjanyca. Zwar zielt das Programm dieser „Provisorischen Regierung" nicht auf Eigenstaatlichkeit,⁸⁰ doch

---

⁷⁶ Zit. nach Roman S o l c h a n y k: Regionalismus und Nationalismus in der Ukraine. In: Guido H a u s m a n n, Andreas K a p p e l e r (Hgg.): Ukraine: Gegenwart und Geschichte eines neuen Staates. Baden-Baden 1993, S. 249-271, hier S. 264.

⁷⁷ Alfred A. R e i s c h: Transcarpathia's Hungarian Minority and the Autonomy Issue. In: Radio Free Europe/Radio Liberty Research Report 1 (1992) 6, 7. February 1992, S. 17-23, hier S. 17.

⁷⁸ Ebd. – Zu den transkarpatischen Ungarn vgl. Sebök: Nationalitätenkarte a.a.O.: sowie Lyuba S h i s h e l i n a: Political Mobilisation of Hungarian National Minority in Transcarpathoucraine as the Consequences of the Crisis of Totalitarian National Policy in the USSR. In: Gerhard S e e w a n n (Hg.): Minderheitenfragen in Südosteuropa. München 1992, S. 335-342; M a d i: Carpatho-Ukraine, a.a.O., S. 134-141; und Paul Robert M a g o c s i: The Hungarians in Transcarpathia (Subcarpathian Rus'). In: Nationalities Papers 24 (1996), S. 525-534.

⁷⁹ R e i s c h: Transcarpathia's Hungarian Minority, a.a.O., S. 17.

⁸⁰ Daß ein Bestandteil dieses Programms die Forderung nach Gründung „eines neuen Nationalstaates [...] mit Namen 'Ruthenien'" sei, vermutete noch unlängst irrtümlich Timothy Garton A s h: Lang lebe Ruthenien! Ein Volk will seinen eigenen Staat: Zu Gast in einem Land, das es nicht gibt. In: Frankfurter Allgemeine Zeitung, Nr. 66 vom 19. März 1999, S. 45 (Übersetzung von ders.: Hail Ruthenia! In: The New York Review of Books 46, 22. April 1999, 7, S. 54-55).

war von nun an das Verhältnis zwischen Kiev und den Russinen höchst gespannt. Dies kam etwa in einem internen, auf Assimilation zielenden Sofortprogramm des ukrainischen Staatskomitees für Nationalitäten- und Migrationsfragen mit dem Titel „Maßnahmenplan zur Lösung des Problems der Ukrainer-Russinen" zum Ausdruck.[81] Dieses Dokument wurde im Auftrag des ukrainischen Vizepremierministers Ivan F. Kuras vom Ersten Stellvertretenden Leiter des besagten Staatskomitees, dem Historiker Volodymyr P. Troščyns'kyj, erarbeitet und am 7. Oktober 1996 der Regierung vorgelegt.[82] In einer Bestandsaufnahme der Minderheitenrechtssituation der Russinen in den Staaten Ostmitteleuropas kam der dänische Sozialanthropologe Tom Trier 1999 daher für die Ukraine zu einem alarmierenden Ergebnis:

> „It is apparently only in the Republic of Ukraine that the Rusyns still face a total lack of basic rights as a national group, being deprived of the right to be designated as a distinct nationality. It is hard to ignore the problems of the Rusyns in Ukraine, considering the fact that the vast majority of them in Europe is concentrated in Ukraine's Transcarpathian region."[83]

Allerdings zeichnete sich zur selben Zeit eine Aufweichung der harten Kiever Haltung ab. So nahmen im September 1998 erstmals Vertreter des Staatskomitees, der Kiever Präsidentialverwaltung sowie der Gebietsverwaltung Transkarpatiens gemeinsam mit Repräsentanten regionaler Russinenorganisationen an einer Konferenz über die inter-ethnischen Beziehungen in Transkarpatien in Užhorod teil.[84] Parallel dazu

---

[81] Vgl. Carpatho-Rusyn American 20 (1997) 1, S. 6, und http://infoukes.com/culture/lemkos/rusyn/kurasen/html. Zur „wissenschaftlichen" Abstützung der Kiever Sicht vgl. auch Yaroslav P y l y n s k y i: Rising Ethnic Self-awareness: Carpathian Rusins [sic!] – Birth of a New Nation or a Political Game? Kyiv, Copenhagen 1998.

[82] Vgl. Mykola P. M a k a r a: Nezvažennyj krok ukraïns'koï etnopolityky abo pro čergove „rozv'jzannja rusyns'koï problemy" [Ein unbedachter Schritt der ukrainischen Ethnopolitik oder über die Abfolge der „Lösungen des Russinen-Problems"]. In: K e r e c m a n (Red.): Materialy, a.a.O., S. 175-183. Nach Bekanntwerden des Inhalts mußte Kuras im August 1997 zurücktreten.

[83] Tom T r i e r: Introduction: Rusyns, Minority Rights and the Integration of Europe. In: T r i e r (Hg.): Focus on the Rusyns, a.a.O., S. 1-12, hier S. 3.

[84] Vgl. dazu Recommendations of the European Centre for Minority Issues (ECMI) based on the results of the International Conference „Inter-Ethnic Relations in Transcarpathian Ukraine", Uzhhorod, Ukraine, 4-7 September 1998. In: Tom T r i e r: Interethnic Relations in Transcarpathian Ukraine. Flensburg 1999, S. 50-56 (= ECMI Report, 4).

ist eine Mäßigung der transkarpatischen Russinen zu konstatieren, die vor allem auf den Einfluß des „Weltkoordinationsrats der Russinen" (*Svitova Koordinacijna Rada Rusynov*) zurückgeht. Gegründet 1991, ist dieser Rat das Bindeglied zwischen den russinischen Gemeinschaften Ostmitteleuropas untereinander, aber auch zwischen ihnen und der russinischen Diaspora in Nordamerika. Innerhalb des Rates dominieren die moderaten Russinenvertreter der Slovakei, Polens, der Tschechischen Republik, der Bundesrepublik Jugoslawien und der USA, deren Forderungen primär kultureller Natur sind. Die radikaleren Russinenorganisationen der Ukraine und Ungarns, die auch und gerade politische Forderungen erheben, sind hier in der Minderheit.[85] Mit den Aktivitäten des Rates koordiniert sind gesamtrussinische Bemühungen um Schaffung einer einheitlichen Schriftsprache[86] sowie um Präsenz auf internationalen Foren. So hat der Rat stellvertretend für das „russinische Volk" 1998 die Mitgliedschaft in der internationalen Nichtregierungsorganisation *Unrepresented Nations and Peoples Organisation* (UNPO) erworben[87] und ist bei der Parlamentarischen Versammlung des Europarates um eine spezielle Russinen-Resolution analog zur Straßburger Erklärung über die besondere Schutzwürdigkeit von Sprache und Kultur der Aromunen des Balkans bemüht.[88] Im April 1998 hat der Koordinationsrat den trans-

---

[85] Eine analoge Differenzierung in „politische" Radikale und „kulturelle" Gemäßigte läßt sich auch in der mährischen Bewegung beobachten. Neben den beschriebenen radikalen Gruppierungen bestehen hier Geschichts- und Kulturvereine, die sich – wie der 1992 entstandene Mährische Nationalkongreß (*Moravský národní kongres*) – explizit pazifistisch geben. Vgl. dazu L u f t: Politische Kultur und Regionalismus a.a.O., S. 148-149 und 159-160.

[86] Vgl. Paul Robert M a g o c s i (Hg.): A New Slavic Language is Born. The Rusyn Literary Language of Slovakia. With an Introduction by Nikita I. T o l s t o j. New York, NY 1996, S. xi.

[87] Rusyn People, Member of the Unrepresented Nations and Peoples Organisation (UNPO) (http://unpo.org.member/rusyn/rusyn.html).

[88] So nutzte etwa der unierte Priester Dmytro Sydor, Vorsitzender der russinischen Kyrill-und-Methodius-Gesellschaft in Užhorod, eine Europaratstagung über Minderheitensprachen im Dezember 1998 in Innsbruck zu einem „impassioned plea for help in getting Ukrainian authorities to officially recognise his Ruthenian minority in western Ukraine." Vgl. Tony W e s o l o w s k y: Europe: East And West Far Apart On Minority Rights. Innsbruck, 28 December 1998 (http://www.rferl.org/nca/features/1998/12/F.RU.981228132403.html). Zur Straßburger Aromunen-Resolution vom 24. Juni 1997 s. Assembly defends the Aromanian language and culture (http://www.coe.fr/cp/97/ 390a/2897/29.htm).

karpatischen Regionalbehörden in Užhorod förmlich vorgeschlagen, den Fünften Weltkongreß der Russinen im Jahr 1999 ebendort abzuhalten.[89] Erste Reaktionen in Kiev waren verhalten, doch nicht abschlägig,[90] so daß der besagte Kongreß vom 24. bis 27. Juni 1999 in Užhorod stattfinden konnte. Dies geschah ungeachtet der Tatsache, daß der genannte I. M. Turjanyca, der im Namen der „Gesellschaft der Karpaten-Russinen" zu dem Kongreß einlud, in seinem Einladungsschreiben die öffentliche Diskussion von „such aspects as historical, ethno-cultural, linguistic, literature, *ethno-political*, *state* and *juridical* [Hervorhebungen S. T.]" ankündigte.[91] Während die Behörden die Abhaltung des Kongresses zwar nicht offiziell genehmigten, stellten sie doch Sicherheitspersonal bereit, um die „russinischen Separatisten" vor Übergriffen militanter ukrainischer Nationalisten zu schützen. Und der Leiter der Abteilung für Nationalitäten- und Migrationsfragen der Gebietsverwaltung Transkarpatiens Čerepanja richtete sogar ein Grußwort an den Kongreß. Eine Schlußresolution forderte die Regierung in Kiev auf, die Russinen als ethnische Gruppe anzuerkennen und eine entsprechende Kategorie in die Formulare für die Volkszählung 2001 aufzunehmen. Überdies wurde die Einrichtung russinischsprachiger Schulen sowie einer Abteilung für russinische Sprache an der Universität Užhorod angemahnt.[92]

Der Kongreß stellte *de facto* den politischen Durchbruch der russinischen Bewegung in der Ukraine dar. Seine Duldung durch Kiev deutet darauf hin, daß die dortige Zentralregierung – partiell anders als die regionale post-kommunistische Nomenklatura in Užhorod –

---

[89] Vasyl' T u r o k u.a.: Zajava golovi Zakarpats'koï oblasnoï Radi narodnych deputativ p. Ivančo I. V. [Erklärung von Herrn I. V. Ivančo, Vorsitzender der Transkarpatischen Gebietsversammlung der Volksdeputierten]. In: Podkarpats'ka Rus' [Užhorod] 1 (81) (16. Juni 1998), S. 1.

[90] Am Rande der erwähnten ECMI-Konferenz im September 1998 hat sich im Sanatorium Perlina Karpat nahe Mukačovo das Präsidium des Koordinationsrates mit dem besagten Kiever Regierungsbeamten Troščyns'kyj sowie mit Leonid Škljar, einem Berater des ukrainischen Präsidenten, getroffen, um die Chancen für die Abhaltung des Kongresses in Užhorod auszuloten.

[91] Einladungsschreiben Nr. 077 vom 24. März 1999 und Nr. 049 vom 26. April 1999 von I. M. T u r j a n y c a namens der „Gesellschaft der Karpaten-Russinen" an den Verfasser.

[92] Rusyns want to be recognized as distinct ethnic group within Ukraine. In: Radio Free Europe/Radio Liberty Newsline, 28 June 1999, S. 8 (http://www.rferl.org/newsline/1999/06/280699.html).

in ihr Kalkül auch die möglichen positiven Folgen einer russinisch-ungarisch dominierten Autonomie Transkarpatiens einbezieht. Denn die wirtschaftlichen Möglichkeiten, die die Nähe zur Slowakei, zu Rumänien und vor allem zu den EU-Aspiranten Ungarn und Polen bieten,[93] werden von den schwerfälligen Staatsbetrieben und staatlichen Behörden der Region kaum, um so mehr von dortigen Privatunternehmern genutzt. Diese wiederum sympathisieren aktiv mit den russinisch-ungarischen Autonomisten und streben zunehmend öffentliche Ämter an.[94] Eine Schwerpunktverlagerung innerhalb der transkarpatischen Autonomiebewegung weg von ethnonationalen Begründungen und hin zu grenzüberschreitenden Wirtschaftsbeziehungen – mit der ungarischen Minderheit als „lebender Brücke" zu Ungarn – zeichnet sich ab.[95]

Zwischenbilanz 1999: Mährer und Russinen

Warum hat die so vehement einsetzende mährische Autonomiebewegung binnen kurzem ihre Dynamik verloren, wohingegen die russinische Kontinuität erlangt hat? Was ist die Erklärung für den relativen und nachhaltigen Mobilisierungserfolg der russinischen Autonomisten auf der einen und den frühen Kollaps der mährischen Autonomiebewegung auf der anderen?

Da sind zunächst augenfällige Disproportionen wie der Umstand, daß die Mährer gleichsam immer im Schatten der sich früh konstituierenden tschechischen Nation und ihrer Staatsbildungen standen, ja die gesamte Neuzeit hindurch in ein und demselben Staat mit den

---

[93] Alfred A. R e i s c h: Transcarpathia and Its Neighbors. In: Radio Free Europe/Radio Liberty Research *Report* 1 (1992) 7, 14. Februar 1992, S. 43-47; Worried in Western Ukraine. In: The Economist, 2. Oktober 1999, S. 33.

[94] Tom W a r n e r: Mixing *Biznes* and Politics in Transcarpathia. In: Transitions 5 (1998) 1, S. 86-91.

[95] Der interethnische Pragmatismus in Transkarpatien weist eine deutliche Parallele zur Lage in der Ostukraine auf. „[T]he Donbas Russians", so ein US-Geograph, „need not mobilize ethnically when they can mobilize more easily, efficiently, and effectively as purely political and regional force that operates in cooperation with Russified Ukrainians as well as with other regions." Vgl. David J. M e y e r: Why Have Donbas Russians Not Ethnically Mobilized Like Crimean Russians Have? An Institutional/Demographic Approach. In: John S. M i c g i e l (Hg.): State and Nation Building in East Central Europe: Contemporary Perspectives. New York, NY 1996, S. 317-330, hier S. 328.

Tschechen lebten und mit ihnen bis heute die Schriftsprache und Konfession gemeinsam haben. Hingegen unterscheiden sich die Russinen, die erst seit 1946 mit der „verspäteten" und bis 1991 „staatslosen" Nation der Ukrainer ein staatliches Dach teilen, sowohl kirchenorganisatorisch als auch sprachlich von der übrigen Bevölkerung. Eine weitere Antwort steckt in den sozioökonomischen Wirkungen von Siedlungsgeschichte und Topographie. Bezüglich der Mährer ist aufschlußreich, daß deren Bewegung zwar im überwiegend agrarischen Südmähren, kaum hingegen im hochindustrialisierten nordmährischen Montanrevier Fuß fassen konnte. Mit anderen Worten: Die „ethnischen Unternehmer" (Joseph Rothschild[96]) haben in diesem Fall ihre Zielgruppe nur zu Teilen erreichen und entsprechend polarisieren, radikalisieren und schließlich mobilisieren können – möglicherweise auch ein Grund dafür, daß ihr Transmissionsriemen bald wieder gerissen ist. Hinzu kommt der niedrige Diskriminierungsgrad der Mährer im tschech(oslowak)ischen Staat: Mit einer „echte[n] Barriere für Mobilität und Gleichheit", die Gellner zufolge die Voraussetzung für die „Geburt (oder angebliche 'Wiedergeburt') der Nationen" in Industriegesellschaften darstellt,[97] waren die Mährer weder vor noch nach 1989 konfrontiert. Im Gegenteil nutzten große Teile der mährischen Elite die sich ihnen bietenden Bildungs-, Partizipations- und Karrieremöglichkeiten – mit der Folge hoher sozialer und geographischer Mobilität, die jeweils in weiterer Annäherung an die böhmisch-tschechische „Norm" resultierte. Mit anderen Worten: Auch wenn Mähren dem Prager Zentrum nie den Rang ablief, war es doch, wie Luft gezeigt hat, in keiner einzigen Hinsicht peripher.

Anders hingegen der Fall der Russinen Transkarpatiens, waren und sind diese doch gleich in mehrfacher Hinsicht als peripher zu verorten: Ihr Siedlungsgebiet liegt nicht nur im Westzipfel eines agrarischen Flächenstaats, sondern ist vom Zentrum und den anderen Landesteilen durch ein von nur wenigen Pässen durchschnittenes Gebirge getrennt. Darüber hinaus lebt die Mehrzahl der Russinen in hochgelegenen Dörfern, da aufgrund der Spezifik des Industrialisie-

---

[96] Joseph R o t h s c h i l d: Ethnopolitics: A Conceptual Framework. New York, NY 1981, S. 2-3.
[97] G e l l n e r: Nationalismus und Moderne, a.a.O., S. 115.

rungs- und Urbanisierungsprozesses der Region zu Sowjetzeiten vor allem Ukrainer, Russen und andere Russischsprachige aus den östlichen Landesteilen der Ukraine und der UdSSR in die Städte Transkarpatiens gezogen sind. Während die Mehrzahl der Mährer also bereits seit der zweiten Hälfte des 19. Jahrhunderts aufgrund forcierter Industrialisierung samt Urbanisierung dem dominierenden Einfluß jenes *cultural code* Prager Prägung ausgesetzt war, wurde im russinischen Fall die Wirkung Kiever Ukrainisierungsbestrebungen durch Geographie, Topographie und sozioprofessionelle Struktur, aber auch durch die konkurrierende Parallelität von Russifizierung im Schatten der Sowjetisierung drastisch reduziert. Mit Blick auf den niedrigen Grad wirtschaftlicher Integration Transkarpatiens in den (post-) sowjetischen Raum meint der Torontoer Ostmitteleuropahistoriker Paul Robert Magocsi:

> „Economic underdevelopment has created what some might consider an unexpected positive result. [...] [I]t [...] allowed Transcarpathia's inhabitants to retain their rich, variegated, and often archaic cultural and linguistic characteristics."[98]

Ganz anders indes ist die Interpretation dieses Sachverhaltes durch den britischen Sozialanthropologen und Ostmitteleuropafachmann Christopher M. Hann: Im russinisch-transkarpatischen Fall ist ihm zufolge „the socio-economic basis for a new nationality [...] still missing".[99] Er konstatiert:

> „I think it is probably too late for a new nationality to emerge in this region. Comparison cases such as Macedonia or Chechnya miss the basic point that these were established nationality categories throughout decades of socialism – not the case for the Rusyns. I think the most likely future is one that will see the emergence of hyphenated Ukrainians, in the sense that most Rusyns will seek to reconcile Ukrainian nationality with the more specific ties that they feel to their Carpathian homeland."[100]

Gerade diese „spezifischen Bindungen" sind indes nicht zu unterschätzen. So stellt das in Transkarpatien seit der *perestrojka* erheblich intensivierte „kollektive Gedächtnis", vor allem die Erinnerung an

---

[98] Paul Robert M a g o c s i: What Can Europe Learn from Transcarpathia? In: T r i e r: Interethnic Relations, a.a.O., S. 63-69.

[99] Chris H a n n: Foreword. On Nation(alitie)s in General, and One Potential Nation(ality) in Particular. In: Paul Robert M a g o c s i: Of the Making of Nationalities There Is No End of It. Bd. 1. Toronto (im Erscheinen). Ms., S. 18.

[100] Ebd., S. 19.

die Kulturautonomie der Zwischenkriegszeit und an die kurzfristige Territorialautonomie im Jahr 1938, einen gewichtigen politischen Faktor und signifikanten Unterschied zum mährischen Fall mit seinen diffusen mittelalterlichen Bezügen[101] dar. Hinzu kommt, daß zwar auch in Transkarpatien Teile der zu sowjetischen Zeiten kontinuierlich dezimierten russinischen Elite durch Karriereangebote von außen weggesogen und damit akkulturiert, gar assimiliert worden sind, dies jedoch in wesentlich geringerem Umfang als in Mähren geschah – Berufsstruktur und Bildungsstand der Russinen standen dem entgegen. Schließlich ist mit Blick auf die Gegenwart und die nähere Zukunft eine weitere „spezifische Bindung" der Russinen an Transkarpatien zu nennen, nämlich die Hoffnung auf wirtschaftliche Prosperität dieser demnächst unmittelbar an die Europäische Union grenzenden Transitregion. Als Schwalbe eines künftigen Sommers wirkt der aktiv verfolgte Plan einer „Euroregion Karpaten" – eines Projekts, das von nordamerikanischen und europäischen Gebern mit dem Ziel „to meet the transition challenges in the Carpathian mountains by encouraging sustainable democratic, human and economic development" beziehungsweise „to promote trans-frontier and inter-ethnic cooperation, sharing of information and the replication of successful practices" unterstützt wird.[102] Entsprechend unterhält der *Fund for the Development of the Carpathian Euroregion* neben Regionalbüros in der Slowakei, Ungarn, Rumänien und Polen auch eine Vertretung in Užhorod. Selbst wenn der positive Effekt einer solchen Euroregion in Form eines allgemeinen Aufschwungs noch in weiter Ferne liegt, ist er doch als Hoffnungsperspektive und damit als bereits jetzt wirkender wirtschaftsmentaler Faktor präsent.[103] Was in Transkarpatien ethnodifferenzierend wirkt – hier die chancenreiche Peripherie, dort der wirtschaftlich desolate „ciskarpatische Rest" der Ukraine –, fungiert in der Tschechischen Republik unifizierend. Während Kiev auf dem transkarpatisch-russinischen Weg „nach Europa" Station eines Umwegs, gar eine Sackgasse ist, stellt im mährisch-schlesischen Fall die Route über Prag eine Abkürzung dar. Was im neuen Kleinstaat sowohl den Minderhei-

---

[101] Vgl. dazu L u f t: Politische Kultur und Regionalismus, a.a.O., S. 148-149.
[102] Vgl. die Website des Fund for the Development of the Carpathian Euroregion (http://www.iews.org/fdce.nsf).
[103] W a r n e r: Mixing *Biznes* and Politics in Transcarpathia, a.a.O.

tenregionalismus wie den Mehrheitsnationalismus dämpft,[104] verstärkt im post-sowjetischen Raum regionales Autonomiestreben sowie möglicherweise auch majoritären Zentralismus und Nationalismus.

Last but not least ist auf ein Moment hinzuweisen, das Karl W. Deutsch in den Mittelpunkt *seiner* Nationalismustheorie gestellt hat, nämlich die Intensität und Frequenz der Kommunikation zwischen „ethnischen Unternehmern" und ihrer Zielgruppe.[105] Hier hat die im Zuge der Gorbačëvschen Reformen erfolgte Lockerung der Kommunikationskontrolle durch die KPdSU in der UdSSR einen radikalen Wandel bewirkt, und zwar sowohl mit Blick auf die Russinen als auch auf ihren Gegenpol, die Ukrainer. In beiden Fällen konnten die jeweiligen Eliten Transmissionsriemen in Form eigener Medien, Organisationen, Parteien usw. schaffen, mit denen sie ihre Adressaten zu erreichen suchten. Und wiederum in beiden Fällen läßt sich ein verbreitetes Nach-„Wende"-Phänomen feststellen, das als „transozeanische Nationalismus-Rückkopplung" bezeichnet worden ist:[106] Nicht die zu Zeiten von Parteiherrschaft und sowjetischer Hegemonie dezimierten Eliten von Russinen und Ukrainern in der Ukrainischen SSR, sondern Intellektuelle in den überseeischen Emigrationsgebieten wie Kanada und USA haben das nationale Programm ausgearbeitet, es „wissenschaftlich" abgesichert und übernehmen der-

---

[104] Ein Prager Historiker ging unlängst sogar soweit zu diagnostizieren, daß die Tschechen in ihrer Gesamtheit – also einschließlich Mährer und Schlesier – „[a]us einer erstaunlich erfolgreichen Kultur- und Sprachnation deutschen Typs [...] (schon seit den späten sechziger Jahren [...]) zu einer bürgerlichen Nation westlichen Typs geworden" sind. So Dušan T ř e š t í k : Deutsche Bohemistik – wozu? In: Osteuropa 49 (1999), S. 730-734, hier S. 734. Vgl. auch Ladislav H o l y : The Little Czech and the Great Czech Nation: National Identity and the Post-Communist Transformation of Society. Cambridge 1996.

[105] Karl W. D e u t s c h : Nationalism and Social Communication. An Enquiry into the Foundations of Nationality. Cambridge, MA 1953.

[106] Vgl. zur Wortprägung Stefan T r o e b s t : Makedonische Antworten auf die „Makedonische Frage: Nationalismus, Republiksgründung, nation-building" 1944-1992. In: B r u n n e r , L e m b e r g (Hgg.): Volksgruppen in Ostmittel- und Südosteuropa a.a.O., S. 203-223, hier S. 215; sowie zum Mechanismus exemplarisch Loring M. D a n f o r t h : The Macedonian Conflict. Ethnic Nationalism in a Transnational World. Princeton, NJ 1995; und Paul Robert M a g o c s i : Made or Re-Made in America?: Nationality and Identity Formation Among Carpatho-Rusyn Immigrants and their Descendants. In: Paul R. M a g o c s i (Hg.): The Persistence of Regional Cultures: Rusyns and Ukrainians in Their Carpathian Homeland and Abroad. New York, NY 1993, S. 163-178.

zeit – nicht minder bedeutsam – die Aufgabe seiner Propagierung bei internationalen Organisationen und in der internationalen Öffentlichkeit. So gibt es seit 1978 in den USA ein *Carpatho-Rusyn Research Center*, dem der genannte Paul Robert Magocsi vorsteht. Hier wird am laufenden Band qualitativ hochwertige, zudem ansprechend verpackte russinische Nationalgeschichte produziert, wie sie die „autochthone" Geschichtsschreibung in den Karpaten noch nicht zustande bringt.[107]

Ein ganz besonders ambitioniertes nordamerikanisch-karpatisches Kooperationsprojekt stellt die Popularisierung einer gesamtrussinischen Identifikationsfigur mit Binnen- wie vor allem Außenwirkung dar. Dabei handelt es sich um Andrej Varhola, außerhalb der Karpaten besser bekannt als Andy Warhol.[108] Die Eltern des zur Kultfigur gewordenen Porträtisten der Tomatensuppenbüchsen der Marke „Campbell" waren Russinen aus dem ostslowakischen Miková. In einer Untersuchung zur neuen nationalen Symbolfunktion der Pop-Ikone kommt der bereits erwähnte Anthropologe Trier zu dem Ergebnis, daß Andy Warhol gegenüber anderen „großen" Ruthenen beziehungsweise Russinen wie etwa Prinz Fedir Kor'jatovyč, dem mittelalterlichen Herrscher über Mukačovo, den Vorzug von „Berühmtheit und internationaler Wertschätzung" habe. Überdies, so Trier, „verkörpert Warhol die Besonderheit und die Westorientierung der sich konsolidierenden russinischen Nation".[109] Name und Werk des Pop Art-Künstlers werden also in doppelter Hinsicht in-

---

[107] Vgl. dazu http://www.carpatho-rusny.org/crrc. – Zu einem Porträt Paul Robert Magocsis als intellektuellem Vordenker russinischen *nation-building* siehe Chris H a n n: Intellectuals, Ethnic Groups and Nations: Two Late-twentieth-century Cases. In: Sukumar P e r i w a l (Hg.): Notions of Nationalism. Budapest, London, New York, NY 1995, S. 106-128, hier S. 110-116; und H a n n: Foreword a.a.O.

[108] Vgl. Famous and Prominent Persons of Rusyn Descent in the United States and Canada (http://www.carpatho-rusyn.org/fame); und Jozef K e s e l i c a: The Warhol Story in Czechoslovakia. In: Carpatho-Rusyn American 14 (1991), 4, S. 8-11.

[109] Tom T r i e r: Nation-Building and Symbol-Making in the Carpathians. Paper presented at the conference „Galicia – A Region's Identity?", Aarhus Universitet, 26.-28. Mai 1998, S. 7. Zum auffällig parallelen ukrainischen Fall vgl. Wilfried J i l g e: Staatssymbolik und nationale Identität in der postkommunistischen Ukraine. In: Ethnos – Nation 6 (1998), S. 85-113. – Hans Lemberg (Marburg) sei für die Kenntnis einer These des Moskauer Ostmitteleuropahistorikers Ivan I. Pop gedankt, derzufolge die Funktion bildender

strumentalisiert, nämlich einmal nach außen als genuin russinischer Beitrag zu Weltkultur,[110] und zum anderen nach innen in Form des Schlagwortes von der „Warhol Nation".[111] Dabei gehen karpatische Tradition und amerikanischer Underground eine wohl einzigartige Symbiose ein. Als etwa 1991 das *Andy Warhol Museum* aus dem US-amerikanischen Pittsburgh gemeinsam mit Andy Warhols Bruder John Warhol im slowakischen Medzilaborce ein *Andy Warhol Family Museum of Modern Arts* eröffnete, trat das russinische Folkoreensemble „Zaruba" zwischen den den Museumseingang flankierenden überdimensionalen Nachbildungen der besagten Suppenbüchsen auf[112] – Gleichzeitigkeit des Ungleichzeitigen auf Russinisch. Im Gegensatz dazu besitzt die mährische Bewegung kein überseeisches Äquivalent, wurden doch die aus Mähren stammenden Immigranten in den USA von ihrer Umwelt unter demselben pejorativen Kollektivbegriff der *Bohunks* subsumiert wie die tatsächlichen *Bohemians*, also die Tschechen, und die wesentlich zahlreicheren Slowaken.[113] *Moravian* ist in Nordamerika daher keine ethnische Kategorie, sondern ausschließlich eine konfessionelle – sie meint die im englischen Sprachraum als „Moravian Brothers" firmierende evangelische Herrnhuter Brüdergemeine Zinzendorffscher Prägung.

Ist die mährische Bewegung in Sachen transatlantischer Rückkopplung den russinischen Autonomisten gegenüber also im Hintertreffen, fand sie doch ab 1989 unverhältnismäßig günstigere Voraussetzungen bezüglich des politischen Spielraums und der Möglichkeiten zur Übermittlung ihrer ethnoregionalen Botschaft an ihre Zielgruppe vor, als dies in Transkarpatien der Fall war: Die technische

---

Kunst als erstrangiges Verbreitungsmedium des nationalen Gedankens – *vor* Literatur und Sprache – bereits ein Spezifikum der ersten Ansätze russinischer Identität im 19. Jahrhundert gewesen ist.

[110] So vor allem Raymond M. H e r b e n i c k: Andy Warhol's Religious and Ethnic Roots. The Carpatho-Rusyn Influence on His Art. Lewiston, NY 1997.

[111] Vgl. dazu den Dokumentarfilm The Warhol Nation. Regie Jakob H ø g e l, Tom T r i e r. 24 Min., Betacam. København 1998 (IC Films).

[112] Siehe die Fotografien bei Mette K r a m e r: Andrej Warhola. In: Politiken [København], 31. Oktober 1997, S. 14, 16; und Jakob H ø g e l, Tom T r i e r: Andy i Karparterne [Andy in den Karpaten]. In: Weekendavisen [København], 7.-13. Oktober 1997, S. 6-7.

[113] Zu diesem wie anderen derogativen Ethnonymen für Einwanderer aus Osteuropa im US-amerikanischen Sprachgebrauch vgl. Nikolay G. A l t a n k o v: The Bulgarian-Americans. Palo Alto, CA 1979, S. 128.

Kommunikationsinfrastruktur funktionierte, Zensur und staatliche Medienkontrolle fanden nicht mehr statt und die Kulturinstitutionen innerhalb Mährens und Mährisch-Schlesiens waren in der Hand regionaler Eliten. Dennoch gelang es der transkarpatischen Autonomiebewegung, die diesbezüglichen Nachteile weitgehend wett zu machen. Denn die besagte „Westorientierung" samt „Modernität" manifestiert sich auch und gerade in der zunehmenden Bedeutung, die unter den verschiedenen Transmissionsriemen russinischer Identität elektronische Medien wie Internet und E-Mail erlangt haben. In Kombinationen mit technischen Hilfsmitteln wie Telefon, Modem, Personalcomputer, Scanner, Drucker und Fotokopiergerät sind diese preiswerten und vor allem ortsungebundenen Kommunikationsformen äußerst massenwirksam. Angesichts regierungsamtlicher Steuerung von Printmedien, Radio und Fernsehen in der Ukraine, mehr noch aber angesichts horrender Preise für Zeitungen, Zeitschriften, Bücher und Porto sind World Wide Web und elektronische Post zu alternativen, da preisgünstigen, zweckdienlichen sowie nicht zensierbaren Kommunikationsmitteln geworden. Die Standorte nationaler Mythengeneratoren werden damit zunehmend unwichtiger: Von Nordamerika aus läßt sich die nationale Agitation genauso schnell und effizient, zumal ungestörter betreiben als unter dem Auge der mißtrauischen ukrainischen Regionalbehörden in Užhorod. Eindrücklicher Beleg ist eine seit Januar 1995 bestehende umfangreiche elektronische „Carpatho-Rusyn Knowledge Base" mit ihrer hochfrequentierten Website *www.carpatho-rusyn.org*.[114] Auf dem Vierten Weltkongreß der Russinen 1997 in Budapest berichtete daher ein Delegierter nicht ohne Stolz:

> „The Internet continues to provide outstanding opportunities for the free exchange of information and news between Rusyns world wide. [...] We Rusyns should be proud that we were one of the first ethnic groups to establish a strong presence on the World Wide Web. Through the internet we receive daily e-mail from people who are so grateful to have a source of easily accessible materials that pertain to their heritage, material they can access from their homes 24 hours a day."[115]

---

[114] Am 29. Juni 1999 waren 705.771 Zugriffe auf diese Homepage registriert.

[115] Richard D. C u s t e r: The Mission of the Carpatho-Rusyn Society Among Rusyns in America. Original English text of a speech delivered in the Rusyn language at the Fourth World Congress of Rusyns, Budapest, Hungary, on June 1, 1997 (http://www.carpatho-rusyn.org/cong3.htm).

Aber nicht nur die transatlantische Diaspora, sondern auch die russinischen wie ungarischen Aktivisten der Autonomiebewegungen Transkarpatiens sind „im Netz". Die Staatsuniversität Užhorod, eine Hochburg der Autonomisten, besitzt einen eigenen Internetserver mittlerer Kapazität, während zwei private Užhoroder Providerfirmen, *TransNet* und *TransCom*, für US-$ 10.00 pro Monat ihre Dienste anbieten – letztgenannte sogar über einen vom notorisch störanfälligen post-sowjetischen Telefonnetz unabhängigen eigenen Satellitenkanal (*www.tcom.uzhgorod.ua*). Der Zugang zu elektronischen Medien und die entsprechende *computer literacy*, so die Lektion des Beispiels der russinischen Autonomiebewegung, spielen im ausgehenden 20. Jahrhundert also eine ganz ähnliche Rolle bei der Schaffung, Wiederherstellung und Veränderung nationaler Identitäten wie dies Letternsatz, Buchhandel und Alphabetisierung in der Phase des Entstehens der europäischen Nationalbewegungen im 19. Jahrhundert getan haben. Wenn Jan Assmann von einer durch die „neuen elektronischen Medien externer Speicherung (und damit: des künstlichen Gedächtnisses)" ausgelösten „kulturellen Revolution, die an Bedeutung der Erfindung des Buchdrucks und vorher der der Schrift gleichkommt", spricht, dann wird er durch das russinische Beispiel bestätigt.[116]

Schluß

Der Vergleich zwischen Mährern und Russinen zeigt, daß es nicht oder nur in geringem Maße die Ausgangsbedingungen in Form tatsächlicher oder vorgestellter historischer Traditionen – also Gellners Arten des Nabelerwerbs – sind, die Erfolg und Mißerfolg von Bewegungen der genannten Art beeinflussen, gar vorbestimmen. Vielmehr sind es an erster Stelle die aktuellen Rahmenbedingungen, die den Ausschlag geben. Die Autonomiebewegungen von Mährern und Russinen weisen zwar etliche Parallelitäten und Gemeinsamkeiten in Strategie, Taktik und Programmatik auf, doch überwiegen die Prägekräfte der Gegenwart. Die Russinen haben ihren erweiterten postsowjetischen Spielraum mit Augenmaß genutzt, während die Mährer noch in ihrer Mobilisierungsphase durch die Verkleinerung des

---
[116] Jan A s s m a n n: Das kulturelle Gedächtnis. Schrift, Erinnerung und politische Identität in frühen Hochkulturen. München, 3. Aufl. 1999, S. 11.

staatlichen Rahmens aus dem Tritt geraten sind. Ebenfalls deutlich verschieden fielen die Reaktionen der „betroffenen" Zentralregierungen aus: Kiev laviert weiterhin zwischen Zentralismus und Pragmatismus und gerät dabei zunehmend in das Dilemma antirussinischen Ressentiments auf der einen und eingegangener internationalen Minderheitenschutzverpflichtungen auf der anderen Seite. Prag hingegen zeigt sich hartleibig und ist damit bis jetzt auf geringen Widerstand gestoßen. Entscheidend schließlich ist das Echo, auf das die jeweiligen „ethnischen Unternehmer" bei ihren Adressaten stoßen. Dabei spielt die Breite der gesellschaftlichen wie wirtschaftlichen Kluft zwischen minoritärer Region und majoritärem Gesamtstaat die entscheidende Rolle. Während Mähren und die Mährer an tschechischer Mehrheitskultur und Kapitale in jeder Beziehung „nahe dran" sind, gilt dies für das Verhältnis der Region Transkarpatien zum neuen ukrainischen Staat sowie von Russinen und Ukrainern nicht. Die Mährer, so die Quintessenz, waren zu lange Angehörige eben der genannten Mehrheitskultur gewesen, als daß sie sich davon lossagen könnten. „Turning Megalomanians into Ruritanians" funktioniert, wie David D. Laitin herausgearbeitet hat, zwar im russophonen „Nahen Ausland",[117] nicht hingegen in einer ostmitteleuropäischen „Zentrallandschaft zweiten Grades". Die Russinen jedoch entsprechen dem Gellnerschen Ruritanier-Abstraktum gleichsam in Bilderbuchform, wie auch die Megalomania-Folie auf die neue Ukraine (und auf die alte Sowjetunion) paßt. An der sich erst allmählich industrialisierenden Peripherie eines mäßig stabilen postsowjetischen agrarischen Flächenstaates besitzt kulturelle Regionalidentität daher deutlich günstigere Aussichten auf ethnonationale Formierung als in einem straff zentralisierten und industrialisierten Kleinstaat. In Anlehnung an Eugene Webers Buchtitel *Peasants into Frenchmen*[118] wäre daher von einem zeitversetzten, indes erfolglosen Projekt *Workers into Moravians* und einem dazu parallelen, erfolgreicheren, indes noch ergebnisoffenen Prozeß *Mountaineers into Rusyns* zu sprechen.

---

[117] L a i t i n: Identity in Formation, a.a.O., S. 243.

[118] Eugene W e b e r: Peasants into Frenchmen. The Modernization of Rural France, 1870-1914. Stanford, CA 1976. Vgl. zu einer aktuellen Kritik der Sichtweise Webers als etatistisch Benjamin J. L a m m e r s: National Indentity on the French Periphery: The End of Peasants into Frenchmen? In: National Identities 1 (1999), S. 81-87.

Summary

Regionalism and the Strive for
Autonomy in Post-1989 East Central Europe:
Moravians and Rusyns Compared

The political change of 1989 in Eastern Europe resulted not only in the creation of new nation-states but also in the emergence of autonomist movements within these new states. This essay analyzes and compares two of these movements: (1) From 1989 on, the Moravians in Czechoslovakia staged a mass movement demanding cultural as well as political autonomy. With the "velvet divorce", however, the movement lost its dynamics and soon withered away. (2) In 1990, the Rusyns in the Transcarpathian part of the new Ukraine formed their own movement and in 1991 they – together with the Hungarians and Roma of the region – demanded territorial autonomy. Albeit these demands were not met by Kiev, the Rusyn movement established itself as a key player in Transcarpathia. Among the various factors responsible for the diverging paths of development of the Moravian and the Rusyn movements fundamentally different socio-economic conditions in highly industrialized Moravia and predominantly rural Transcarpathia are identified as being decisive.

Résumé

Régionalisme et autonomisme
après 1989 en Europe de l'Est

Le changement politique qui eut lieu en Europe de l'Est en 1989 n'aboutit pas seulement à la création de nouveaux Etats nationaux mais il engendra aussi des mouvements autonomistes au sein de ces nouveaux Etats. L'article analyse et compare deux de ces mouvements: 1) à partir de 1989 les Moraviens, en Tchécoslovaquie, lancèrent un grand mouvement de masse réclamant l'autonomie culturelle et politique. Toutefois, après »le divorce à l'amiable«, le mouvement perdit de son élan et s'éteignit rapidement; 2) en 1990 les Rusyns dans la région transcarpatique de la nouvelle Ukraine créèrent leur propre mouvement et en 1991, en accord avec les Hongrois et les Tsiganes de la région, ils revendiquèrent l'autonomie territoriale. Bien que cette demande n'ait pas été accordée par Kiev, le mouvement des Rusyns est devenu un facteur déterminant dans la région des Carpates. Une des raisons pour lesquelles le mouvement des Moraves et celui des Rusyns ont pris des voies différentes est le clivage économique; tandis que la Moravie est une région fortement industrialisée, la région transcarpatique est restée avant tout agricole.

INNERE SELBSTBESTIMMUNG – AKTUELLE AUTONOMIEKONZEPTE DER MINDERHEITEN IN RUMÄNIEN

Kinga Gál

I. Autonomieformen und Ansätze im Minderheitenschutz

Forderungen nach Selbstbestimmungsrecht und Autonomie wurden in diesem Teil Europas von seiten der verschiedenen Völker, die hier zusammenleben, wieder und wieder erhoben. Revolution oder Krieg, Friedensvertrag oder Ausarbeitung einer neuen Verfassung aktualisierten immer wieder die existierenden Prinzipien. Die reiche Geschichte der Region und die wiederkehrenden ethnischen Konflikte weisen darauf hin, daß der Minderheitenschutz und die Behandlung von ethnischen Spannungen ein geschärftes Geschichtsbewußtsein, eine gute Kenntnis der politischen Geographie und der kulturellen Fragen in dieser Region verlangen.

Die aktuellen Autonomiekonzepte der Region, von der klassischen Territorialautonomie bis hin zu den neuen Konzepten der örtlichen Selbstverwaltung mit besonderem Status, umfassen überlieferte sowie völlig neue Ideen und Elemente.

Die verschiedenen Formen der Autonomie können im Hinblick auf den effektiven Schutz von nationalen Minderheiten das Resultat dreier verschiedener Ansätze sein: der Perspektive der Menschenrechte, der Selbstbestimmungsperspektive sowie der Perspektive der Subsidiarität.

Der menschenrechtliche Ansatz betrachtet die Rechte von nationalen Minderheiten als Teil der universell anerkannten Menschenrechte. Die positiven Rechte der nationalen Minderheiten beziehen sich auf die Nichtdiskriminierungsklausel, die in den internationalen Menschenrechtsdokumenten enthalten ist, wie in den UN-Verträgen beziehungsweise im Internationalen Pakt über bürgerliche und politische Rechte (1966) und im Internationalen Übereinkommen zur Beseitigung jeder Form von Rassendiskriminierung (1966), ferner im Europäischen Übereinkommen zum Schutz von Menschenrechten und grundlegenden Freiheiten (1950) sowie in mehreren OSZE-Dokumenten. Dieser Ansatz stellt die klassische Perspektive des Minderheitenschutzes dar.[1]

Der zweite Ansatz sieht den Schutz von nationalen Minderheiten und deren autonomen Institutionen gewahrt durch eines der grundlegenden Menschenrechte, des Rechts auf Selbstbestimmung, enthalten in zwei UN-Verträgen: Artikel 1 des Internationalen Pakts über bürgerliche und politische Rechte sowie Artikel 1 des Internationalen Pakts über wirtschaftliche, soziale und kulturelle Rechte (1966). Diese Konzepte werden im Völkerrecht häufig erörtert und behandeln die Minderheitengemeinschaften als eigenständige Gruppierungen mit der Folge, daß den Minderheiten der gleiche Anspruch auf Selbstbestimmung zugebilligt wird wie anderen Völkern.[2]

Während der letzten Jahre kam unter den Repräsentanten von Minderheiten ein neues Konzept auf, das sich an der Selbstbestimmung ausrichtet. In der Absicht, sowohl den Wünschen der Minderheiten als auch denen des Staates zu entsprechen, arbeiteten sie das Prinzip der inneren Selbstbestimmung weiter aus.

Das Konzept verlangt sowohl von der Mehrheit als auch von der Minderheit eine Selbstbeschränkung. Während die Mehrheit auf die exklusive Interpretation der staatlichen als nationale Souveränität verzichtet und einen bestimmten kollektiven Status der Minderheiten akzeptiert, geben die Minderheiten radikale Forderungen auf, welche die Integrität des Staates und das friedliche Zusammenleben gefährden könnten. Die Minderheiten erhalten, abhängig von ihren

---

[1] Zur allgemeinen Debatte über die Menschenrechtsperspektive vgl. Patrick Thornberry: International Law and the Rights of Minorities. Oxford 1991 (Reprint 1994) sowie Rainer Hofmann: Minderheitenschutz in Europa. Völker- und staatsrechtliche Lage im Überblick. Berlin 1995 (Forschungsergebnisse der Studiengruppe für Politik und Völkerrecht 19).

[2] Zur allgemeinen Debatte über das Selbstbestimmungsrecht siehe Antonio Cassese: Self-determination of peoples. Cambridge 1995 (Reprint 1996); Hans-Joachim Heintze (Hg.): Selbstbestimmungsrecht der Völker – Herausforderung der Staatenwelt, Texte der Stiftung Entwicklung und Frieden. Bonn 1997; Halperin, Scheffer, Small: Self-Determination in the New World Order, Carnegie Endowment. Washington 1992.

Bedürfnissen, unterschiedliche Formen von Autonomie zugestanden und werden als Bestandteil des Staates genauso akzeptiert wie die Majorität.

Eine begrenzte oder innere Selbstbestimmung kann innerhalb der Struktur des Staates verschiedene Formen annehmen, in Abhängigkeit von der Situation, den Bedürfnissen und den Forderungen der Minderheiten.

Der dritte Ansatz setzt die Anerkennung der Tatsache voraus, daß wahrer Schutz nationaler Minderheiten und ihrer Rechte außerhalb eines demokratischen Rahmens nicht gewährleistet werden kann. In einer funktionierenden Demokratie genießen die örtlichen und regionalen Behörden auf der Grundlage der Idee der Subsidiarität ein hohes Maß an Autorität in Angelegenheiten, welche die Bevölkerung hinsichtlich ihrer Gerichtsbarkeit betreffen. Gemäß dem Prinzip der Subsidiarität, enthalten in der Europäischen Charta der lokalen Selbstverwaltung (1985)[3] und in relevanten Bestimmungen des Maastrichter Vertrags (1992),[4] sollten nur Angelegenheiten, die nicht auf lokaler oder regionaler Ebene erledigt werden können, zu höheren Instanzen weitergeleitet werden.

Die Idee der Subsidiarität ebenso wie die Institutionen der Selbstverwaltung passen nicht nur in das Regelungssystem der Mehrheit, sondern berücksichtigen auch die Förderung von spezifischen Interessen der Minderheiten, sofern solche vorhanden sind. Die Idee der Subsidiarität wurde nach 1989 populär und wird von Repräsentanten mit demokratischer Legitimation der ungarischen Minderheit in Zentral- und Osteuropa seither im rechtlichen Bereich häufig angeboten.[5]

„Worum es bei den vorgestellten Konstellationen der Selbstverwaltung und Autonomie im Kern gehe, sei die Suche nach der richtigen Form der Selbstorganisation der Minderheit einerseits und der Einbindung dieser Strukturen der Selbstorganisation in das staatli-

---

[3] Artikel 4.2 sowie 4.3.
[4] Prinzip 3B des Vertrags.
[5] Siehe das Programm des Demokratischen Verbands der Ungarn aus der Vojvodina (VMDK) sowie das Programm des Kulturvereins der Ungarn von Transkarpatien (KMKSZ), des Demokratischen Verbands der Ungarn in Rumänien (RMDSZ) oder der Partei der Ungarn in der Slowakei (Együttélés).

che Organisationsgefüge andererseits" – meint Stefan Oeter in seiner Analyse über die Minderheiten im institutionellen Staatsaufbau.[6]

In den verschiedenen Formen der Autonomie spiegeln sich insbesondere die Ansätze Selbstbestimmungsrecht sowie Subsidiaritätsprinzip wider. In Siebenbürgen wurden nach der Wende vier unterschiedliche Formen von Autonomie aktuell: die administrative und die kulturelle Autonomie sowie die Personal- und die Territorialautonomie.

Administrative Autonomie

Wenn in einer gegebenen administrativen Einheit eine nationale Minderheit die zahlenmäßige Mehrheit der Bevölkerung bildet, stimmt die örtliche Selbstverwaltung in einem höheren Maße mit der administrativen Autonomie überein. Diese Form der Autonomie könnte einen speziellen Status begründen im Hinblick auf die Ausweitung der Befugnisse und Kompetenzen der bestehenden örtlichen Behörden in Fragen der Erziehung, Kultur, sozialen Tätigkeit und Information. Die Bezeichnung „spezieller Status", wie von Artikel 11 der Empfehlung 1201 (1993) der Parlamentarischen Versammlung des Europarats vorausgesetzt, wurde zum Gegenstand kontroverser Diskussionen. Die Europäische Kommission für Demokratie durch Recht, die sogenannte Venedig-Kommission, hat sich über den Inhalt dieser Bezeichnung in einer Art und Weise geäußert, die geeignet ist, sowohl überzogene Erwartungen als auch überzogene Befürchtungen hinsichtlich der in Artikel 11 enthaltenen Selbstverwaltungsregelungen auszuräumen.[7]

---

[6] Stefan O e t e r: Minderheiten im institutionellen Staatsaufbau. In: Jochen Abr. F r o w e i n, Rainer H o f m a n n, Stefan O e t e r (Hgg.): Das Minderheitenrecht europäischer Staaten, Teil 2. Berlin u.a. 1994 (Beiträge zum ausländischen öffentlichen Recht und Völkerrecht 109), S. 536.

[7] Opinion of the European Commission for Democracy through Law (Venice Commission) on the interpretation of Article 11 of the draft protocol to the European Convention on Human Rights appended to Recommendation 1201(1993): „Any 'special status' should be founded on the will to enable persons belonging to a minority to participate effectively in decision-making concerning the regions in which they live or in matters affecting them." [...] the term reflects "the desire of the authors of Article 11 to allow States to depart from the traditional patterns of local government. In this respect the State remains free to determine what will be the scope of this special status. [...] A special status

Regionale Autonomie

Die regionale Autonomie kann im Ergebnis der Verbindung örtlicher Verwaltungen mit speziellem Status entstehen, deren komplexere Kompetenzen auf einer noch höheren Ebene der Dezentralisierung gründen.

Kulturelle Autonomie

Die kulturelle Autonomie bezieht sich auf den Bereich des kulturellen und auch des sozialen Lebens der Minderheit. Berechtigt zu dieser Art von Autonomie sind sowohl Minderheiten, die kompakt in einem (bestimmten) Gebiet, als auch Minderheiten, die über das ganze Land verstreut leben. Die Selbstverwaltung ist auf kulturelle Angelegenheiten wie die Erhaltung von Traditionen, die kulturelle Entwicklung, die Einrichtung von kulturellen oder erzieherischen Institutionen beschränkt. Die Angehörigen solcher Minderheiten sind berechtigt, in ihrer eigenen Sprache zu studieren und die zentralen und Entscheidungen treffenden Organe in Angelegenheiten, die ihre kulturellen Belange betreffen, zu beeinflussen. Sie haben Repräsentanten in der zentralen und örtlichen Verwaltung, obwohl sie über keine Selbstverwaltung auf politischer und wirtschaftlicher Ebene verfügen.

Die entscheidende und ausführende Autorität der Institutionen ist auf den Bereich des kulturellen Lebens beschränkt und genießt diesbezüglich Unabhängigkeit von der zentralen Regierung. Der Staat unterstützt das System mit finanziellen Mitteln.

Personalautonomie

Diese Art von Autonomie wendet sich an alle Mitglieder einer bestimmten Gruppe innerhalb des Staates, ungeachtet ihres Wohnortes. Sie ist angemessen für Minderheiten, die über das Land verstreut leben, jedoch einen starken politischen Wunsch nach Selbstverwal-

---

can, of course, go much further by endowing a region where a minority is in the majority, with legislative and executive power of its own in respect of regional affairs." In: Report on the protection of the rights of minorities, Rapporteur: Mr. Bindig, Germany, Committee on Legal Affairs and Human Rights, Parliamentary Assembly, Council of Europe, Dok. 7572, 5. Juni 1996, S. 35.

tung haben und ihre Forderungen dahingehend artikulieren. Die Gemeinschaft hat verschiedene, weitreichende Rechte im politischen, wirtschaftlichen und sozialen Leben, auch wenn diese bis heute gewöhnlich auf kulturelle, sprachliche, religiöse und erzieherische Angelegenheiten beschränkt wurden.

Die Struktur dieser Art von Autonomie ist äußerst kompliziert; seit der Einrichtung mehrerer personalautonomer Institutionen wird auch das Wahlrecht innerhalb der Gemeinschaft gefordert. Der Staat hält sich aus Fragen, welche die Autorität von autonomen Institutionen betreffen, heraus, aber gleichzeitig stellt er finanzielle Mittel für solche Aufgaben zur Verfügung, die auf diese Institutionen übertragen werden.

Diese Autonomie folgt aus dem Recht, den religiösen, linguistischen und kulturellen Charakter der Minderheit durch Institutionen, welche von der Minderheit selbst gegründet werden, zu erhalten und zu fördern. Diese Institutionen werden autorisiert, für ihren Zuständigkeitsbereich bindende Entscheidungen zu treffen und Steuern zu erheben.

Territorialautonomie

Die komplexeste und ausgeprägteste Form der Autonomie wird von denjenigen Minderheiten gefordert und gebraucht, die kompakt in einer Region angesiedelt sind.

Eine territoriale, politische Autonomie ist ein Arrangement, das darauf ausgerichtet ist, einer Gruppe, die sich von der Mehrheitsbevölkerung im Staat unterscheidet, aber noch die Mehrheit in einer bestimmten Region darstellt, einen gewissen Grad an Selbstbestimmung zu gewähren. Die Minderheit hat größeren Einfluß auf die politischen, wirtschaftlichen und kulturellen Entscheidungen, die ihre Region betreffen. Das entscheidende Problem, das die Errichtung einer mit Autorität ausgestatteten Ordnung beinhaltet, ist die Teilung der Macht zwischen der zentralen Regierung und der autonomen Einheit. Die Macht, die den autonomen Institutionen übertragen wird, kann von einer sehr eingeschränkten bis hin zu einer sehr starken Konzentration der Autorität variieren. Die Außenpolitik, Sicherheitspolitik und Gerichtsbarkeit obliegen jedoch generell der zentralen Regierung. Die Gesetzgebung der autonomen Behörden muß von den zentralen Behörden bestätigt werden. Die autonome Region wird von der Zentralregierung regelmäßig und entsprechend unterstützt.[8]

II. Aktuelle Autonomiekonzepte

In Siebenbürgen besteht seit Jahrhunderten eine Tradition der Autonomie – von den autonomen Körperschaften der religiösen Gemeinschaften bis hin zu verschiedenen nationalen Gemeinschaften.[9] Die Reaktualisierung der Autonomiefrage als Lösungsmodell der Minderheitenfrage in Rumänien ist auf drei verschiedene Gründe zurückzuführen:

1) Einerseits hat die nach der Wende sich ergebende Möglichkeit, über die Autonomiekonzepte der Zwischenkriegszeit erneut zu sprechen, dem allgemeinen Konzept der Autonomie zu großem Interesse und zu großer Popularität verholfen, besonders im Kreis der Minderheitengesellschaft.[10]

2) Andererseits hat die Tendenz des Völkerrechts in Richtung einer Erweiterung der Minderheitenrechte und gar der Zulässigkeit kollektiver Rechte oder einer speziellen Form von Autonomie (im KSZE-Kopenhagen Dokument, 1990, sowie in der Empfehlung 1201/1993 der Parlamentarischen Versammlung des Europarats) zu großen Erwartungen innerhalb der ungarischen Minderheit in Rumänien geführt, vielleicht zu sogar größeren als beabsichtigt.

3) Hinzu kommt als wichtigster Faktor und Impuls für die Ausarbeitung der Konzepte: Rumäniens Aufnahme in den Europarat (Okto-

---

[8] Zur allgemeinen Debatte über die möglichen Autonomieformen siehe Ruth L a p i d o t h: Autonomy: potential and limitations. In: International Journal on Group Rights, 1/1994, S. 277-280, sowie Hurst H a n n u m: Autonomy, Sovereignity and Self-Determination. Philadelphia 1990.

[9] Etwa das Statut der Siebenbürger Sachsen im altungarischen Transsylvanien, in dem Sprach- und Kulturautonomie sowie eigene kirchliche Institutionen den Angehörigen der 'Minderheit' ein weitgehend autonomes Gemeinschaftsleben garantierten. Siehe dazu O e t e r: Minderheiten im institutionellen Staatsaufbau, a.a.O. (Anm. 6), S. 501-502.

[10] So etwa Artikel in der Zeitschrift 'Magyar Kisebbség', New Series, Cluj-Napoca, oder in der Zeitschrift 'Altera', Jahr I –III, Liga Pro Europa, Târgu-Mureș.

ber 1993) erfolgte mit der Empfehlung, unter anderem ein Gesetz über nationale Minderheiten einzuführen.[11]

Die Minderheitenorganisationen begannen sehr bald, Entwürfe zu diesem Gesetz vorzulegen.

Im Jahre 1995 lagen dem Parlament drei Entwürfe vor: Der Entwurf eines Gesetzes der nationalen Minderheiten, verabschiedet im Minderheitenrat,[12] eingebracht von der Minderheitenfraktion – mit Ergänzungsvorschlägen des Demokratischen Forums der Deutschen in Rumänien.[13] Einen anderen Entwurf brachten drei Abgeordnete der Partei der Bürgerallianz (PAC) ein.[14] Die obengenannten Entwürfe sind auf den menschenrechtlichen Ansatz zurückzuführen. Sie behandeln die Minderheitenrechte ausschließlich aus menschenrechtlicher Perspektive und basieren auf der Gewährleistung indivi-

---

[11] Opinion No.176 on the Commitments Entered Into by Romania upon its Application for Membership in the Council of Europe, Parliamentary Assembly, Council of Europe, sowie The Honouring the Commitments entered into by Romania on its Accession to the Council of Europe, Memorandum submitted by Mr. J a n s s o n (Finland) and Mr. K ö n i g (Austria), Rapporteurs, 3 May 1994, Committee on Legal Affairs and Human Rights, Political Affairs Committee, Parliamentary Assembly, Council of Europe, sowie in dem Schreiben: Letter of the OSCE High Commissioner on National Minorities, Max v a n d e r S t o e l, to Teodor Meleșcanu, Foreign Minister of Romania, 9.9.1993. In: Arie Bloed (ed.): The Conference on Security and Co-operation in Europe, Basic Documents, 1993-1995. The Hague, London, Boston 1997, S. 744.

[12] Zur Struktur und Arbeitsweise des Minderheitenrats siehe Günther H. T o n t s c h: Der Minderheitenschutz in Rumänien. In: Georg B r u n n e r, Günther H. T o n t s c h: Der Minderheitenschutz in Ungarn und in Rumänien. Bonn 1995 (Minderheitenschutz im östlichen Europa 4), S. 163.

[13] Gesetz der nationalen Minderheiten, Entwurf des Rates für die nationalen Minderheiten vom 7. Dezember 1993. „Zunächst war vorgesehen, daß der bereits vorliegende Entwurf des Deutschen Demokratischen Forums vom März 1991 als Grundlage herangezogen werden sollte. [...] zu allgemeiner Überraschung erschien [...] der Vorsitzende des Gesetzgebungsausschusses, der griechische Vertreter Chiriac Manușaride, nicht wie erwartet mit einer überarbeiteten Fassung des deutschen Entwurfs, sondern mit einem selbstverfaßten, der in wesentlichen Punkten von dem ursprünglichen deutschen abwich. [...] In einem sechsseitigen Positionspapier hat das DFDR nicht berücksichtigte Ergänzungs- und Änderungsvorschläge im Minderheitenrat niedergelegt" (T o n t s c h: a.a.O. [Anm. 12], S. 164, Text des Entwurfs ebenda, S. 225-233).

[14] Law on National Minorities, Draft of the Civic Alliance Party. In: Magyar Kisebbség/Hungarian Minority, Journal of Minority Studies, Laws on National Minorities, New Series, III. Volume-Issue 1997, 1-2. Cluj-Napoca, S. 344-351.

dueller Rechte. Der Entwurf des Minderheitenrats „Gesetz der nationalen Minderheiten" (7. Dezember 1993) enthält überwiegend individualrechtliche Gewährleistungen mit wenigen gruppenrechtlichen Bezügen. Die Ergänzungsvorschläge des Deutschen Forums gehen von einer Kombination von Individual- und Gruppenrechten aus, während in dem Entwurf der PAC die gruppenrechtlichen Elemente ganz vernachlässigt werden.

Im Gegensatz zu diesen Entwürfen fußt der Entwurf der Ungarischen Minderheitenorganisation (RMDSZ) „Gesetz über die nationalen Minderheiten und autonomen Gemeinschaften" (14. November 1993)[15] auf dem Gedanken der Gruppenrechte und unterscheidet zwischen Personen als Angehörigen nationaler, ethnischer und sprachlicher Minderheiten und autonomen Gemeinschaften. Letzteres gilt für Minderheiten, die sich als Gemeinschaften begreifen und ihre Rechte gemäß innerer Selbstbestimmung wahrnehmen wollen – durch Sprach- und Unterrichtsregelungen sowie durch die Einführung einer dreifachen Autonomie.

Der parlamentarische Sonderausschuß zur Begutachtung der Entwürfe kam im Mai 1995 zu dem Ergebnis, daß der RMDSZ-Entwurf verfassungswidrig und die übrigen Entwürfe überflüssig seien – deshalb signalisierte die Regierung, einen eigenen Entwurf vorlegen zu wollen. Dieser lag bis zum Ende der Legislaturperiode, Herbst 1996, immer noch nicht vor, und auch die neuen Regierungen haben bis zum gegenwärtigen Zeitpunkt noch keinen Entwurf für ein Minderheitengesetz in das Parlament eingebracht.[16]

Obschon dieser Prozeß keine positiven Ergebnisse zeitigte, war er wichtig sowohl für die Minderheiten als auch für die rumänische Gesellschaft insgesamt, denn er ermöglichte, die in Frage kommenden Minderheitenregelungen und das Statut der Minderheiten zu überdenken und zu aktualisieren. Mit Hilfe seines Entwurfes hatte der RMDSZ die Möglichkeit, aktuelle Autonomiekonzepte auszuarbeiten und die Gesellschaft damit bekanntzumachen.

---

15 Romániai Magyar Demokrata Szövetség (RMDSZ) – Democratic Alliance of Hungarians in Romania (DAHR), Law on National Minorities and Autonomous Communities (Draft), 18.11.1993. In: DAHR Documents 1. Cluj-Napoca 1994.
16 Wolfgang Zellner, Pál Dunay: Ungarns Außenpolitik 1990-1997. Baden-Baden 1998, S. 256.

Im weiteren soll ausschließlich auf das dreifache Autonomiekonzept des RMDSZ Bezug genommen werden, denn das innere Selbstbestimmungsrecht spielt in dem RMDSZ-Entwurf eine wichtige Rolle, und die obengenannten Autonomieformen kommen in diesem Entwurf zum Tragen.

Nach diesem Entwurf beinhaltet das Konzept der inneren Selbstbestimmung in Verbindung mit dem Prinzip der Subsidiarität eine neue Definition der Beziehung der zentralen und lokalen Gewalt in Rumänien. Die Institutionalisierung der inneren Selbstbestimmung wird durch drei Formen der Autonomie dargestellt – sowohl die personelle (auf der Basis des inneren Selbstbestimmungsrechts) als auch die Selbstverwaltung mit Sonderstatus und die Regionalautonomie (auf der Basis des Subsidiaritätsprinzips) – abhängig davon, ob die Ungarn einen homogenen Block bilden oder als verstreute Individuen leben.[17]

Diese Form der Institutionalisierung der inneren Selbstbestimmung hat das Konzept der territorialen Autonomie entlang ethnischer Linien aus dem Programm des Ungarn-Verbands ausgeschlossen, ohne die Forderung nach Autonomie in der einen oder anderen Form fallen zu lassen.

In der Konzeption des RMDSZ und gemäß ihrem politischen Programm und Entwurf meint „Autonomie" zweifellos die Möglichkeit, durch ihre legitimen Repräsentanten in den wichtigsten Angelegenheiten bezüglich der Erhaltung und Entwicklung ihrer ethnischen, kulturellen, sprachlichen und religiösen Identität Entscheidungen im Wege demokratischer Maßnahmen und Verfahren zu treffen.[18]

Da die Formulierungen, die in dem Programm benutzt werden, nicht näher definiert sind und einen weiten Interpretationsspielraum bieten, blieb die Leitung des RMDSZ über die möglichen Arten der Institutionalisierung der „internen Selbstbestimmung", welche so-

---

[17] Kinga G á l: A Román Parlament elé terjesztett kisebbségi törvénytervezetek összehasonlítása [Vergleich der dem Rumänischen Parlament unterbreiteten Entwürfe für ein Minderheitengesetz]. In: Magyar Kisebbség/Hungarian Minority, Journal of Minority Studies, a.a.O. (Anm. 5), S. 244-255.
[18] DAHR Documents 1, a.a.O. (Anm. 15), S. 36.

wohl als Selbstverwaltung als auch als Selbstregierung verstanden werden konnte, geteilter Meinung.[19]

Als Neudefinition der Beziehungen zwischen der zentralen und lokalen Gewalt in Rumänien, die in direktem Widerspruch zu dem von der rumänischen Verfassung vorgesehenen, nach französischem Stil zentralisierten Staatsmodell steht, wurden von den rumänischen Medien beide Alternativen weitgehend als Schritt in Richtung einer Sezession interpretiert.

Die Autonomieforderungen des RMDSZ, besonders der Selbstverwaltung mit Sonderstatus und der Regionalautonomie, werden in Rumänien von allen politischen Kräften bis hin zu früheren Dissidenten und Bürgerrechtsgruppen als Gefahr der parallelen Errichtung von zwei verschiedenen Administrationssystemen, das heißt als eines Staates innerhalb des Staates, abgelehnt. Sogar in den konstruktivsten Stellungnahmen seitens verschiedener rumänischer Menschenrechtsexperten werden im Hinblick auf die verwendete Terminologie, die diese Konzepte definiert, Zweifel angemeldet. Nach deren Ansicht entbehre die Idee der inneren Selbstbestimmung einer Grundlage, oder aber sie weisen darauf hin, daß ähnliche Ausdrücke in internationalen rechtlichen und politischen Dokumenten, die sich mit Angelegenheiten von Minderheiten befassen, nicht gebraucht werden. Auch „kommt die personelle Autonomie gegen Ende des Jahrhunderts sehr selten in der Staatspraxis vor, da diese Form der Autonomie im Gegensatz zu der Funktion und dem Typus des modernen Staates steht – dies reflektiert noch deutlicher die Trennung der Minderheiten im Rahmen des Staates".[20]

In sämtlichen Kritiken, die sich auf die vorgenannten Konzepte beziehen, wird auf die unklare Formulierung, Struktur und Ausgestaltung hingewiesen. Gemäß einer Bewertung seitens der American Bar Association – Zentral- und Osteuropäische Gesetzesinitia-

---

[19] Anna-Mária B í r ó: The International Relations of the DAHR 1989-1996, Berghof Research Center for Constructive Conflict Management. In: Berghof Occasional Paper No. 5, August 1996, S. 13-14.
[20] Gabriel A n d r e e s c u, Valentin S t a n, Renate W e b e r: Study on the Concept of Democratic Alliance of Hungarians in Romania Regarding the Rights of National Minorities. In: Magyar Kisebbség/Hungarian Minority, Journal of Minority Studies, Volume III, issue 1997, 1-2. Cluj-Napoca, S. 200-209.

tive (CEELI) – sind die Chancen, daß die Konzepte in näherer Zukunft in Rumänien angenommen und realisiert werden, nicht allzu groß. Weitere Vorschläge von seiten der internationalen Foren zogen Gesetzentwürfe für die nähere Zukunft vor, in denen die Rechte der nationalen Minderheiten gemäß den internationalen Normen garantiert werden können. Erst dann, wenn die politische und demokratische Atmosphäre sich in dem Maße verbessert habe, daß weitere Schritte untergenommen werden könnten, sollte ein zweiter Gesetzentwurf mit detaillierterer Regelung der obengenannten Formen der Autonomie ausgearbeitet werden.[21]

Die Antwort des RMDSZ auf diese Kritiken war stets, daß die Agenda der internationalen Beziehungen des Ungarn-Verbands auf einer Zukunftsvision eines aus vielen Regionen bestehenden Europas basiere, deren Formel das Minderheitenproblem damit löse, daß sie die Möglichkeit einer Autonomie ohne Änderung des bestehenden politischen und wirtschaftlichen Rahmens biete. Wie Béla Markó, der Präsident des Verbands, in einer seiner Stellungnahmen formulierte, „würde die interne Selbstbestimmung, regionale Selbstverwaltung [...] es unserer Gemeinschaft ermöglichen, ihre Identität zu erhalten und fortzubilden, ohne dabei Rumäniens territoriale Integrität oder Gesetze zu verletzen".[22] Und nach Meinung eines Vertreters des RMDSZ im Rumänischen Parlament habe der Verband keine endgültig gefertigten Autonomiemodelle, so daß die Erarbeitung dieser Modelle nur als ein fortlaufender Prozeß anzusehen sei.[23]

Die Forderungen nach der dreifachen Autonomie wurden von seiten des RMDSZ in der Zwischenzeit nicht mehr intensiv erhoben. Daß heute nicht mehr so häufig über Autonomie diskutiert wird, ist auf drei verschiedene Gründe zurückzuführen:
1) Die sozialliberale Regierung (1994-1998) in Ungarn hat die Autonomiebestrebungen weniger unterstützt als die frühere konservati-

---

[21] The American Bar Association – Central and East European Law Initiative (CEELI), Analysis of two Draft Romanian Laws on National Minorities. In: Magyar Kisebbség/Hungarian Minority, S. 55-151, Anm. 12.

[22] Speech of Béla M a r k ó on a meeting of US Department of State officials on 14 October 1994. In: Uncaptive Minds, vol. 7 No. 3 (27) Fall-Winter 1994, S. 101-104.

[23] László B o r b é l y: Dilemmák [Dilemmas]. In: Korunk 1994, Nr. 3, Cluj-Napoca, S. 32.

ve Regierung (1990-1994); sie zog es vor, Autonomiefragen nicht auf die zwischenstaatliche Ebene zu heben.

2) Der zweite Faktor ist der Abschluß des rumänisch-ungarischen Grundlagenvertrags im Herbst 1996. Der Vertrag schließt kollektive Minderheitenrechte und territoriale Autonomie auf ethnischer Grundlage aus. In einer Erklärung des Verbandes heißt es dazu: „Die ungarische nationale Gemeinschaft in Rumänien und für sie der Demokratische Verband der Ungarn Rumäniens betrachteten und betrachten den Grundlagenvertrag auch weiterhin als ein Mittel von hervorragender Bedeutung, um die Minderheitensituation zu regeln, obwohl dieses Dokument unserer Ansicht nach diese Funktion nur teilweise erfüllt."

3) Der entscheidende Faktor war aber der Sieg der ehemaligen rumänischen Opposition bei den Parlamentswahlen 1996 und die anschließende Regierungsbeteiligung des RMDSZ. Einerseits zeigte dies, daß die ungarische Gemeinschaft in Rumänien über erheblichen politischen Einfluß verfügt. Andererseits erhöhte die Regierungsverantwortung des RMDSZ seine Kompromißbereitschaft.[24] Der Einfluß der gemäßigten Kräfte innerhalb des RMDSZ, die die Situation schrittweise verbessern wollen und kurzfristige Ziele durchsetzen möchten, ist gewachsen, während die Politiker, die für Autonomie eingetreten waren, an Einfluß verloren haben. Die Autonomiekonzepte sind als langfristige Ziele im RMDSZ-Programm enthalten, aber darüber wird nicht mehr viel gesprochen, und die Debatten sind meist auf die kulturelle Autonomie beschränkt.

III. Schlußbemerkung

Es gibt in Rumänien seit Jahrzehnten ein ungelöstes Problem: den Konflikt der Minderheiten mit den Inhabern der politischen Macht. Die Lösung dieses Problems hängt direkt vom politischen Willen ab, das heißt davon, ob es genügend Empathie und Kompromißfähigkeit auf seiten der politischen Elite der Mehrheit gibt oder nicht – sowie Geduld und Kompromißfähigkeit, ebenso wie klare Ziele, auf seiten der Minderheiten.

---

[24] Zellner, Dunay: Ungarns Außenpolitik 1990-1997, a.a.O. (Anm. 16), S. 261.

Nach Meinung eines Kritikers der Autonomiekonzepte des RMDSZ spiegelt der Entwurf die Mentalität der ungarischen Gesellschaft wider, die immer noch dem Traum einer Trennung von der rumänischen Gesellschaft anhänge. Diesen Traum zu verändern hängt von allen mitwirkenden Faktoren ab, und er ist auch nicht ausschließlich auf die Autonomiekonzepte zurückzuführen.

Falls die ungarische Minderheit Verhandlungen über die obengenannten Konzepte und deren Realisierung mit der Mehrheitsgesellschaft, insbesondere mit deren entscheidenden politischen Faktoren, führen kann, und falls diese Faktoren ihre Versprechungen auch noch realisieren könnten und wollten – kann das Ergebnis ein positives sein.

Was trotz der Enttäuschung der Erwartungen, die man zunächst in die neue rumänische Regierung sowie in die Gesellschaft gesetzt hat, auf der Seite der Minderheiten zu stehen, nicht vergessen werden darf, ist, daß ohne das Einverständnis und die Hilfe der Mehrheitsgesellschaft kein einziges Autonomiekonzept realisiert werden kann.

Die Konzepte liegen auf dem Tisch. Die Grenzen sind klar gezogen, aber trotz dieser Grenzen ist der Spielraum noch immer groß genug, sowohl auf nationaler als auch auf bilateraler, ebenso wie auf internationaler Ebene.

Summary

Internal Self-Determination – Current Autonomy Policies of Minorities in Romania

After a reference to the historical roots of minority autonomy in south-east Europe and a short introduction to the problem of the concept of autonomy in the context of the protection of minorities afforded by international law, the author discusses the four most hotly debated forms of autonomy that have come onto the agenda in Romania since 1990: administrative, cultural, personal and territorial autonomy. She analyses the idea and form of three minority protection bills submitted to parliament in 1995, none of which have been debated and enacted as yet. She then concentrates on the "triple autonomy" approach of the bill put forward by the Hungarian minority (personal autonomy, self-government with special status and regional autonomy). The author concludes that the implementation of any idea of autonomy depends on the acceptance of the majority and the patience and readiness to compromise of minorities.

Résumé

Autodétermination – conceptions actuelles concernant l'autonomie des minorités en Roumanie

Après avoir rappelé les racines historiques de l'autonomie des minorités ethniques dans l'Europe de Sud-Est et après avoir évoqué les problèmes que pose le concept meme d'autonomie dans le cadre du droit des minorités, l'auteur décrit les quatre formes d'autonomie en vigueur actuellement en Roumanie, bien qu'elles soient fort controversées, à savoir: l'autonomie administrative, culturelle, territoriale et individuelle. L'auteur analyse trois projets de loi sur le droit des minorités, qui avaient été soumis au Parlement en 1995 mais qui jusqu'à présent n'ont été ni discutés ni votés. L'auteur étudie leur conception et leur contenu, pour se concentrer finalement sur la »triple conception d'autonomie« du projet de loi proposé par les représentants de la minorité hongroise (autonomie individuelle, auto-administration, y compris un statut spécial et autonomie régionale). La conclusion à en tirer est que toute conception d'autonomie quelle qu'elle soit dépend de la bonne volonté de la majorité mais aussi de la patience et de l'acceptation de compromis par les minorités.

ARMENIER IM DONAU-KARPATEN-RAUM, IM BESONDEREN IN SIEBENBÜRGEN

Judit P á l

Die Armenier siedelten sich auf dem Gebiet des jetzigen Rumänien zuerst in der Moldau an. Der Historiker Nicolae Iorga vermerkte: „In den Urkunden ist das Vorhandensein der Armenier in der Moldau um das 14. Jahrhundert belegt. Sie waren bereits vor der Gründung des Fürstentums hier. Da sich das Fürstentum Moldau eigentlich auf dem Wege des Handels herausgebildet hat, wurden jene, die sich mit dem Handel beschäftigten, zu Vermittlern der Gründung des Nationalstaates der Moldau. Infolgedessen sind die Armenier in gewisser Weise die Eltern der Moldau."[1] Der Handelsweg der armenischen Kaufleute führte von der Krim durch Galizien und Akkerman/Cetatea Albă, wo das Vorhandensein der Armenier und deren Handelstätigkeit im 12. und 13. Jahrhundert sowohl durch Münzen als auch durch Inschriften belegt ist. Es ist anzunehmen, daß nach der Eroberung Caffas durch die Türken die hier ansässigen Armenier in der zweiten Hälfte des 14. Jahrhunderts nach Polen und in die Moldau ausgewandert sind. Im Jahre 1365 nahm die armenische Diözese in Lemberg auch Armenier aus der Moldau unter ihre Gerichtsbarkeit. Der Überlieferung zufolge ist die in das Jahr 1350 datierte Marienkirche in Botoșani das älteste mit den Armeniern in Zusammenhang zu bringende Bauwerk. Hier sind zwei in den Jahren 1351 und 1354 in Caffa handgeschriebene Evangeliarien erhalten geblieben, die den oben genannten Weg bestätigen. Man nimmt an, daß auch die armenische Kirche in Jassy/Iași gemäß einer Inschrift von 1395 in das 14. Jahrhundert zu datieren ist.[2] Fest steht außer-

---

[1] Nicolae I o r g a: Choses d'art arménienne en Roumanie. București 1935. Vgl.: Sergiu S e l i a n: Schiță istorică a comunității armene din România [Historische Skizze der armenischen Gemeinschaft in Rumänien]. București 1995, S. 17.

[2] Ebd., S. 19-21.

dem, daß die ältesten bis heute erhaltenen armenischen Kirchen aus dem 16. Jahrhundert stammen (die Kirche des heiligen Simon in Suczawa/Suceava aus dem Jahre 1513, die in demselben Ort gelegene Heiligkreuzkirche von 1521, die nach 1551 datierte Marienkirche in Botoşani, die Marienkirche in Roman aus dem Jahre 1609 und andere mehr).[3]

Der Fürst Alexander der Gute erteilte den in der Moldau angesiedelten Armeniern Privilegien und bewilligte in einem Freibrief 1401 die Einsetzung eines armenischen Bischofs in Suczawa. Alexander unterstützte die Ansiedlung von aus Polen stammenden armenischen Kaufleuten in der Moldau, indem er ihnen Zollgebühren und Steuern erließ. Es wird angenommen, daß sich armenische Kaufleute in allen wichtigeren Städten der Moldau niederließen. Über deren Bedeutung für die Geschichte der Moldau meinte Iorga: „Die armenischen Siedlungen bildeten das erste Bürgertum der moldauischen Städte."[4] Eine neue Welle armenischer Flüchtlinge kam nach der Besetzung der Krim-Halbinsel durch die Türken 1475 in die Moldau. Hier wurde ihre Ankunft von Stefan dem Großen gutgeheißen, der den armenischen Kaufleuten aus Lemberg, die sich in den Ortschaften Suczawa, Jassy, Botoşani, Roman und Focşani niederließen, Privilegien erteilte.

Was ihren Glauben betraf, hatten sich die Armenier der Moldau im Jahre 1506 von Lemberg losgesagt; 1607 wurde der Bischofssitz zeitweilig nach Jassy und 1624 erneut nach Suczawa verlegt. Beginnend mit dem Jahr 1691 jedoch – nach der Niederlassung des armenischen Bischofs in Siebenbürgen – hatte die Moldau keinen eigenen Bischof mehr.[5]

In der Zeitspanne vom 15. bis 17. Jahrhundert befand sich sowohl der Innen- als auch der Außenhandel in den Händen der Armenier, die – insbesondere während der Herrschaft der Osmanen – ihre ausgedehnten Beziehungen nutzten. Der bedeutendste Handelszweig war der Rinderhandel. Anfang des 18. Jahrhunderts vermerkte Dimitrie Cantemir:

> „Weil die ausländischen Händler: Türken, Juden, Armenier und Griechen, die wir fürgewöhnlich Gelepen nennen, sich, infolge

---

[3] Ebd., S. 58-63.
[4] Ebd., S. 21.
[5] Ebd., S. 53-54.

der Sorglosigkeit unserer Leute, den gesamten Handel der Moldau angeeignet haben, indem sie ganze, in der Moldau zu kleinen Preisen erstandene Schaf- und Rinderherden meist nach Konstantinopel und in andere Städte führen, um sie dort zu einem doppelt so teuren Preis zu verkaufen [...]."[6]

Die Armenier wandten sich neben dem Viehhandel auch dem Handel mit Luxusgütern und dem Transithandel zu. Anfang des 19. Jahrhunderts schrieb ein ausländischer Reisender:

„Botoşani war – nach Galaţi und Roman – die bedeutendste Ortschaft der Moldau. Dort trieben die Armenier und die Juden Handel, bis nach Brody und Leipzig. Es wurde mit Kolonialwaren, sächsischen Manufakturwaren, russischen Fellen, mit Wachs und Tabak gehandelt."[7]

Im 18. bis 19. Jahrhundert beteiligten sich die Armenier in der Moldau auch an der mit dem Rinderhandel in Verbindung stehenden Verpachtung von Gütern. Sie wandten sich neben der Handelstätigkeit auch einigen Gewerbezweigen zu und schlossen sich in Zünften zusammen.[8]

In der Walachei siedelten sich die Armenier später an. Einige Forscher sind der Meinung, diese Ansiedlung habe in der Walachei bereits nach dem Fall Konstantinopels (1453) und der Besetzung der Krim-Halbinsel eingesetzt. Doch die vor allem aus Kleinasien und Bulgarien kommenden Armenier ließen sich insbesondere ab dem 16. bis 17. Jahrhundert in dem genannten Gebiet nieder. Im 17. Jahrhundert wird die armenische Vorstadtbevölkerung in Bukarest erwähnt. In einem Freibrief von 1742 gab Mihai Racoviţă den hier ansässigen Armeniern die Erlaubnis zur Errichtung einer eigenen Kirche. 1775 werden gelegentlich des zu Ehren des Fürsten Alexander Ipsilanti am Stadttor von Bukarest veranstalteten Empfangsfestzugs auch „einige Mitglieder der armenischen Zunft mit ihrer Fahne"[9] genannt. In der Walachei besaßen die Armenier auch das Recht, Boden zu kaufen, so zum Beispiel verlieh der bekannte Armenier Manuc

---

[6] Dimitrie C a n t e m i r: Descrierea Moldovei [Die Beschreibung der Moldau]. Bucureşti 1973, S. 298-299.

[7] Ion N i s t o r: O descriere a Principatelor Române din 1822 [Eine Beschreibung der rumänischen Fürstentümer von 1922]. In: Analele Academiei Române, Memoriile Secţiunii Istorice 25 (1942-1943). Bucureşti 1943.

[8] S e l i a n: a.a.O., S. 21-25.

[9] Ebd., S. 45-47.

bei Mirzaian einem der interessantesten Baudenkmäler Bukarests seinen Namen, dem „Hanul lui Manuc". Außer den in Bukarest gelegenen Besitzungen besaß Manuc auch im heutigen Kreis Ilfov zahlreiche Gutshöfe.[10]

Im Altreich wurde die seit dem Mittelalter ansässige armenische Bevölkerung in die rumänische Bevölkerung assimiliert. Die heute vorhandene Diaspora geht auf die armenischen Flüchtlinge zurück, die in den Jahren 1895 und 1896 infolge des von Sultan Abdul Hamid verursachten Massenmordes und insbesondere nach dem Genozid von 1915 in dieses Gebiet gezogen waren.

Im 17. Jahrhundert kamen die Armenier – vorwiegend aus der Moldau – in größerer Zahl nach Siebenbürgen und ließen sich zu Beginn in der Nähe der Pässe und Zugangswege zur Moldau nieder; zahlreiche Armenier siedelten sich in Bistritz, Niklasmarkt, Görgen, Frumoasa, Birk u. a. an, nach 1672 ließ sich ein Teil von ihnen endgültig in diesen Ortschaften nieder.

Sie kamen jedoch nicht in ein unbekanntes Land.[11] Bereits zu Beginn des Jahrhunderts wird das Vorhandensein der Armenier im Fürstentum urkundlich festgehalten, man vermutet aber, daß sie bereits viel früher hier gewesen sind. Schon im 14. Jahrhundert knüpften die Armenier aus Galizien sowie jene aus der Moldau Handelsbeziehungen zu den Sachsen und beteiligten sich am levantinischen Handel. 1399 erwähnt Papst Bonifatius IX. die Armenier „sowie andere Ungläubige" in Kronstadt.[12] Im Jahre 1529 werden mehrere Armenier genannt, die am Außenhandel teilnehmen.[13]

Nach der Herrschaftsübernahme durch die Osmanen treten neben den Armeniern aus Polen und der Moldau auch jene aus Kon-

---

[10] Ebd., S. 47-49.
[11] Hierzu neuerdings: Daniel B e i n: Armenier in Siebenbürgen. Anmerkungen zur Identität einer „kleinen Minderheit". In: Zeitschrift für Siebenbürgische Landeskunde 21 (1998), S. 143-167; Judit P á l: Das Bild der Armenier in Siebenbürgen. In: Siebenbürgische Semesterblätter 12 (1998), S. 68-76.
[12] Konrad S c h ü n e m a n n: Die Armenier in der Bevölkerungspolitik Maria Theresias. In: A Gróf Klebelsberg Kuno Magyar Történetkutató Intézet Évkönyve 3 (1933), S. 216-217.
[13] Quellen zur Geschichte der Stadt Kronstadt II: Rechnungen aus dem Archiv der Stadt Kronstadt, Band II. Kronstadt 1889, S. 172-175. Die Liste enthält Namen wie: Oley Armenus, Yvannes Armenus, Balasch Armenus usw.

stantinopel in Erscheinung, von denen es heißt, daß sie Kapital besitzen und den Viehhandel monopolisieren.¹⁴

Bis zum Beginn des 16. Jahrhunderts war es den ausländischen Kaufleuten untersagt, ihre Waren in Siebenbürgen zu verkaufen; einige Städte – vor allem Kronstadt, Hermannstadt und Bistritz – besaßen das Stapelrecht für aus dem Süden und Osten eingeführte Waren. Nach der Schlacht von Mohács und der Gründung des Fürstentums Siebenbürgen unter osmanischer Oberherrschaft wurde den Händlern aus dem Orient der Zugang in dieses Land ermöglicht, wobei sie allerdings die wirtschaftlichen Interessen dieser Städte und jene der sächsischen Kaufleute mißachteten. Die Tätigkeit dieser neuen Händler entwickelte sich zu Ungunsten der einheimischen Kaufleute und wurde sowohl durch die Einmischung der Pforte als auch durch die bedeutenden Geldsummen, die infolge der Zolleinnahmen für die transitierten Waren in die Schatzkammer flossen, begünstigt. Im Verlauf der Jahre erhielten diese Kaufleute Privilegien und ließen sich in Siebenbürgen nieder. Die ersten, die sich diesen neuen Stand der Dinge zunutze machten, waren die „griechischen" Händler, eine Benennung für vom Balkan stammende Kaufleute unterschiedlicher ethnischer Herkunft.¹⁵ Wie bereits oben gesagt, traten kurze Zeit darauf auch die Armenier in Erscheinung; vereinzelt erscheinen sie schon im 14. bis 15. Jahrhundert und werden schließlich in den Gesetzesbestimmungen und -regelungen aus der ersten Hälfte des 17. Jahrhunderts immer häufiger erwähnt.

Am 4. November 1600 verabschiedete der Landtag einen „gegen die Griechen, Walachen, Türken, Dalmatiner und Armenier" gerichteten Beschluß, wonach jenen Strafen drohten, die ihre Waren auch an anderen Orten als an den vereinbarten absetzten.¹⁶ In den *Approbatae* ist ein Gesetz aus dem Jahre 1632 genannt, das festlegt, daß im Falle der „Griechen, Armenier, Serben, Bulgaren, Dalmatiner und anderer Nationen, die aus dem Osmanischen Reich kommen und Handel zu treiben pflegen, und deren freier Zugang zum Land man-

---

¹⁴ S c h ü n e m a n n : a.a.O., S. 217.

¹⁵ Olga C i c a n c i : Companiile grecești din Transilvania și comerțul european în anii 1636-1746 [Die griechischen Kompanien in Siebenbürgen und der europäische Handel in den Jahren 1636-1746]. București 1981, S. 16-44.

¹⁶ Nach C i c a n c i : a.a.O., S. 20.

chesmal nützlich und andersmal nicht von Nutzen ist", der Fürst und die Ratsherren in der Lage sind, diesen hinfort den Eintritt ins Fürstentum zu erlauben oder ihnen diesen zu verwehren.[17] 1643 beschloß die Generalversammlung der Stühle Csík, daß ab dem gegebenen Zeitpunkt an Sonn- und Feiertagen „die Kaufleute, die Armenier, mit einem Wort jene, die ihre Waren auf den Markt tragen, diese nicht mehr während des Gottesdienstes verkaufen sollen".[18]

Zu Beginn waren die Armenier der griechischen Handelskompagnie unterstellt, die Steuern zahlten sie über den Präsidenten („Richter") dieser Kompagnie. Es gelang ihnen jedoch, sich in verhältnismäßig kurzer Zeit selbständig zu machen. Nach ihrer Ansiedlung in Siebenbürgen hatte man den Armeniern eine Reihe von Privilegien zugesprochen, so daß sie sowohl für die einheimischen Kaufleute als auch für die griechischen Handelskompagnien zu einer gefürchteten Konkurrenz wurden. So waren beispielsweise im Artikel 15 der Satzungen und Beschlüsse der griechischen Handelskompagnie in Hermannstadt aus dem Jahre 1690 Vorschriften enthalten, durch die die Konkurrenz der armenischen Kaufleute ausgeschaltet werden sollte.[19] Zahlenmäßig bildeten sie einen bedeutenden Teil der – nicht sehr zahlreich vorhandenen – Kaufleute Siebenbürgens und waren größtenteils auf den Außenhandel spezialisiert. Ihre Wirtschaftskraft näherte sich (was die Kapitalbeteiligung, den Handelsumfang und die erzielten Profite anbelangte) schon am Anfang des 18. Jahrhunderts jener der „Griechen". Bezeichnend dafür ist die Tatsache, daß die Handelskompagnie der Armenier bereits im Jahre 1700, kurze Zeit nach ihrer Ansiedlung in Siebenbürgen, 1430 Gulden Steuern entrichtete, das heißt die gleiche Summe wie die 1636 gegründete Handelskompagnie der Griechen in Hermannstadt und dreimal mehr als jene der Griechen in Kronstadt.[20]

---

[17] Approbatae Constitutiones Regni Transylvaniae et partium Hungariae, Lit. LII. Varadini 1653.
[18] T a r i s z n y á s Márton: Gyergyó történeti néprajza [Historische Volkskunde von Gy.]. Bukarest 1982, S. 215.
[19] C i c a n c i: a.a.O., S. 111.
[20] T r ó c s á n y i Zsolt: Habsburg-politika és Habsburg kormányzat Erdélyben 1690-1740 [Habsburgische Politik und Verwaltung in Siebenbürgen 1690-1740]. Budapest 1988, S. 265.

Die Gemeinschaft sämtlicher Armenier bildete die armenische Handelskompagnie, die das Recht besaß, sich einen eigenen Präsidenten („Richter") zu wählen. Zu Beginn des 18. Jahrhunderts wurde der Versuch unternommen, die Rechtslage der Armenier zu klären, jedoch – in Ermangelung einer gemeinsamen Regelung – versuchte jede Gemeinschaft einzeln, in den Besitz von Privilegien zu gelangen; infolgedessen wurden die beiden armenischen Städte Armenierstadt und Elisabethstadt Ende des 18. Jahrhunderts zu freien Königsstädten.

In der geschichtlichen Überlieferung heißt es, daß sich im Jahr 1672 rund 3.000 armenische Familien in Siebenbürgen angesiedelt hätten. Aus den Konskriptionslisten zeichnet sich allerdings ein anderes Bild ab. Zu Beginn des 18. Jahrhunderts, im Jahre 1715/1716, gab es laut diesen Listen etwa 320 bis 340 armenische Familien, folglich können es vier Jahrzehnte früher schwerlich 3.000 gewesen sein, selbst wenn man in Betracht zieht, daß die armenische Bevölkerung zahlenmäßig hohen Schwankungen ausgesetzt war und auf den von Franz Rákóczi II. angeführten Aufstand ein Bevölkerungsrückgang erfolgte. Die armenische Bevölkerung Siebenbürgens betrug infolgedessen im Jahr 1715 schätzungsweise 1400 bis 1800 Seelen.[21] Im 18. Jahrhundert ist vor allem in den beiden bereits genannten Städten sowie in Niklasmarkt ein beständiges Anwachsen der Zahl der Armenierfamilien zu verzeichnen. Zu der höheren Anzahl von Geburten kam eine beständig anwachsende Zahl von Einwanderungen hinzu – vor allem aus der Moldau und vereinzelt aus Polen –, ein Umstand, der im ersten Drittel des 18. Jahrhunderts an Häufigkeit zunahm.

Untersucht man die zahlenmäßige Entwicklung der armenischen Familien in Siebenbürgen, kann vor allem für die erste Hälfte des 18. Jahrhunderts ein diesbezügliches rasches Anwachsen vermerkt werden. Im Jahre 1750 sind dies etwa 890 Familien, das heißt etwa 3.500 bis 4.500 Seelen. Nach diesem Zeitpunkt nimmt diese Entwicklung ab, man kann gar von einer Stagnation derselben sprechen, während der Geburtenzuwachs im 19. Jahrhundert durch die Umsied-

---

[21] P á l Judit: Az erdélyi örmény népesség számának alakulása és szerkezete a 18. században [Entwicklung von Bevölkerungszahl und -struktur der Siebenbürger Armenier im 18. Jahrhundert]. In: Erdélyi Múzeum 59 (1997), S. 104-120.

lung mehrerer Familien nach Ungarn und vor allem durch die zunehmende Magyarisierung abnimmt.[22]

Gleich den Juden oder Griechen am Balkan und in Kleinasien gehörten die Armenier zur Kategorie sogenannter *middleman minorities*. All diesen Minderheiten ist die Teilnahme am Münzumlauf und dem Handel sowie eine zwischen der Elite und den Massen der Bevölkerung sich befindende gesellschaftliche Lage gemein.[23] In Siebenbürgen füllten die Armenier – gemeinsam mit anderen Minderheiten wie Griechen, Mazedorumänen oder Juden – eine wirtschaftliche Lücke. Die politische Elite, der ungarische Adel, brachte der Handelstätigkeit eine abweisende, negative Haltung entgegen, während die zahlreichen Bauern weder die politisch-rechtliche Freiheit noch die für eine Handelstätigkeit notwendige Qualifizierung besaßen. Somit nutzten die armenischen Händler diese Lücke (*status gap*) aus, um sich in die siebenbürgische Gesellschaft eingliedern zu können.

Die Armenier haben in Siebenbürgen, wie überall im Östlichen Europa, eine rege Kommerz- und Gewerbetätigkeit ausgeübt, bei denen die Handelsbeziehungen mit der Moldau, insbesondere jene auf dem Gebiet des Rinder- und Pferdehandels, von großer Bedeutung waren. Sie übten vor allem Gewerbe aus, die mit der Lederverarbeitung und dem Fleischerhandwerk verbunden waren; sie stellten das weithin bekannte Korduan- und das Saffianleder her, und ihre gewerbliche stand in engem Zusammenhang mit der kommerziellen Tätigkeit. Diese Beschäftigungen nahmen bedeutende Ausmaße an, was schließlich im 18. Jahrhundert zur Monopolisierung des einträglichsten Handelszweiges, des Rinderhandels, durch die Armenier führte.

Der von den Armeniern ausgeübte Leder- und Viehhandel erreichte ein beachtliches Wachstum. Die lückenhaft überlieferten Angaben zeigen, daß der Viehhandel im 18. Jahrhundert mehr als die Hälfte des in Siebenbürgen verzeichneten Exports ausmachte (im Jahre 1733 zum Beispiel im Wert von 177.000 Gulden); 90 % davon stammten

---

[22] Ebd..
[23] Walter P. Z e n n e r: Middleman Minority Theories: A Critical Review. In: The Persisting Question Sociological Perspectives and Social Contexts of Modern Antisemitism. Hg. Helen F e i n. New York 1987, S. 255-276.

aus dem durch die Armenier betriebenen Rinderhandel, einem Zweig, den diese Kaufleute monopolisiert hatten.[24]

Durch diese Tätigkeit der Armenier flossen beträchtliche Geldsummen in die Schatzkammer des Landes, was zur Folge hatte, daß sich diese Bevölkerung eines besonderen Schutzes als Steuerzahler seitens der Behörden erfreute. Die wirtschaftliche Bedeutung der Armenier geht auch aus dem 1769 vom Wiener Hof geäußerten Vorhaben hervor, Armenier in der Marmarosch anzusiedeln. In diesem Zusammenhang hob der Ratsherr Gebler den beeindruckenden Umfang des durch diese Bevölkerung getätigten Handels hervor und berichtete, daß in Leipzig nur ein solcher Markt als gelungen betrachtet werden konnte, an dem sich zahlreiche siebenbürgische Armenier beteiligten.[25]

Die beiden armenischen Städte Armenierstadt und Elisabethstadt entwickelten sich zu bedeutenden Handelszentren, was zur Errichtung von Dreißigstzollämtern in diesen Ortschaften führte. Beide Städte sind auch in der Liste jener 15 Städte zu finden, in denen im Jahre 1785 der Verkauf ausländischer Waren gestattet war.[26]

Die Umsatzschwankungen auf dem Gebiet des Rinderhandels waren sehr hoch, da jedoch einschlägige Quellen fehlen, können wir uns darüber kein genaueres Bild machen. Der Meinung einiger Forscher zufolge sollen im 18. Jahrhundert jährlich etwa 40.000 Rinder ausgeführt worden sein.[27] Im Jahre 1775 beispielsweise entrichteten die Armenier den Dreißigstzollämtern für die von ihnen ein- und ausgeführten Güter eine Geldsumme von insgesamt 30.897 rheinischen Gulden.[28] 1775 wird in der „Historia domus" der Franziskanermönche in Armenierstadt eine (allerdings stark übertriebene) Zahl von 100.000 Rindern genannt, die jährlich von den Armeniern verkauft worden seien. Sie berichteten, daß die Armenier die Rinder nach Ungarn, Deutschland und gar in deren benachbarte Länder trie-

---

[24] Erdély története [Geschichte Siebenbürgens]. Bd. 2. Hg. K ö p e c z i Béla. Budapest 1987, S. 991.
[25] S c h ü n e m a n n: a.a.O., S. 225.
[26] Ebd., S. 317.
[27] M o l n á r Antal: Az örmények Erdély kereskedelmében [Die Armenier im Handel Siebenbürgens]. In: Armenia I/1887, S. 177-178.
[28] Ungarisches Staatsarchiv (künftig OL), Gubernium Transylvanicum, F 234, Nr. 665.

ben; weiterhin heißt es: „auch Italien wird [...] von dieser nach Gewinn strebenden Nation"[29] versorgt. In den 1820er Jahren betrug der Export jährlich 30.000 bis 40.000 Ochsen und 10.000 bis 17.000 Kühe, was etwa zwei Drittel des sich auf insgesamt drei Millionen Gulden erhebenden Tierexports Siebenbürgens ausmachte. Im vierten Jahrzehnt kaufte Wien jährlich 8.000 bis 10.000 Ochsen aus der Moldau und 3.000 bis 17.000 Kühe aus Siebenbürgen, während die Anzahl der eingeführten Tiere in den 1840er Jahren beachtlich zurückging.[30]

Zu diesem wirtschaftlichen Erfolg trugen mehrere Faktoren bei. Die im Außenhandel Siebenbürgens beschäftigten Kaufleute nutzten bestimmte Handelswege; so lag beispielsweise der levantinische Handel in den Händen der griechischen und mazedo-rumänischen Kaufleute. Wegen der damals herrschenden wirtschaftlichen und politischen Lage stützte sich der Viehhandel hauptsächlich auf den Export aus der Moldau. Aus der Moldau kommend, waren den Armeniern die dortigen Verhältnisse bestens vertraut, sie beherrschten die Sprache, hatten diese Art Handel bereits über Jahre hinweg betrieben, demzufolge Erfahrung in diesem Bereich gesammelt; sie verfügten über die notwendigen Handelsbeziehungen und Märkte und schließlich, jedoch nicht zuletzt, nutzten sie – gleich den rumänischen und levantinischen Kaufleuten – ihre Verwandtschaftsbeziehungen, und zwar in erster Linie jene zu ihren Brüdern in der Moldau.

In einer aus dem 19. Jahrhundert stammenden Beschreibung, aus der wir im folgenden mehrere Abschnitte zitieren möchten, erfährt man einiges über die Art und Weise des Handelsablaufes:

> „Den Viehhandel haben die Armenier, so weit er bedeutend ist, und in Rücksicht auf Rindvieh hauptsächlich allein in Händen. Sie kaufen das Vieh theils in der Moldau [...] auf, führen es [...] bis zu den fetten Heiden Ungarns, die sie auch zum Theil in Pacht haben, und von da sodann größten Theils nach Wien, wo sie sich nur in Obligationen und Wechseln, innerhalb zwey bis drey Monathen

---

[29] S z o n g o t t Kristóf: Szamosújvár szab. kir. város monográfiája [Monographie der kgl. Freistadt Armenierstadt] 1700-1900. Bd. III. Szamosújvár 1901, S. 23.

[30] M i s k o l c z y Ambrus: A brassói román levantei kereskedőpolgárság kelet-nyugati közvetítő szerepe [Die Bedeutung der Kronstädter rumänischen Levante-Handelsbürgerschaft als Ost-West-Zwischenhändler] (1780-1860). Budapest 1987, S. 70.

zahlbar, bezahlen lassen, dann sogleich eben da Kaufmannswaren für diese Papiere, die seit langem her in Wien als bares Geld in allen Niederlagen und Fabriken angenommen werden, einkaufen, und so ansehnlich gewinnen. Diejenigen von ihnen, die nur mit Vieh handeln, geben ihre Wechsel denen, die mit Waren anderer Art handeln, zu ihrem Einkaufe in Wien, beziehen erst im Lande zum neuen Einkaufe des Rindviehes nach und nach das Geld, und unterstützen sich so wechselseitig, wodurch sie den Vortheil erhalten: erstlich, daß sie, ohne viele eigene Barschaft zu haben, oder Geld aufnehmen und das ganze Jahr verinteressiren zu müssen, ohne Hypothek und ohne alles Weitere nur auf etliche Monathe Geld bekommen, so viel sie zum Handel brauchen; zweytens, daß sie dadurch in den Stand gesetzt werden, viel stärkere Warenlager zu unterhalten, als die welche nur mit eigenem Gelde handeln können; drittens, daß sie jene in Fleischhacker-Obligationen erhaltenen Gelder nach und nach von den Waren, die sie damit erkauften, und inzwischen verkaufen, abtragen; viertens, daß sie sich durch den größern Einkauf mit barem Gelde größern Credit bey Wienern verschaffen, und also ein sehr weitläufiges Geschäft mit leichtester Mühe treiben können. Wie heißt und bewährt es sich auch hier: Vis unita fortior!"[31]

Bereits Anfang des 18. Jahrhunderts pachteten Armenier Pusztaland in den Komitaten Békés, Csanád und im Banat. Maria Theresia und später Joseph II. verkauften das im Banat gelegene Krongut und infolgedessen kauften die Armenier die Ländereien, die sie bis dahin in Pacht genommen hatten. Viele von ihnen zogen endgültig ins Banat, so daß die Zahl der reichen Rinderhändler in den armenischen Städten Siebenbürgens beständig zurückging. Um die Mitte des 18. Jahrhunderts waren in Armenierstadt 36 Unternehmer und 43 Helfer im Rinderhandel tätig. Laut Kristóf Szongott gab es im ausgehenden 19. Jahrhundert in Armenierstadt nur noch sechs Familien, die im Handel tätig waren.[32] Im Jahre 1847 vermerkt der die Konskriptionen vornehmende Beamte in Elisabethstadt, daß von 40 bis 60 Händlern bloß fünf bis sechs geblieben seien; die reichen Kaufleute seien nach Ungarn oder anderswohin gezogen, und mehrere hätten Adelsgüter erworben, was dazu führe, daß die an die Stadt entrichteten Steuergelder seit 1830 beständig im Rückgang begriffen seien.[33]

---

[31] Lucas Joseph M a r i e n b u r g: Geographie des Großfürstenthums Siebenbürgen. Bd. 1. Hermannstadt 1813 (Ndr. Köln, Wien 1987), S. 132-133.
[32] S z o n g o t t: a.a.O., Bd. 2, S. 313-319.
[33] M i s k o l c z y: a.a.O., S. 71.

Gegen Ende des 18. Jahrhunderts wandten die Armenier von Niklasmarkt ihr Interesse – neben dem im Rückgang begriffenen Rinderhandel – immer mehr der Floßwirtschaft am Mieresch zu, einem Tätigkeitsbereich, den sie in der ersten Hälfte des 19. Jahrhunderts nahezu monopolisierten.[34] Das Holz wurde mittels eigener oder gepachteter Sägemühlen gefällt und schließlich von speziell dafür entlohnten Bauern auf dem Mieresch bis nach Arad und Săvârşin geflößt, oder auf der Bistritz, dem Sereth und der Donau bis nach Galatz und schließlich nach Konstantinopel transportiert.

Die meisten jedoch waren auf mehreren Ebenen tätig, indem sie auf den Märkten verkauften oder in den Städten und Marktflecken Siebenbürgens eigene Läden besaßen. Die Wörter Armenier und Händler waren in Siebenbürgen nahezu zu Synonymen geworden. In seinem Versuch, die Marktatmosphäre zu beschreiben, berichtet der bekannte Schriftsteller Jókai über die kleinen Marktbuden der griechischen und armenischen Krämer, die Gewürze und Pfeifen feilhalten.[35]

Für die Armenier waren Gewerbe und Handel zwei sich ergänzende Tätigkeiten. Das bedeutendste Gewerbe war jenes des Gerbers. Die Armenier brachten das Geheimnis der Korduanlederherstellung nach Siebenbürgen. Letzteres war – neben dem Handeltreiben – die bedeutendste Beschäftigung, vor allem der Armenier aus Armenierstadt und Niklasmarkt.

Die Gerber in Armenierstadt und Niklasmarkt schlossen sich in zunftähnlichen Vereinen zusammen. In Armenierstadt gab es drei Gewerbevereine; neben jenen der Gerber gab es noch solche der Kürschner und der Tschismenmacher.[36] Im Jahre 1770 zählte die Gerberzunft in Armenierstadt 98 Mitglieder. Die verarbeiteten Häute wurden in Siebenbürgen (jährlich etwa 30.000 Stück) und in Ungarn (etwa 20.000 Stück) verkauft. Die gesamte Zunft war in der Lage, in einem Jahr 15.000 Häute mit Fell zu verarbeiten sowie 40.000 weiße, aus der Walachei eingeführte Häute schwarz zu färben.[37] Jene in

---

[34] O r b á n Balázs: A Székelyföld leírása [Beschreibung des Szeklerlandes]. Bd. 2. Pest 1868, S. 104.
[35] J ó k a i Mór: Az önkényuralom adomái [Die Anekdote der Tyrannei]. Bd. 1. 1850-1858. Budapest 1992, S. 274.
[36] S z o n g o t t: a.a.O., Bd. 2, S. 131-134.
[37] Ebd., Bd. 3, S. 40-42.

Niklasmarkt waren zahlreicher. Um das Jahr 1760 betrug die Zahl der Gerber über 100 und am Ende des 18. Jahrhunderts 160.[38]

Gegen Ende des 18. Jahrhunderts ist ein Rückgang dieser der Tradition verpflichteten Gewerbe zu verzeichnen. In Niklasmarkt gab es noch im Jahre 1800 über 20 in der Korduanlederherstellung spezialisierte Manufakturen mit zehn oder mehr Angestellten; außerdem gab es mehrere kleinere Werkstätten, deren Zahl aber beständig zurückging, so daß im Jahre 1820 zehn, zwei Jahre später nur noch sechs Werkstätten produktionsfähig waren, bis sie schließlich um die Mitte des 19. Jahrhunderts völlig verschwanden. Der Hauptgrund für diesen Rückgang ist auf den Wandel der Mode zurückzuführen.[39]

Außer dem Beruf des Gerbers übten zahlreiche Armenier auch jenen des Kürschners, Saffianlederers, Taschners und Fleischhauers aus, wobei all diese Beschäftigungen mit dem Vieh- und Lederhandel verbunden waren. Wie aus den im 18. Jahrhundert erstellten Konskriptionen hervorgeht, kam es häufiger vor, daß vor allem die Armenier des Szeklerlandes neben einem Gewerbe (Gerber oder Schlachter) zur gleichen Zeit mehrere Handwerke ausübten. Im Jahr 1799 vermerkt József Teleki, daß das gesamte Gebiet der Giurgeu-Senke mit Fleisch aus den Schlachthäusern von Niklasmarkt versorgt wurde.[40]

Der Verfall der traditionsgebundenen Gewerbe brachte eine Änderung der Berufsgliederung innerhalb dieser Städte mit sich; bis um die Mitte des 19. Jahrhunderts gab es niemanden mehr, der den Gerberberuf ausübte, bereits 1900 glich die Berufsverteilung in den genannten Städten jener der anderen Kleinstädte in Siebenbürgen, das heißt, es gab vorwiegend Beschäftigte in der Leichtindustrie (insbesondere Schneider und Schuster).

Laut den Berichten von Balázs Orbán hatten sich die Armenier nach ihrer Ansiedlung in Siebenbürgen

> „in alle Städte des Landes verteilt, und, weil die Ungarn eine Nation von Ackerbauern und im Handel ungeschickt waren, ja fälschlicherweise diese Tätigkeit verabscheuten, in allen Ortschaften den

---

[38] OL, F 234, Schrank Nr. V, Fasz. 377.
[39] T a r i s z n y á s: a.a.O., S. 99.
[40] Ebd., S. 91.

Handel in ihre Hände genommen und sich auf diese Weise bereichert".[41]

Unter den Bedingungen einer schwach entwickelten Wirtschaft in Siebenbürgen ersetzten die Armenier gewissermaßen das fehlende Bürgertum, insbesondere im Gebiet der Szeklerstühle; sie monopolisierten den Handel und einige Gewerbe, wobei sie eine ähnliche Rolle ausübten, wie die Juden in anderen Regionen. Von Interesse ist es, die Komplementarität dieser beiden Ethnien zu untersuchen, zum Beispiel gab es 1850 in den Ortschaften, wo Juden lebten, nahezu keine Armenier und umgekehrt. Dieser Umstand läßt sich hauptsächlich durch den Konkurrenzkampf erklären, der zwischen ihnen im Bereich der Wirtschaft bestand. Aus der 1850 vorgenommenen Volkszählung geht hervor, daß die Armenier in nahezu allen Marktflecken und Städten Siebenbürgens vertreten waren. Ihr Vorhandensein als auch jenes der Juden ist gleichzeitig ein Hinweis für den Grad der Verstädterung der betreffenden Ortschaften. In den Marktflekken dörflichen Charakters, wie Ilieni, Ilia, Meschen, Dobra und anderen, sind weder Armenier noch Juden anzutreffen.[42]

Durch ihre Handels- und Gewerbetätigkeit haben sie somit Siebenbürgens Wirtschaft gefördert, aber auch die Handelsbeziehungen mit anderen Provinzen, insbesondere mit der Moldau, gefestigt; im Rahmen der Monarchie weiteten sie diese kommerziellen Beziehungen Siebenbürgens bis nach Pest und Wien aus. Obwohl sie eine nicht sehr zahlreiche Bevölkerung waren, erwiesen sie sich als eine Wirtschaftskraft, und im 18. Jahrhundert bildeten sie – gemeinsam mit den griechischen, rumänischen und mazedo-rumänischen Händlern – die Elite der Kaufleute in Siebenbürgen. Für die Entwicklung des Außenhandels wie auch des Binnenhandels war die Tätigkeit der Armenier von großer Bedeutung, wobei sie sowohl zu einer Verbesserung des Warenumsatzes als auch zu jener des Münzumlaufs und zur Gliederung der Handelswege in Siebenbürgen beitrugen; dies noch bevor die Juden in diesem Bereich an Einfluß gewonnen hatten.

Die Armenier haben einen bedeutenden Beitrag für die Entwicklung der Wirtschaft und der Städte erbracht, sie trugen vor allem im

---

[41] O r b á n: a.a.O., Bd. 2, S. 75.
[42] Az 1850. évi népszámlálás [Die Volkszählung von 1850]. Budapest 1983.

Raum der Szeklerstühle und der Komitate zum wirtschaftlichen Aufschwung des sich herausbildenden siebenbürgischen Bürgertums und zur Verstädterung des Fürstentums bei. Im 18.-19. Jahrhundert besaß Siebenbürgen im Vergleich zu Westeuropa, aber auch zu den anderen Provinzen des Habsburgerreiches, einen niedrigen Grad der Verstädterung. Da die Armenier ausschließlich nichtlandwirtschaftlichen Beschäftigungen nachgingen, trugen sie zur Festigung der Verstädterung bei. Bezeichnend ist auch die Tatsache, daß im Laufe von anderthalb Jahrhunderten nur die beiden armenischen Städte, Armenierstadt und Elisabethstadt, den Rang einer freien Königsstadt erhalten haben und somit das Netz der richtigen Städte erweitert werden konnte. Niklasmarkt und Frumoasa entwickelten sich desgleichen dank des Vorhandenseins der Armenier. Ersteres wurde erst im 18. Jahrhundert zum Marktflecken und erst nach 1907 zur Stadt. Balázs Orbán stellt Frumoasa um die Mitte des vorigen Jahrhunderts vor:

> „Frumoasa ist bloß ein Dorf mit Jahr- und Wochenmarktrecht, obwohl es ein viel städtischeres Aussehen hat als Szeklerburg, das sich mit dem Namen 'Stadt' ziert, hat auf dem weiten Hauptplatz mehr Häuser mit Stockwerk und Läden, und ein reges Handelleben, was den hier wohnenden Armeniern zu verdanken ist."[43]

Herausragend ist der für den Urbanismus erbrachte Beitrag der Armenier im 18. Jahrhundert. Als Stadt barocker Prägung, der eine von vornherein genau festgelegte Planung zugrunde lag, nimmt Armenierstadt unter sämtlichen Städten Siebenbürgens eine Sonderstellung ein.[44] Die wohlhabende Gemeinschaft in Armenierstadt war im 18. Jahrhundert in der Lage, sich mit fremder Arbeitskraft zu behelfen. Zahlreiche aus Österreich, Böhmen, Mähren, Ungarn stammende Baumeister – größtenteils deutscher Abstammung – erwiesen sich als Träger einer barocken zentraleuropäischen Kultur.[45] Dank ihrer Wirtschaftskraft entwickelte sich Armenierstadt zu einer Stadt mit ausgeprägten „städtischen" Merkmalen. So waren im Jahre 1900 von 944 Häusern 758, also 80,29 %, aus Ziegeln oder Stein errichtet,

---

[43] Orbán: a.a.O., Bd. 2, S. 74.
[44] Vgl. Virgil I. Pop: Armenopolis, eine barocke Gründungsstadt. In: Zeitschrift für Siebenbürgische Landeskunde 21 (1998), S. 168-191.
[45] Nicolae Sabău: „Armenopolis" sau Gherla barocă (sec. XVIII-XIX) [„A." oder das barocke Armenierstadt (18./19. Jh.)]. In: Ani. Anuar de cultură armeană I/1994, S. 90.

was für das Siebenbürgen jener Zeit ein sehr hohen Prozentsatz ist.[46] 1889 hieß es in der Zeitung „Erdélyi Hiradó" über Armenierstadt:

> „Es ist gewiß, daß von sämtlichen kleinen Städten aus ganz Siebenbürgen diese die schönste ist. Eine solch gepflegte, vom städtebaulichen Standpunkt ästhetisch angelegte und vom hygienischen Standpunkt exzellente Stadt gibt es – außer Seghedin – in ganz Ungarn nicht mehr".[47]

Die in der ersten Hälfte des 19. Jahrhunderts erfolgten Veränderungen bewirkten einen Rückgang des Handels, ein Umstand, der den Niedergang der traditionsgebundenen wirtschaftlichen Beschäftigungen der Armenier herbeiführte. Wenn sie bis dahin eher mit dem Ausland Handel getrieben hatten, beschränkten sie diese Tätigkeit nach und nach auf das Inland; ein Teil dieser Bevölkerung zog in die Gemeinden und die reichsten Viehhändler ließen sich in der Pannonischen Tiefebene nieder (wo sie große Ländereien pachteten und Rinder mästeten). Den meisten von ihnen gelang es, in den Adelsstand aufgenommen zu werden. Dadurch verloren die Armenier ihre vermögendsten und wendigsten Mitglieder. Ein anderer Teil wandte sich neuen Berufen zu, viele wurden Intellektuelle. Nach und nach wurde die Gemeinschaft der Armenier von den Ständen des Landes assimiliert.

Insofern ist Michael Lebrecht zuzustimmen, der 1792 in seinem Buch „Über den National-Charakter der in Siebenbürgen befindlichen Nationen" zur Rolle der Armenier schrieb:

> „Indessen sind Griechen und Armenier, im siebenbürgischen Staatskörper dasjenige, was Pulsschlag im menschlichen Leibe ist. Sie verrathen seine Vollblütigkeit eben so, wie seine Fieber. Aus ihren Gesichtern kann man ganz genau abnehmen, ob der Staat gesund ist, oder ob er an der Schwindsucht leidet?"[48]

---

[46] A magyar korona országainak 1900. évi népszámlálása [Volkszählung der Länder der ungarischen Krone 1900]. Magyar Statisztikai Közlemények. Új sorozat, Bd. 1-2. Budapest 1902-1904.

[47] S z o n g o t t: a. a. O., S. 181.

[48] Michael L e b r e c h t: Über den National-Charakter der in Siebenbürgen befindlichen Nationen. Wien 1792, S. 98.

Summary

Armenians in the Danube-Carpathian Area, particularly in Transylvania

Armenians first settled in the principality of Moldavia in the 14th century, with a second wave of migration occurring in the 15th century. After that, Armenians settled in the principality of Walachia in the 15th to 17th century. After the Armenians in Moldavia made trading connections with Transylvania very early, there was a continuous settlement here from the 17th century onwards. As in the rest of eastern Europe, the Armenians developed mercantile activity in Transylvania and founded grain companies. The main activities were cattle and horse trading with Moldavia and the manufacturing of different types of high-quality leather. In a few economically undeveloped regions of Transylvania the Armenians thereby replaced the non-existent bourgeoisie.

Résumé

Les Arméniens dans la région entre le Danube et les Carpates, en particulier en Transylvanie

Les Arméniens s'installèrent pour la première fois en Moldavie au XIV siècle. Une deuxième vague d'immigration eut lieu au XV siècle, puis du XV au XVII siècle d'autres Arméniens vinrent aussi habiter dans la principauté de Valachie. Après que les Arméniens eurent noué de bonne heure des relations commerciales avec la Transylvanie, ils s'y installèrent de plus en plus nombreux à partir du XVII siècle. Comme en Europe orientale, les Arméniens s'adonnèrent en Transylvanie à des activités commerciales et ils créèrent des entreprises artisanales. Une de leurs activités principales était le commerce de bovins et de chevaux avec la Moldavie et la fabrication de différentes sortes de cuir de haute qualité. Dans quelques régions sous-développées de la Transylvanie les Arméniens se substituèrent à la bourgeoisie inexistante.

VON DER INKLUSION ZUR EXKLUSION: JUDEN IN UNGARN UND RUMÄNIEN VOR 1945

Mariana Hausleitner

Der Kenntnisstand über die Rolle und die Stellung der Juden in der ungarischen und rumänischen Gesellschaft hat sich durch intensive Forschungsarbeit in den letzten zehn Jahren stark erweitert. In Ungarn begann die Beschäftigung mit der Geschichte der Juden bereits vor dem Systemwechsel im Jahre 1989. Einige Historiker publizierten schon in den achtziger Jahren ihre Studien, wobei sogar das bis dahin vernachlässigte Thema des ungarischen Beitrags zur Vernichtung der Mehrheit der Juden Ungarns während des Zweiten Weltkrieges thematisiert werden konnte. Zwar wurden in den Gesamtüberblicken auch noch 1990 die Massendeportationen nach Auschwitz-Birkenau im Frühjahr 1944 vor allem auf die deutsche „Besetzung" zurückgeführt, doch der Anteil der ungarischen Behörden zumindest erwähnt.[1] In Rumänien erschien in der Ceauşescu-Ära sehr wenig über den wichtigen Beitrag der Juden zur rumäni-

---

[1] Der ungarische Staatsführer Miklós Horthy stimmte im März 1944 der Verstärkung der deutschen Truppeneinheiten in Ungarn zu, weil diese bereits auf dem Weg nach Budapest waren. Mit ihnen kam auch das Sonderkommando Eichmanns, das dann gemeinsam mit der ungarischen Gendarmerie die Massendeportationen organisierte. In ungarischen Arbeiten ist m. E. zu Unrecht von „Besetzung" die Rede, denn Ungarn war ohne Druck Bündnispartner des Deutschen Reiches geworden und blieb es bis Kriegsende. Vgl. Darstellung der „Besetzung" in: Péter Hanák (Hg.): Die Geschichte Ungarns. Essen, Budapest 1988, S. 250, und Béla Köpeczi (Hg.): Kurze Geschichte Siebenbürgens. Budapest 1990, S. 684. Der Historiker István Bibo hatte bereits 1948 darauf hingewiesen, daß Horthy selbst im März 1944 andere Handlungsoptionen hatte, als die zunehmende Einmischung der Deutschen zu rechtfertigen. Bibos diesbezügliche Schrift kursierte in den achtziger Jahren in Ungarn nur im Samisdat. Vgl. István Bibo: Zur Judenfrage. Am Beispiel Ungarns nach 1944. Frankfurt 1990, S. 46f.

schen Geschichte, doch wurde das Thema der Massenmorde in die antiungarische Propaganda eingebaut. Zu einem Zeitpunkt, als über die Massendeportationen von Juden nach Transnistrien durch die rumänischen Behörden nicht berichtet werden durfte, beschäftigten sich mehrere Publikationen mit der Tragödie der Juden in dem von Ungarn besetzten Nordsiebenbürgen.[2] Antisemitische Ausschreitungen in Rumänien – wie etwa die in Jassy Ende Juni 1941 – wurden als von deutscher Seite initiiert und von Legionären ausgeführt, interpretiert.[3] Damals konnte man solche verzerrten Darstellungen noch auf die versperrten Archive und Eingriffe der Zensoren zurückführen. Eine zwölfbändige Sammlung von Dokumenten, welche die Mitwirkung rumänischer Behörden am Holocaust belegen, wurde zwar schon 1986/1987 in den USA von der Beate Klarsfeld Foundation publiziert, blieb jedoch den Wissenschaftlern aus Rumänien lange unzugänglich.[4]

Durch die Systemwende wurden viele Archive nicht nur in Ungarn und Rumänien geöffnet, sondern Historiker des Holocaust Forschungszentrums aus Washington konnten sogar in der Ukraine und Moldaurepublik bis dahin unbekannte Quellen bergen. Eine erste Analyse dieses umfangreichen Materials über die Vorgänge in Transnistrien publizierte der jüdische Verlag „Hasefer" in Rumänien.[5] In Bukarest entstand im Rahmen der Föderation jüdischer Gemeinden das „Zentrum zum Studium der Geschichte der Juden in Rumänien",

---

[2] The Federation of Jewish Communities in RSR: Remember. 40 years since the massacre of the Jews from Northern Transylvania under Horthyst occupation. Bucharest 1985, und Mihai F ă t u, Mircea M u ş a t: Der horthystisch-faschistische Terror im Nordwesten Rumäniens. Bukarest 1986.

[3] Überblick über den Forschungsstand vgl. Victor E s k e n a s y: The Holocaust and Romanian Historiography: Communist and Neo-Communist Revisionism. In: Randolph L. B r a h a m: The Tragedy of Romanian Jewry. New York 1994, S.173-236.

[4] Jean A n c e l (Hg.): Documents Concerning the Fate of Romanian Jewry during the Holocaust. Paris, Washington 1985-1986, 12 Bde. Eine Auswahl von drei Bänden erschien nun in Rumänien. Vgl. Jean A n c e l: Transnistria [Transnistrien], 3 Bde. Bucureşti 1998. Zuvor gab es nur in den fürs Publikum gesperrten Abteilungen der Bibliotheken das 1947/1948 von Matatias Carp herausgegebene Schwarzbuch, das seit 1996 in einer Neuauflage vorliegt, vgl. Matatias C a r p: Cartea neagră [Schwarzbuch], 3 Bde. Bucureşti 1996.

[5] Radu I o a n i d: Evreii sub regimul Antonescu [Die Juden unter dem Antonescu-Regime]. Bucureşti 1997.

das die Gesetzestexte und Verfügungen der rumänischen Behörden veröffentlichte. Diese Dokumente der damaligen politischen Entscheidungsträger wurden von der Öffentlichkeit jedoch größtenteils ignoriert.[6] Im Zuge der Abwendung vom Kommunismus wurde Rumäniens Staatsführer aus den Jahren 1940 bis 1944 im Senat 1991 geehrt und es gibt eine Initiative zu seiner juristischen Rehabilitierung. Historiker und Journalisten bemühen sich darum, Ion Antonescu als denjenigen hinzustellen, der viele Juden Rumäniens vor der Vernichtung gerettet hat. Tatsächlich verweigerte er im Herbst 1942 die bereits vertraglich vereinbarte Deportation der in Rumänien verbliebenen Juden in deutsche Lager. Doch er hatte 1941 die Deportation der Juden aus Bessarabien und der Bukowina veranlaßt, durch die Hunderttausende ihr Leben verloren. Einige rumänische Historiker versuchen nun, Antonescus damalige Rechtfertigung für die Gewaltaktionen wieder in Umlauf zu bringen: daß die Juden dafür bestraft werden mußten, weil sie sich beim Rückzug der rumänischen Armee aus diesen beiden Gebieten 1940 ungebührlich verhalten hätten.[7]

Aufgrund dieser politisch brisanten Debatte konzentriere ich mich bei meinem Vergleich vor allem auf die Zwischenkriegszeit und den Zweiten Weltkrieg. Eingangs gehe ich der Frage nach, ob die unterschiedlichen Zeitpunkte der Emanzipation Einfluß auf die Entwicklung des Antisemitismus in der Zwischenkriegszeit hatten. Danach analysiere ich die Träger der Ausgrenzungspolitik und die Bedingungen ihres Aufstiegs. Abschließend untersuche ich, ob es Unterschiede in der Form und im Ausmaß der Vernichtungspolitik während des Zweiten Weltkriegs gab.

---

[6] Martiriul evreilor din România 1940-1944 [Das Martyrium der Juden in Rumänien 1940-1944]. București 1991 und Evreii din România între anii 1940-1944, vol. I: Legislația antievreiască [Die Juden in Rumänien in den Jahren 1940-1944, Band I: Die antijüdische Gesetzgebung]. București 1993; vol. II: Problema evreiască în stenogramele Consiliului de Miniștri [Band II: Das Judenproblem in den Kurzschrifttexten des Ministerrats]. București 1996; vol. III: Perioada unei mari restriști? 1940-1942 [Band III: Der Zeitraum einer großen Unbill]. București 1997.

[7] Diese Ansicht vertreten zum Beispiel: Ioan S c u r t u, Constantin H l i h o r: Anul 1940. Drama românilor dintre Prut și Nistru [Das Jahr 1940. Das Drama der Rumänen zwischen Pruth und Dnjestr]. București 1992 und Gheorghe B u z a t u: Așa a început holocaustul împotriva poporului român [So hat der Holocaust gegen das rumänische Volk begonnen]. București 1995.

Die Stellung der Juden vor dem Ersten Weltkrieg

Auf dem Gebiet des heutigen Ungarns und Rumäniens lebte bereits im Mittelalter eine jüdische Minderheit. Ein breiter Zuzug in beide Gebiete setzte aber erst seit dem 18. Jahrhundert ein. Ins Königreich Ungarn kamen vor allem Juden aus Böhmen und Mähren, dem österreichischen Galizien und dem russischen Teil Polens.[8] Bei der Volkszählung von 1910 wurden durch die Angabe der Konfession 911.227 Juden ermittelt, die 5 % der Gesamtbevölkerung stellten. Die ungarische Nationalversammlung hatte nach einigen Auseinandersetzungen im Sommer 1849 die Emanzipation der Juden beschlossen, woraufhin diese die Revolution tatkräftig unterstützten. Nach deren Niederschlagung mußten sie eine hohe Summe Kriegskontribution bezahlen. Im Zuge der Ausgleichsgesetzgebung in der Habsburger Monarchie erreichten die Juden 1867 die rechtliche Gleichstellung. Dies führte zu einer zunehmenden sozialen und kulturellen Differenzierung innerhalb des Judentums. Obwohl zwei Drittel der Ungarn zu Beginn des 20. Jahrhunderts in der Landwirtschaft beschäftigt waren, gab es dort nur sehr wenige Juden (4-5 %). Dagegen waren sie im Bank- und Finanzwesen sowie in den freien Berufen sehr stark vertreten, weil sich der ungarische Adel von diesen Bereichen lange fernhielt. Einige jüdische Bankiers gründeten auch Industrieunternehmen wie etwa Manfred Weiss das wichtigste Stahl- und Rüstungswerk. In den Städten orientierten sich immer mehr Juden an der ungarischen Kultur: Sie magyarisierten ihre Namen und betrachteten Ungarisch als ihre Muttersprache. Es gab viele Ehen mit Christen und Taufen von Juden. Gegen diesen Prozeß der Akkulturation und Assimilation wehrten sich einerseits die streng religiösen Juden, die zumeist in den ländlichen Regionen lebten und andererseits die Zionisten.[9] Die Mehrheit der Juden gehörte der Mittelklasse an und war staatsloyal. In den nichtungarischen Randgebieten wirk-

---

[8] Die Anzahl der Juden stieg in etwa hundert Jahren auf das Achtfache von 83.000 (1787) auf 624.700 (1880). Vgl. William O. M c C a g g: A History of Habsburg Jews 1670-1918. Bloomington 1992, S. 125.

[9] Der Begründer des Zionismus Theodor Herzl wurde 1860 in Pest geboren und wandte sich bereits 1882 gegen die Magyarisierung vieler Juden. Vgl. Rudolf K a l l n e r: Herzl und Rathenau. Wege jüdischer Existenz an der Wende des 20. Jahrhunderts. Stuttgart 1976, S. 33 und 39.

ten Juden sogar als Magyarisierer. Einigen Juden gelang der Aufstieg in hohe politische und militärische Ämter.[10]

In Rumänien wurden vor dem Ersten Weltkrieg nur einige Hundert Juden eingebürgert, eine Beteiligung an Staatsämtern war unvorstellbar.[11] Die in die rumänischen Fürstentümer eingewanderten Juden kamen vor allem aus Galizien und Rußland. Diese Juden sprachen zumeist das aus dem Mittelhochdeutschen stammende Jiddisch. Im Süden Rumäniens gab es auch Sefarden, die das Spanisch (Ladino) der im 15. Jahrhundert durch die Inquisition vertriebenen Juden sprachen. Beide Sprachen wurden mit hebräischen Buchstaben geschrieben. 1912 wurden 239.967 Juden gezählt, das entsprach 3,3 % der Gesamtbevölkerung. Obwohl ihr Anteil niedriger als in Ungarn war, gab es in der rumänischen Oberschicht 1878 heftigen Widerstand, als der Berliner Kongreß eine Einbürgerung durchsetzen wollte. Rumänien blieb der einzige Staat Südosteuropas, in dem die Mehrheit der Juden bis 1918 staatenlos und dadurch der Willkür der Behörden ausgesetzt war. Dennoch schafften es auch dort einige wenige Juden ins Großbürgertum aufzusteigen und einige waren Großpächter. Die Antisemiten behaupteten, daß die Juden an der extremen Armut der rumänischen Bauern schuld seien und auch die Entfaltung einer rumänischen Mittelschicht verhindert hätten. Diese Ansichten waren unter den rumänischen Intellektuellen weit verbreitet. Viele meinten – wie etwa der bekannte rumänische Dichter Mihai Eminescu –, daß die Juden für die Entwicklung Rumäniens

---

[10] Ezra M e n d e l s o h n: The Jews of East Central Europe between the World Wars. Bloomington 1983, S. 88ff. Speziell zur Lage in Siebenbürgen und im Banat vgl. Victor N e u m a n n: Istoria evreilor din România [Die Geschichte der Juden in Rumänien]. Timişoara 1996 und Moshe C a r m i l l y - W e i n b e r g e r: Istoria evreilor din Transilvania 1623-1944 [Die Geschichte der Juden in Siebenbürgen 1623-1944]. Bucureşti 1994.

[11] Aufgrund des Drucks von jüdischen Organisationen aus Frankreich und Großbritannien bürgerte die rumänische Regierung 1879 883 Juden ein, die als Freiwillige am Krieg für die staatliche Unabhängigkeit teilgenommen hatten. Viele von ihnen waren gefallen und erhielten die Anerkennung postum. Außer ihnen wurden im Einzelverfahren zwischen 1879 bis 1913 insgesamt 529 Juden eingebürgert. Vgl. Carol I a n c u: Evreii din România de la excludere la emancipare 1866-1919 [Die Juden in Rumänien vom Ausschluß zur Emanzipation]. Bucureşti 1996, S. 191 und 212f. Zu dieser Phase vgl. auch Beate W e l t n e r: Die Judenpolitik der rumänischen Regierung 1866-1888. Frankfurt 1989.

eine große Gefahr darstellten.¹² Aufgrund der Xenophobie in der rumänischen Gesellschaft und des rechtlosen Status war der Prozeß der Akkulturation der Juden an die Mehrheitsgesellschaft viel schwächer als in Ungarn. Die „Union der einheimischen Juden" propagierte während der Balkankriege 1912/1913 eine freiwillige Meldung möglichst vieler Juden zur Armee, damit sie ihre Solidarität mit Rumänien unter Beweis stellen könnten. Zwar folgten 25.000 Juden diesem Appell, jedoch die Anerkennung der rumänischen Öffentlichkeit blieb aus. Mit Ausnahme der sozialdemokratischen Blätter wandte sich die rumänische Presse erfolgreich gegen eine allgemeine Einbürgerung.¹³

Vergleich der Entwicklungen in der Zwischenkriegszeit

Infolge des Ersten Weltkriegs veränderte sich die Lage der Juden: In Ungarn verloren sie ihre gesicherte Stellung, während sie in Rumänien nun eingebürgert wurden. Ungarn schrumpfte durch die militärische Niederlage und den Trianon-Vertrag auf einen kleinen Nationalstaat zusammen. Verglichen mit 1910 war dadurch auch die Anzahl der Juden mit 473.000 auf die Hälfte gesunken, doch infolge der starken Präsenz in Budapest war ihr Bevölkerungsanteil mit 5,9 % etwas gestiegen. Die Tatsache, daß 60 % der Volkskommissare der ungarischen Räterepublik jüdischer Herkunft waren, diente den Antisemiten in der Folgezeit zu einer Dolchstoßlegende.¹⁴ Die natio-

---

¹² Vgl. Leon V o l o v i c i: Ideologia naţionalistă şi „problema evreiască" [Die nationalistische Ideologie und das „Judenproblem"]. Bucureşti 1995, S. 33f.

¹³ Carol I a n c u: L'emancipation des Juifs de Roumanie 1913-1919. Montpellier 1992, S. 55. Die Sozialdemokraten kritisierten die „Union einheimischer Juden" wegen ihrer Befürwortung von Eroberungen und dem Abrücken von einer allgemeinen Einbürgerung. Vgl. Mariana H a u s l e i t n e r: Die nationale Frage in der rumänischen Arbeiterbewegung vor 1924. Berlin 1988, S. 239f.

¹⁴ Anteil der jüdischen Kommissare vgl. Margit S z ö l l ö s i - J a n z e: Die Pfeilkreuzbewegung in Ungarn. Historischer Kontext, Entwicklung und Herrschaft. München 1989, S. 63. Der hohe Anteil der Juden in der Räteregierung wird vor allem damit erklärt, daß die Juden 25 % der Budapester Bevölkerung stellten und bei den Intellektuellen überrepräsentiert waren. Aufgrund ihrer Lage waren sie internationalistischen Denkansätzen besonders zugetan. Vgl. Peter P a s t o r: One Step Forward, Two Steps Back: The Rise and Fall of the First Hungarian Communist Party 1918-1922. In: Ivo B a n a c (Hg.): The Effects of World War I: The Class War after the Great War. New Jersey 1983, S. 86.

nale Armee Horthys initiierte Ende 1919/Anfang 1920 Pogrome gegen Juden und die organisierte Arbeiterschaft. Dem Terror fielen insgesamt ca. 5.000 Personen zum Opfer, von denen über die Hälfte Juden waren.[15]

In den zwanziger Jahren nahmen auch ehemalige liberale Kräfte gegen die Juden Stellung, weil jene nicht mehr wie im Vielvölkerstaat zur Stärkung der Position der Magyaren gebraucht wurden. Die Antisemiten, die bis 1918 in der Opposition waren, gelangten unter Horthy in Staatspositionen. Der Antisemitismus fand seinen Niederschlag in mehreren Gesetzen und Verfügungen. Juden bekamen keine Konzessionen mehr für Schankwirtschaften, Trafiken, Kinos und Theater. In den höheren Bildungseinrichtungen wurde 1920 der Numerus Clausus eingeführt, wodurch die Zahl der Juden auf ihren Anteil in der Gesamtbevölkerung reduziert werden sollte. Der staatliche Antisemitismus bewirkte eine Auswanderungswelle und ein Anwachsen der Übertritte zum christlichen Glauben. Die Zahl der Juden sank auch durch den Geburtenrückgang und erreichte 1930 einen Anteil von 5,1 %. Obwohl der Druck auf die Juden in der Konsolidierungsphase unter Ministerpräsident Bethlen zwischen 1921 und 1931 abnahm, blieben die antisemitischen Gesetze und Verfügungen in Kraft. Das Parlament verlängerte das Numerus-Clausus-Gesetz 1923 und 1928 mit breiter Mehrheit. Der Anteil jüdischer Studenten ging von 12,5 % in den Jahren 1920/21 auf durchschnittlich ca. 8 % in den Jahren 1933 bis 1936 zurück.[16]

Zwischen 1932 und 1936 wurde ein Führer der „Rasseschützer"-Partei Ministerpräsident: Gyula Gömbös. Er konnte aber sein Ziel der Zurückdrängung des jüdischen Einflusses nicht durchsetzen, weil er zur Überwindung der Depression mit der jüdischen Finanz- und Industriewelt kooperieren mußte. Es gelang ihm auch nicht einen autoritären Staat aufzubauen, lediglich die außenpolitische Orientierung an Deutschland verstärkte sich. Der Anteil ungarischer Ex-

---

[15] Es gibt keine exakten Angaben über die Opfer, es handelt sich um Schätzungen. Vgl. Rolf Fischer: Entwicklungsstufen des Antisemitismus in Ungarn 1867-1939. München 1988, S. 134. Nagy-Talavera gibt etwa 1.500 Todesopfer an und 70.000 Gefangene in Konzentrationslagern. Vgl. Nicholas M. Nagy-Talavera: The Green Shirts and the Others. Stanford 1970, S. 54.
[16] Fischer: a.a.O, S. 165, und Mendelsohn: a.a.O, S. 99ff.

porte nach Deutschland erreichte 34 % (1937) und 52 % (1939).[17] Neben den komplementären Wirtschaftsstrukturen verband Ungarn und das Deutsche Reich das Ziel, die Pariser Friedensverträge zu revidieren. Während die Rechten um Gömbös in die Regierungspartei (Partei der Nationalen Einheit/Nemzeti Egység Pártja) integriert waren, entstanden Mitte der dreißiger Jahre nationalsozialistische Parteien, die durch die Mobilisierung einer Massenbewegung die Juden aus der Gesellschaft verdrängen wollten. Sie bekamen Auftrieb durch die Entwicklungen im Deutschen Reich. Die wichtigste war die „Pfeilkreuzpartei" (Nyilaskeresztes Párt), die 1939 bereits eine Viertelmillion Mitglieder aufwies und bei den Wahlen 25 % der Stimmen errang.[18]

Unter dem Druck dieser starken Bewegung wurden neue antisemitische Gesetze erlassen, die schrittweise alle Errungenschaften der Emanzipation abbauten. Das 1. Judengesetz vom Mai 1938 bezweckte die wirtschaftliche Schwächung der Juden: es verfügte die Schaffung von Berufskammern im Presse-, Theater- und Kinowesen sowie bei Ärzten, Juristen und Ingenieuren, in denen der Anteil der Juden auf 20 % beschränkt wurde. Denselben Anteil sollten auch die größeren Wirtschaftsunternehmen berücksichtigen. Aufgrund der hohen Konzentration von Juden in diesen Bereichen, war jeder zweite jüdische Beschäftigte von der Entlassung bedroht. Während in diesem Gesetz noch unklar war, wer als Jude galt, wurde dies im 2. Judengesetz vom Mai 1939 nachgeholt: selbst Halbjuden fielen nun unter die Sondergesetze, doch noch nicht die konvertierten Juden. Der Anteil der Juden in den Berufskammern wurde nun auf 6 % reduziert. Der Eintritt in den öffentlichen Dienst sowie leitende Tätigkeiten im Pressewesen, im Theater und in den Arbeitervereinigungen waren Juden grundsätzlich verboten. Auch in der Industrie und im Handel traten neue Maßnahmen zur Entrechtung der Juden in Kraft. Besonders folgenschwer war eine Änderung bei den Bestimmungen der Staatsbürgerschaft: Juden, die nach 1914 eingebürgert

---

[17] Péter S i p o s: Hungary in the German Sphere of Interest. In: Richard J. O v e r r y, Gerhard O t t o, Johannes H o u w i n k t e n C a t e (Hgg.): Die „Neuordnung" Europas: NS-Wirtschaftspolitik in den besetzten Gebieten. Berlin 1997, S. 242.
[18] F i s c h e r: a.a.O, S. 174. Zur sozialen Basis dieser Partei vgl. S z ö l l ö s i - J a n z e: Die Pfeilkreuzlerbewegung, a.a.O., S. 126ff.

wurden, konnten ausgebürgert werden. Als Vorwand für diesen Eingriff dienten die ca. 145.000 Juden der Karpato-Ukraine und Südslowakei, die infolge der Gebietserweiterungen 1938/1939 zu Ungarn kamen. Obwohl ein Großteil dieser Juden unter tschechoslowakischer Herrschaft zwei Jahrzehnte lang an der ungarischen Prägung festgehalten hatte, wurden viele Juden nun zu Staatenlosen erklärt. Sie sollten 1941 als erste der Vernichtung preisgegeben werden.[19]

In Großrumänien zielte die Staatspolitik trotz des wachsenden Drucks der Antisemiten bis 1938 auf Assimilation ab. Eine wichtige Ursache war die multiethnische Bevölkerungsstruktur, die durch die Verdoppelung des Staatsgebietes 1918 entstand. Durch den Erwerb des ehemaligen russischen Bessarabiens, der österreichischen Bukowina sowie Siebenbürgens und des Banats vom Ungarischen Königreich hatte Großrumänien 1920 einen Anteil von 28,2 % (1930) nationale Minderheiten. Den höchsten Anteil stellten die Magyaren mit 7,9 % (1930), während die Juden mit 4,1 % genau so stark wie die Deutschen vertreten waren. Aufgrund der Erfahrungen mit der verhinderten Emanzipation der Juden nach 1878, drängte die Pariser Friedenskonferenz 1919 auf eine allgemeine Einbürgerung. Die Gleichberechtigung aller Minderheiten wurde in einem Schutzvertrag festgehalten, den der Vertreter Großrumäniens unterzeichnen mußte. Ein Fünftel der Juden in Großrumänien verloren bereits 1924 durch ein neues Gesetz die Staatsbürgerschaft, es handelte sich zumeist um diejenigen aus den neu angeschlossenen Gebieten oder Flüchtlinge aus den angrenzenden Bürgerkriegsgebieten. Anders als in Ungarn hatte in Rumänien das Feindbild „Judeo-Bolschewismus" wenig Tragkraft, weil die organisierte Arbeiterbewegung sehr schwach war.[20]

---

[19] Zahlenangaben vgl. F i s c h e r : a.a.O, S. 176. Zur Veränderung der Definition des Juden im 1. und 2. Judengesetz und seinen Folgen vgl. Raul H i l b e r g : Die Vernichtung der europäischen Juden, Bd. 2. Frankfurt 1990 (3. Auflage), S. 862ff. Zu den territorialen Forderungen Ungarns, welche 1938 zur Krise der Tschechoslowakei entscheidend beitrugen vgl. Magda A d a m : Richtung Selbstvernichtung. Die Kleine Entente 1920-1938. Budapest, Wien 1988, S. 141ff.

[20] Die Arbeiterbewegung hatte in Rumänien zwischen 1918 und 1920 einen Aufschwung erfahren und wurde nach einem Generalstreik zerschlagen. Im Gegensatz zu Ungarn war die rumänische Sozialdemokratie sehr schwach: mit Ausnahme der Jahre 1919/1920 vertrat nur der jüdische Abgeordnete Jakob Pistiner bis 1928 die Partei. Durch die Wahlabsprache mit der Nationalen Bauernpartei gelangten neun Sozialdemokraten zwischen 1928 und 1931 ins Parla-

Die zwischen 1922 und 1928 regierenden Liberalen erkannten, daß die Vertreter der Juden loyale Unterstützer jeder Regierung waren und die Juden von allen Minderheiten am ehesten ins Rumänentum assimiliert werden konnten. Das galt vor allem für die Juden Altrumäniens, dagegen wehrten sich die deutschsprachigen Juden der Bukowina, die russischsprachigen in Bessarabien und die ungarischen in Siebenbürgen gegen die Zwangsrumänisierung ihrer Institutionen.[21] Als die Liberalen 1922 die Klauseln zur Gleichberechtigung in den neuen Verfassungsentwurf übernahmen, formierte sich innerhalb der rumänischen Studentenschaft eine Protestbewegung. Mit Hinweis auf Ungarn forderte sie einen Numerus clausus an den höheren Bildungseinrichtungen sowie den Ausschluß der Juden von den lukrativen Staatsstellen. Die antisemitische Jugendbewegung verlor in den Folgejahren wieder an Einfluß und machte sich erst in den Jahren der Weltwirtschaftskrise erneut bemerkbar.[22] Obwohl in der Phase der wirtschaftlichen Konsolidierung ab 1934 der Einfluß der Antisemiten in der Bauernschaft und im Mittelstand wieder zurückging, nahm die Regierung der Liberalen einige gegen sogenannte Fremde gerichtete Programmpunkte in ihr Repertoire auf. 1934 und 1937 konzipierten sie jeweils Bestimmungen zur Reduzierung der nichtrumänischen Beschäftigten in der Wirtschaft. Da aber nicht eindeutig festgelegt wurde, wer Rumäne war, wandte sich das Deutsche Reich gegen eine Diskriminierung der deutschen Minderheit

---

ment. 1932 hatten die Sozialdemokraten sieben Abgeordnete und zwischen 1934 und 1938 keinen, weil sie mit 1,26 % unter der 2 %-Hürde blieben. Die Kommunistische Partei war seit 1921 verboten und hatte nur wenige Anhänger. Vgl. Nicolae J u r c a: Socialdemocraţia în România 1918-1944 [Die Sozialdemokratie in Rumänien 1918-1944]. Sibiu 1993, S. 76, 104 und 128.

[21] Aufgrund des gemeinsamen Eintretens für Minderheitenrechte arbeitete die „Jüdische Partei" von Mayr Ebner bis in die dreißiger Jahre eng mit den Vertretern der deutschen Minderheit zusammen. Vgl. Hildrun G l a s s: Zerbrochene Nachbarschaft. Das deutsch-jüdische Verhältnis in Rumänien 1918-1938. München 1996.

[22] Zur Entwicklung dieser Bewegung vgl. Armin H e i n e n: Die Legion „Erzengel Michael" in Rumänien. München 1986 und Francisco V e i g a: Istoria Gărzii de Fier 1919-1941 [Die Geschichte der Eisernen Garde 1919-1941]. Bucureşti 1993. Im Orginalton: C o d r e a n u: Eiserne Garde. Berlin 1939 und Ştefan P a l a g h i ţ ă: Garda de fier spre reînvierea României [Die Eiserne Garde zur Wiederauferstehung Rumäniens]. Bucureşti 1993 (Neuauflage der in Buenos Aires 1951 erschienenen Ausgabe).

und die Verfügungen wurden nur in bestimmten Landesteilen umgesetzt. Eindeutig nur gegen die Juden gerichtete Ausschlußverfahren wurden erst nach der Wahl vom Dezember 1937 verankert, aus der die beiden großen bürgerlichen Parteien aufgrund ihres skrupellosen Machtkampfes geschwächt hervorgingen. Die Wahlorganisation der „Eisernen Garde" erlangte 15,6 % und die „National-Christliche Partei" 9,1 % der Stimmen. Damit hatten die Antisemiten bereits ein Jahr früher als in Ungarn die magische Zahl von etwa einem Viertel der Wählerstimmen erreicht. Obwohl die Regierung der „National-Christlichen Partei" sich nur 44 Tage an der Macht halten konnte, blieben die von ihr eingebrachten antisemitischen Gesetze in Kraft.[23] Durch das „Gesetz zur Überprüfung der Staatsbürgerschaft" wurde bis Ende 1939 fast eine Viertelmillion Juden staatenlos. Das entsprach etwa einem Drittel der in Großrumänien lebenden Juden, besonders stark waren Bessarabien und die Bukowina betroffen.[24] Die staatenlosen Juden verloren zumeist auch ihre wirtschaftliche Grundlage. Zu diesem Zeitpunkt konnten nur noch wenige emigrieren, weil bereits so viele Juden aus Deutschland und den inzwischen von den Nationalsozialisten zerschlagenen Staaten Österreich, Tschechoslowakei und Polen auf der Flucht waren. Viele jüdische Jugendliche, denen nun der Weg zur Integration versperrt war, schlossen sich den Zionisten an. Einige wenige organisierten sich in linken Kreisen. Die schwachen Linken dienten im Frühjahr 1940 dem Innenminister als Vorwand, alle Juden und Slawen gesondert zu überwachen. Als sich die rumänische Armee durch das sowjetische Ultimatum Ende Juni/Anfang Juli 1940 aus Bessarabien und der Nordbukowina zurückziehen mußte, verübten einige Einheiten nach dem Rückzug Pogrome. Auf dem Staatsgebiet des verkleinerten Rumäniens kamen mehrere Hundert Juden um, die Verantwortlichen wurden nicht zur Rechenschaft gezogen. König Carol II. gab im August

---

[23] Nachdem Carol II. im Februar 1938 eine korporative Verfassung einführte, konnten die Abgeordneten noch weniger als zuvor an politischen Entscheidungen mitwirken. Einige Senatoren, die sich weigerten, die Uniform der Einheitspartei zu tragen, blieben den Sitzungen fern. Vgl. Hans-Christian M a n e r: Parlamentarismus in Rumänien 1930-1940. München 1997, S. 496f.
[24] Evreii din România între anii 1940-1944, vol. I [Die Juden in Rumänien in den Jahren 1940-1944, Band 1], S. 36, und Zigu O r n e a: Anii treizeci. Extrema dreaptă românească [Die dreißiger Jahre. Die rumänische extreme Rechte]. București 1995, S. 392.

1940 grünes Licht für neue antisemitische Gesetze, die Mischehen unterbanden und Juden aus vielen Berufssparten verbannten. Dadurch konnte jedoch die Unruhe im Land nicht kanalisiert werden, die von der Eisernen Garde geschürt wurde. Die sozialen Spannungen wuchsen durch den riesigen Flüchtlingsstrom, der sich nach der Abtretung Nordsiebenbürgens und der Dobrudscha ins Landesinnere ergoß. Die Garde lastete dem König den Verlust des halben Staatsterritoriums an, weil er solange an dem Bündnis mit den Westmächten festgehalten habe. Um die Ruhe wiederherzustellen, berief der König General Antonescu zum Ministerpräsidenten. Dieser verlangte jedoch im September 1940 Carols Abdankung zugunsten seines Sohnes. Danach stellten die Vertreter der Eisernen Garde und des Militärs die Regierung. Die Außenpolitik wurde sofort auf die Achse Deutschland–Italien ausgerichtet und die Stationierung deutscher Truppeneinheiten in Rumänien akzeptiert. Unter dem Vorwand der „Rumänisierung" wurden viele jüdische Geschäftsinhaber und Unternehmer enteignet. Die Eiserne Garde versuchte im Januar 1941 gewaltsam die Alleinherrschaft zu erlangen, doch Hitler gab Antonescu grünes Licht, das Militär gegen sie einzusetzen. Für die Kriegsvorbereitungen gegen die Sowjetunion war der General der geeignetere Partner. Dem Putsch fielen 374 Personen zum Opfer, darunter waren viele Juden, welche die Gardisten auf grausamste Weise verstümmelten.[25]

Die Vernichtungsaktionen in Ungarn 1941-1944

In dem Teil Siebenbürgens, der 1940 an Ungarn angegliedert wurde, begann sofort die Ausdehnung des 1. und 2. Judengesetzes von 1938 und 1939. Die Anzahl der Juden Ungarns wuchs von 165.000 auf 710.000 an, Grund genug für die Antisemiten, immer härtere Maßnahmen zu fordern. Im Zuge des deutschen Angriffs auf Jugoslawien besetzte Ungarn das Baranya-Dreieck und die Batschka, wodurch noch einmal 15.000 Juden hinzukamen. Ende April 1941 beriet das Parlament das 3. Judengesetz: Das sogenannte „Rasseschutzgesetz" trat im August 1941 in Kraft und untersagte Ehen zwischen

---

[25] Martiriul, a.a.O, S. 72, und Bericht eines Augenzeugen: F. B r u n e a - F o x. Oraşul măcelului [Die Stadt des Gemetzels]. Bucureşti 1997.

Juden und Nichtjuden. Als Jude galt nunmehr jeder, der zwei jüdische Großeltern hatte, wodurch auch ca. 100.000 Personen nichtjüdischen Glaubens erfaßt wurden, darunter Angehörige des Klerus und der Aristokratie.[26]

Sofort nach dem Angriff auf die Sowjetunion begannen die ersten großen Gewaltaktionen, sie betrafen vor allem Juden aus den angrenzenden Gebieten Siebenbürgens: der Karpato-Ukraine und dem ehemaligen Jugoslawien. Am 26. Juni 1941 vertrieb die ungarische Gendarmerie 14.000-16.000 Juden aus der Karpato-Ukraine, die staatenlos geblieben waren, weil sie nicht schon 1867 dort lebten. Auch in Budapest und Nordsiebenbürgen wurden staatenlose Juden verhaftet.[27] Sie wurden in die von den Deutschen besetzte Sowjetukraine vertrieben. Unter den mittellosen Abgeschobenen breiteten sich Mangelkrankheiten aus, die auch die deutschen Verbände gefährdeten. Daher verlangten die Deutschen ihre Rücknahme. Weil dies nicht geschah, erschossen SS-Einheiten bei Kamenez-Podolsk viele aus Ungarn abgeschobene Juden zusammen mit ukrainischen Juden.[28] Ungarisches Militär ermordete im Januar 1942 in der Batschka (Novi Sad/Újvidék) im Zuge der Bekämpfung angeblicher Partisanen 4.000 Personen, darunter 1.250 Juden.[29] Daß in diesem Fall Ende 1943 ein Verfahren gegen einen ungarischen General und seine Gehilfen eröffnet werden sollte, zeigte die veränderte politische Lage

---

[26] Fischer, a.a.O, S. 188.

[27] Es handelte sich auch um Juden aus den von den Deutschen liquidierten Staaten Österreich, Tschechoslowakei und Polen. Während ich die niedrige Schätzung der Betroffenen von Varga angebe, findet man stellenweise auch die Zahl 30.000. Einige Überlebende kehrten in ihre Heimatorte zurück und berichteten das bis dahin Unvorstellbare. Vgl. Tereza M o z e s: Decalog însângerat [Blutiger Dekalog]. București 1995, S. 19f.

[28] Über die von Ungarn ohne Absprache abgeschobenen Juden berieten am 25. August 1941 Offiziere der deutschen Wehrmacht und Vertreter des neugebildeten Ostministeriums. SS-Obergruppenführer Friedrich Jeckeln erklärte, bis zum 1. September 11.000 Juden liquidieren zu können. Zwei Wochen später wurde die Erschießung von 23.600 Juden gemeldet. Diese Akten lagen als Belastungsmaterial beim Nürnberger Prozeß vor. Vgl. H i l b e r g: a.a.O, S. 875f. und Helmut K r a u s n i c k: Hitlers Einsatzgruppen. Frankfurt 1975, S. 219f.

[29] Die Zahl der Opfer wird in den Quellen unterschiedlich angegeben, ich nenne die in der Fachliteratur eingebürgerte niedrigste Schätzung. Vgl. László V a r g a: The Losses of Hungarian Jewry. In: Randolph B r a h a m (Hg.): Studies on the Holocaust in Hungary. Boulder 1990, S. 260.

an.³⁰ Durch die Niederlagen an der Ostfront, wo die 2. Ungarische Armee 1943 fast vollständig vernichtet wurde, begann die ungarische Führung den Kontakt zu den Westmächten zu suchen. Der seit März 1942 amtierende Ministerpräsident Miklós Kállay ging nicht gegen die Juden vor und ignorierte lange das Drängen deutscher Dienststellen, welche sie in ihre Vernichtungspläne einbeziehen wollten.³¹ Auch Horthy verwies auf die Gefahren für die Funktionsfähigkeit der ungarischen Wirtschaft und verweigerte die Zustimmung zu Massendeportationen. Er sah keine Chance mehr für einen deutschen Sieg, denn die Rote Armee stand im März 1944 bereits an der Grenze zur Karpato-Ukraine. Um den von Ministerpräsident Kállay insgeheim angesteuerten Austritt Ungarns aus dem Achsenbündnis vorzubauen, beschloß Hitler am 18. März 1944 eine kollaborationswillige Regierung einzusetzen. Während sich Horthy zu einem Besuch bei Hitler aufhielt, überschritten deutsche Militäreinheiten die Landesgrenze. Weil Horthy wußte, daß es im ungarischen Heer und bei der Polizei viele prodeutsche Kräfte gab, stimmte er Hitlers Forderungen zu. Er versprach 100.000 Juden als Zwangsarbeiter in deutsche Rüstungsfabriken zu schicken. Auch eine neue Armee wurde aufgestellt und an die Ostfront geschickt.³² Horthy ernannte eine neue Regierung und präsentierte sie dem Parlament. Ihr gehörten entschiedene Antisemiten an, welche die Vorbereitungen des Sondereinsatzkommandos von Eichmann zur Deportation vorbehaltlos unterstützten. Horthy erklärte, daß er sich in diese Frage nicht einmischen werde.³³ Die ungarische Polizei und Gendarme-

---

³⁰ Es kam nicht dazu, weil der General und die Gehilfen sich ins Deutsche Reich absetzten.

³¹ Während Kállays Regierungszeit im Sommer 1942 wurde aber vom ungarischen Generalmajor Heszlényi beim Auswärtigen Amt angefragt, ob nach Ungarn geflüchtete Juden in das Gebiet östlich des Dnjestr abgeschoben werden könnten. Himmler riet, die Zustimmung hinauszuzögern, um eine Deportation der Juden ungarischer Staatsbürgerschaft zu erwirken und damit auch die Regierungen Rumäniens und Bulgariens von ihrer „zaudernden Haltung" abzubringen. Brief von Himmler an Ribbentrop vom 30.11.1942, Kopie in: Hans-Jürgen D ö s c h e r: Das Auswärtige Amt im Dritten Reich. Diplomatie im Schatten der „Endlösung". Berlin 1987, S. 295ff.

³² Carlile Aylmer M a c a r t n e y: Geschichte Ungarns. Stuttgart 1971, S. 126f. und Arno J. M a y e r: Der Krieg als Kreuzzug. Das Deutsche Reich, Hitlers Wehrmacht und die „Endlösung". Hamburg 1989, S. 637f.

³³ Peter S i p o s: Hungary: The Occupied Satellite. In: Wolfgang B e n z, Johann H o u w i n k t e n C a t e, Gerhard O t t o: Anpassung. Kollaboration. Widerstand. Berlin 1996, S. 251f.

rie bereitete die Erfassung der Juden vor und trieb sie in die Ghettos. Der Ministerrat gab seine Zustimmung zur Deportation.³⁴ Bereits im Mai 1944 fuhren die ersten Züge aus Nordsiebenbürgen und der Karpato-Ukraine nach Auschwitz-Birkenau. Der im März 1944 gebildete Judenrat wurde über das Ziel der Reise getäuscht: Eichmann behauptete, daß die Juden in Rüstungsfabriken arbeiten würden und ihre Familien für ihre Verpflegung sorgen sollten.³⁵ Bis Juli 1944 wurden 437.402 Juden ins Deutsche Reich deportiert, wo sie größtenteils umkamen (15,5 % Überlebende).³⁶ Das jüdische Eigentum gelangte größtenteils in die Hände von Ungarn, nur in wenigen Fällen sicherten sich die Deutschen einen Anteil an der Beute.³⁷ Ab Mitte Juli 1944 sollten auch die nur noch etwa 200.000 in Budapest verbliebenen Juden deportiert werden, doch plötzlich legte Horthy Einspruch dagegen ein. Er schlug den Deutschen vor, zumindest die getauften Juden, Ärzte und die 150.000 zum Arbeitsdienst Eingezogenen von der Deportation auszunehmen.³⁸ Bei den Deutschen gab es mittlerweile Überlegungen, die ungarischen Juden als Erpressungsmittel zu benutzen. Eichmann ließ zwei ungarische Juden in die Türkei fahren, damit sie bei den Westalliierten zehntausend Lastkraftwagen für die SS beschaffen sollten, wofür die Einstellung der Deportationen in Aussicht gestellt wurde. Die Briten gingen auf diesen Vorschlag nicht ein. Dennoch gelangten durch Vermittlung des Rettungskomitees von Rezső Kasztner 1.685 Juden gegen eine große Geldsumme

---

³⁴ Darstellung des Generalstaatsanwaltes von Israel, der 1961 die Anklage gegen Eichmann führte. Vgl. Gideon H a u s n e r: Die Vernichtung der Juden. München 1979, S. 188.

³⁵ Beim Nürnberger Prozeß meinte Rezső Kasztner, daß der Judenrat über Auschwitz mehr wußte, als nötig war. Vgl. Hannah A r e n d t: Eichmann in Jerusalem. Ein Bericht von der Banalität des Bösen. München, Zürich 1976 (4. Auflage), S. 238.

³⁶ Darunter waren 131.641 aus dem Teil Nordsiebenbürgens, der bis 1940 zu Rumänien gehört hatte. Vgl. Appendix 2. In: Randolph L. B r a h a m: Genocide and Retribution: The Holocaust in Hungarian-Ruled Northern Transylvania. Boston, The Hague 1983, S. 233.

³⁷ Einigen sehr reichen Juden ermöglichten die Deutschen die Ausreise, nachdem diese ihnen ihren Besitz übereignet hatten. Die Erben von Baron Weiss überschrieben dessen Stahlwerke und Güter der SS, Baron von Oppenheim seine Gestüte. Vgl. H a u s n e r: a.a.O, S. 201.

³⁸ László V a r g a: Ungarn. In: Wolfgang B e n z (Hg.): Dimension des Völkermords. München ²1996, S. 344f.

mit einem Sonderzug ins Ausland.[39] Mehrere Hundert Juden flohen nach Rumänien.[40] Mittlerweile hatte der amerikanische Präsident Roosevelt protestiert und ein schwerer Luftangriff auf Budapest am 2. Juli 1944 verlieh seinen Worten Gewicht. Auch der Papst, der König von Schweden und das Rote Kreuz verlangten die Einstellung der Deportationen. Es begann sich Widerstand innerhalb der christlichen Kirchen in Ungarn zu regen. Aufgrund des Einsatzes Raoul Wallenbergs von der Schwedischen Botschaft und Carl Lutz von der Schweizer Botschaft erhielten viele Juden Schutzbriefe und konnten nicht deportiert werden.[41] Horthy benachrichtigte die Westalliierten über das Rote Kreuz, daß die Deportationen eingestellt würden und Ungarn alle Inhaber von fremden Pässen nach Palästina oder andere Länder ausreisen lasse. Nach Schätzung des Roten Kreuzes handelte es sich um 41.000 Juden. Die Briten zögerten, weil sie in Palästina nur 4.000 Einwanderer aufnehmen wollten, um den Konflikt mit den Arabern nicht zu eskalieren. Die Beratungen zogen sich ergebnislos hin, bis sich die militärische Lage entscheidend änderte.[42] Durch den Frontwechsel der rumänischen Armee am 23. August 1944 schien sich für die Budapester Juden die Rettung anzubahnen, weil die Rote Armee Anfang Oktober Südungarn erreichte. Horthy ersetzte die kollaborationswillige Regierung und ließ auch die Verwaltung säu-

---

[39] H a u s n e r: a.a.O, S. 201-208, und Tom S e g e v: The Seventh Million. The Israelis and the Holocaust. New York 1993, S. 93ff., 265f. und 270ff.

[40] Carmilly-Weinberger behauptet in seinen Schriften, daß einige Rumänen um Professor Raoul Şerban Tausenden Juden zur Flucht aus Ungarn nach Rumänien verhalfen. Der profilierte Forscher Randolph Braham erklärte diese Angaben für unbelegt. Rabbi Carmilly-Weinberger, der seine Gemeinde im Mai 1944 im Stich ließ, und seine Familie in Sicherheit zu bringen, hätte zu seiner Entlastung die Hilfsaktionen aufgebauscht. Auch wenn nicht Tausenden geholfen wurde, entkamen mittels Bestechung einige ungarische Juden der Deportation. Vgl. C a r m i l l y - W e i n b e r g e r: a.a.O, S. 174ff., und Randolph L. B r a h a m: The Exculpatory History of Romanian Nationalists: The Exploitation of the Holocaust for Political Ends. In: ders. (Hg.): The Destruction of Romanian and Ukrainian Jews during the Antonescu Era. Boulder, New York 1997, S. 54f.

[41] Zu diesen und anderen Hilfsaktionen vgl. Alexander G r o s s m a n: Nur das Gewissen. Carl Lutz und seine Budapester Aktion. Wald 1986.

[42] Dalia O f e r: Escaping the Holocaust. Illegal Immigration to the Land of Israel 1939-1944. New York, Oxford 1990, S. 282ff.

bern.⁴³ Er wehrte sich nun entschieden gegen den Abtransport der verbliebenen Juden und verlangte den Abzug von Eichmanns Sonderkommando. Es zog am 29. September ab.⁴⁴ Horthy hatte insgeheim eine Delegation nach Moskau geschickt, die einen vorläufigen Waffenstillstand schloß. Nachdem Horthy am 15. Oktober 1944 das Ergebnis der Verhandlungen im Radio bekanntgab, stürzten ihn die Pfeilkreuzler.⁴⁵ Deren Führer Ferenc Szálasi riß mit Unterstützung der deutschen SS die Macht an sich. Vier Monate lang herrschte Terror gegen die Budapester Juden und über 10.000 wurden von Pfeilkreuzlern ermordet. Weitere 50.000 trieben sie im November 1944 zu Fuß zum Arbeitseinsatz in Richtung Wien, viele kamen dabei um.⁴⁶ Als die Rote Armee im Februar 1945 Budapest einnahm, waren von den 795.000 im März 1944 gezählten Juden nur noch 293.000 am Leben.⁴⁷

Die Vernichtungsaktionen in Rumänien 1941-1944

Die rumänische Armee ging bei Kriegsanfang ebenfalls sofort gewaltsam gegen diejenigen Juden vor, die sie zu Fremden erklärte: die jüdische Bevölkerung in den von der Sowjetunion zurückeroberten Gebieten Bessarabien und der Nordbukowina. Anfang Juli 1941 ermordeten rumänische Einheiten dort mehrere Tausend Juden.⁴⁸ Da-

---

⁴³ Margit S z ö l l ö s i - J a n z e: „Pfeilkreuzler, Landesverräter und andere Volksfeinde". Generalabrechnung in Ungarn. In: Klaus-Dietmar H e n k e, Hans W o l l e r (Hgg.): Politische Säuberungen in Europa. München 1991, S. 316f.

⁴⁴ H a u s n e r: a.a.O, S. 209f.

⁴⁵ Über Horthys Widerstand und seine Inhaftierung vgl. Jochen v o n L a n g: Das Eichmann Protokoll. Berlin 1982, S. 183-230.

⁴⁶ S z ö l l ö s i - J a n z e: Die Pfeilkreuzlerbewegung, a.a.O, S. 428ff., und Peter S i p o s: The Fascist Arrow Cross Goverment in Hungary. In: Wolfgang B e n z, Johannes H o u w i n k t e n C a t e, Gerhard O t t o: Die Bürokratie der Okkupation. Berlin 1995, S. 58.

⁴⁷ V a r g a. In: B e n z: a.a.O., S. 349ff.; mit 255.500 eine niedrigere Angabe vgl. S z ö l l ö s i - J a n z e: Die Pfeilkreuzlerbewegung, a.a.O., S. 432.

⁴⁸ Ministerpräsident Mihai Antonescu befahl am 3. Juli 1941 den neueingesetzten Verwaltungskräften die „Reinigung des Terrains". Doch an den Morden beteiligten sich auch die deutschen Einsatzgruppen und in der Nordbukowina ukrainische Nationalisten. Vgl. Yitzhak A r a d, Shmuel K r a k o w s k i, Shmuel S p e c t o r (Hgg.): The Einsatzgruppen Reports. New York 1989, S. 19, 25, 57 und 63; H i l b e r g: a.a.O., S. 822f., und Martiriul, a.a.O., S. 139ff.

nach versuchten sie die Überlebenden in Richtung Ukraine zu vertreiben, wohin auch Ungarn Juden deportiert hatte. Die deutschen Einsatzgruppen stoppten die Vertreibung, weil sie zuerst die ukrainischen Juden ermorden wollten.[49] Nachdem Ende August 1941 das Gebiet zwischen Dnjestr und Bug unter rumänische Verwaltung kam, wurde im September ein großer Teil der jüdischen Bevölkerung Bessarabiens, der Bukowina und einiger angrenzender Gebiete nach Transnistrien deportiert. Dort kamen viele Deportierte bei Erschießungen, an Hunger und Mangelkrankheiten um.[50] Die rumänische Armee ermordete auch mehrere Tausend Einwohner von Odessa im Oktober 1941 als Vergeltung für ein Bombenattentat, die überlebenden Juden wurden in transnistrische Lager gebracht und kamen dort größtenteils um.[51] Im Sommer 1942 wurden erneut Juden aus Czernowitz deportiert, sowie als Linke geltende Juden aus dem Banat und Altrumänien. Im Herbst 1942 kamen weitere Juden aus Altrumänien nach Transnistrien, weil sich Familienmitglieder der Zwangsarbeit entzogen hatten. Zwangsarbeit mußten diejenigen leisten, welche die hohen Sondersteuern für Juden nicht bezahlen konnten.[52] Im Sommer 1942 stimmte der rumänische Außenminister der Deportation der verbliebenen Juden in deutsche Lager zu und der rumänische Judenkommissar besprach in Berlin die Transportpläne. Diese wurden jedoch kurz vor der geplanten Umsetzung bekannt und die jüdischen Vertreter informierten sofort das Ausland. Der amerikanische Präsident drohte mit Konsequenzen. Auch die Führer der bürgerlichen Parteien, die Mutter des Königs und der Erzbischof von Siebenbürgen baten Marschall Antonescu, von diesem Schritt abzu-

---

[49] In diesem Fall stammt der Befehl zur Deportation von Ion Antonescu. Vgl. Martiriul, a.a.O., S. 160. Als ohne vorherige Absprache Juden aus Rumänien in das deutsche Einflußgebiet getrieben wurden, versuchten die Einsatzgruppen diese zurückzutreiben. Einige Hundert Juden kamen dabei im Juli/August 1941 um. Vgl. Andrej A n g r i c k: The Escalation of German-Rumanian Anti-Jewish Policy after the Attack on the Soviet Union. In: Yad Vashem Studies, vol. XXVI. Jerusalem 1998, S. 225ff.

[50] Zu den Bedingungen in Transnistrien vgl. Dalia O f e r: Life in the Ghettos of Transnistria. In: Yad Vashem Studies, vol. XXV. Jerusalem 1996, S. 229-274.

[51] Auch in diesem Fall ist die Opferzahl eine Schätzung. Vgl. I o a n i d: a.a.O., S. 429.

[52] Bericht einer der 284 aus Bukarest Deportierten vgl. Sonia P a l t y: Evrei, treceți Nistrul! [Juden, überquert den Dnjestr]. București 1992.

sehen. Tatsächlich wurden ab Herbst 1942 die Pläne zur Abschiebung der Juden in deutsche Lager ad acta gelegt und auch die Deportationen nach Transnistrien eingestellt.[53] Der Marschall ließ eine Kommission bilden, welche die Möglichkeiten untersuchte, möglichst viele Juden gegen Bezahlung ausreisen zu lassen. Einige Schiffe mit jüdischen Passagieren verließen im Herbst 1942 und im Verlauf des Jahres 1944 Constanța.[54] Durch die Niederlagen an der Ostfront sondierten rumänische Politiker 1943 immer intensiver die Bedingungen für einen Waffenstillstand. Als Zeichen des guten Willens wurde im Dezember ein kleiner Teil der Deportierten aus Transnistrien freigelassen. Als Marschall Antonescu und andere Regierungsmitglieder am 23. August 1944 kurz vor dem sowjetischen Einmarsch in Bukarest von der Garde des Hofes verhaftet wurden, waren von den Juden Rumäniens in den Grenzen von vor 1940 etwa die Hälfte umgekommen, davon etwa ein Fünftel durch die rumänische Militärführung und Gendarmerie.

Abschließend will ich die Gemeinsamkeiten und Unterschiede in der Lage der Juden Ungarns und Rumäniens festhalten. Beides waren verglichen mit Westeuropa rückständige Staaten, in denen die Juden einen zentralen Beitrag zur Modernisierung leisteten. Weil es unter den ethnischen Ungarn und Rumänen viele Gegner der Modernisierung gab, gerieten die Juden zunehmend seit Ende des 19. Jahrhunderts in die Rolle von Sündenböcken. Die Antisemiten lasteten ihnen die hohen Kosten der gesellschaftlichen Transformation an. Um den Prozeß von der Emanzipation zur Exklusion der Juden zu verdeutlichen, teile ich den behandelten Zeitraum in drei Phasen ein: 1) Inklusion, 2) rechtlich abgesicherte Ausgrenzung und 3) Vernichtungsprozeß.

1) In Ungarn war durch die frühe Emanzipation von 1867 die Akkulturation der Juden stärker als in Rumänien vorangeschritten. Die

---

[53] Der Kampf gegen die drohende Deportation aus der Sicht des damals sehr engagierten Oberrabbiners von Bukarest. Vgl. Alexandre S a f r a n: Resisting the Storm. Romania 1940-1947. Jerusalem 1987, S. 97ff. Zu den Hintergründen der Absage und über den Einsatz von Rumänen zur Verhinderung der Deportation vgl. Mariana H a u s l e i t n e r: Rumänische Sonderwege. Pogrome und Hilfsaktionen. In: Wolfgang B e n z, Juliane W e t z e l (Hgg.): Solidarität und Hilfe für Juden während der NS-Zeit. Berlin 1996, S. 125-129.

[54] In dieser Zeitspanne konnten 3.000 Juden Rumänien verlassen. Vgl. O f e r: Escaping the Holocaust, a.a.O., S. 326ff.

Ausgrenzungspolitik mit staatlichen Mitteln begann bereits 1920, wurde aber mit unterschiedlichem Eifer von den verschiedenen Regierungen umgesetzt. In Rumänien kam es erst 1919/1920 durch ausländischen Druck zur Einbürgerung der Juden. Viele Bukarester Politiker betrachteten jedoch weiterhin die Juden in den neu angeschlossenen Gebieten, die sich an der ungarischen, deutschen und russischen Kultur orientierten, als gefährliche Fremdkörper.

2) Als Beginn der gezielten Ausgrenzungspolitik ist sowohl in Ungarn wie in Rumänien das Jahr 1938 festzuhalten. Die Hintergründe waren in beiden Ländern die anwachsenden antisemitischen Massenbewegungen sowie die zunehmende Orientierung am Deutschen Reich. Doch in Ungarn gab es 1938/1939 im Parlament noch Kritik am 1. und 2. Judengesetz von sozialdemokratischer und liberaler Seite.[55] In Rumänien war dies nicht der Fall.

Die Vernichtungspolitik begann in beiden Ländern mit dem Krieg gegen die Sowjetunion und erfaßte zuerst die als „Fremde" abgestempelten Juden in den Randgebieten. Die Anzahl der Deportierten und Ermordeten war in den Jahren 1941/1942 in Rumänien viel größer als in Ungarn. Doch 1943/1944 gelang es Marschall Antonescu, sich den deutschen Vernichtungsplänen zu entziehen. Horthy hatte sich bis März 1944 gegen Massendeportationen gewehrt. Als ihm jedoch Hitler mit der Besetzung des Landes drohte, ließ er die ungarische Gendarmerie Hilfsdienste bei der Ausplünderung und Vertreibung der Juden leisten. Daß der Anteil der Opfer in Ungarn mit über einer halben Million höher liegt als in Rumänien, ist nur zum Teil den Rumänen als Verdienst anzurechnen. Zwar gibt es heute in Rumänien Autoren, die Ion Antonescu als Retter der Juden darstellen, weil er sich den deutschen Plänen widersetzte.[56] Doch dem

---

[55] Nathaniel K a t z b u r g: Hungary and the Jews. Policy and Legislation 1920-1943. Jerusalem 1981, S. 111 und 122.

[56] Alex Mihai Stoenescu veröffentlichte kürzlich ein Buch, in dem Marschall Antonescu als tragischer Held dargestellt wird. Er habe zwar an dem Tod von etwa 80.000 Juden in Bessarabien und Transnistrien mitgewirkt, jedoch 400.000 vor den deutschen Vernichtungslagern gerettet. Obwohl Stoenescu mittlerweile in der rumänischen Öffentlichkeit als Experte gilt, ist sein Buch eine schlampige und gefährliche Fälschung. Hier nur ein Beispiel: Er behauptet, daß die Juden für „43.000 Opfer" der rumänischen Armee aus Bessarabien und der Nordbukowina 1940 verantwortlich seien. Dabei führte er selbst einige Seiten davor in einer Fußnote an, daß von den damals Verschwundenen 11.000 Perso-

steht gegenüber, daß er die Vernichtung an einer Viertelmillion Juden ermöglichte, auch wenn bei den Morden deutsche Einsatzgruppen mitbeteiligt waren. Noch im Februar 1944 weigerte sich der Marschall, die Juden aus Transnistrien vor den sich zurückziehenden deutschen Einheiten in Sicherheit zu bringen.[57] Diesen Juden blieb das tragische Ende jener aus dem deutschen Einflußgebiet von jenseits des Bug nur deswegen erspart, weil die Rote Armee die Front so schnell überrollte.

Summary

From Inclusion to Exclusion: Jews in Hungary and Romania before 1945

The emancipation of the Jews in Hungary took place as early as in 1867 and so they were already pretty well acculturated. After the toppling of the "soviet" republic Jewish rights were restricted in 1920. In Romania the upper classes offered long resistance to naturalisation and only agreed to it after pressure from the Paris Peace Conference of 1919. Their loss of rights continued rapidly from 1938 because there were strong anti-Semitic forces in the two states. When in 1941 Hungary and Romania both took part in the German invasion of the Soviet Union they deported thousands of Jews eastward. Hungarian gendarmes drove out Jews from the Carpato-Ukraine and Romanians expelled those from Bessarabia and Bukovina. In 1942 Marshall Antonescu refused the agreed extradition of the remaining

---

nen 1941 als Deserteure ausfindig gemacht wurden. Außerdem unterschlägt er bei der Zahl der jüdischen Opfer in Transnistrien die Opfer, die aus der ehemaligen Sowjetukraine stammten. Vgl. Alex Mihai S t o e n e s c u: Armata, mareșalul și evreii [Die Armee, der Marschall und die Juden]. București 1998, S. 115, 142, 422 und 497.

[57] Sein jüdischer Arzt hatte ihn darum gebeten, und der Marschall antwortete, daß er bedauere, nicht alle Juden Bessarabiens und der Bukowina deportiert zu haben, weil sie den Staat untergrüben. Vgl. Dokument 121. In: Martiriul, a.a.O., S. 233.

Jews to the Germans. Horthy turned against further deportations only in June 1944, when over half a million Jews had already been taken to Auschwitz-Birkenau. The share of Romanian and Hungarian authorities in the mass murders has been hotly debated in the two states to this day.

Résumé

De l'inclusion à l'exclusion: les Juifs en Hongrie et en Roumanie avant 1945

L'émancipation des Juifs en Hongrie eut lieu dès 1867, ce qui contribua fortement à leur acculturation. Après l'échec de la »République des Conseils« leurs droits furent réduits en 1920. En Roumanie la haute bourgeoisie était hostile à l'assimilation juive; elle ne s'y résigna que sous la pression de la conférence de la paix à Paris (1919). L'amputation des droits civiques des Juifs s'accrut à partir de 1938 en raison de fortes tendances antisémites dans les deux pays. Lorsqu'en 1941 la Hongrie et la Roumanie prirent part à l'offensive allemande contre l'Union soviétique, des milliers de Juifs furent expulsés vers l'Est. La police hongroise déporta les Juifs qui vivaient dans la région des Carpates, tandis que la police roumaine chassa les Juifs de Bessarabie et de Boucovine. Contrairement aux accords conclus, le maréchal Antonescu refusa en 1942 de livrer aux Allemands les Juifs qui n'avaient pas encore été expulsés. Horthy ne s'opposa qu'en 1944 à de nouvelles déportations, alors que cinq cent mille Juifs avaient déjà été transportés à Auschwitz-Birkenau. La part de responsabilité des autorités roumaines et hongroises en ce qui concerne l'extermination des Juifs reste très controversée dans les deux pays.

THE GREEK MERCHANT COMPANIES IN TRANSYLVANIA

Richard Clogg

When I first visited to Kronstadt in the early 1970s I went on a Sunday morning to the Church of Aghia Triada, the Holy Trinity, with its beautifully ornamented exterior. This had once been the Church of the Greek Community of Stephanoupolis, the City of Stephen, as the Greeks term Kronstadt. In the graveyard of the Church were three elderly ladies, dressed in black, and, to my great surprise, speaking in Greek. This encounter was a rather poignant reminder of a once significant Greek presence in Transylvania, a presence which dates back to the middle years of the 16th century and which constitutes the subject of my presentation. Quite a substantial bibliography on the Greek merchant companies of Transylvania exists. Indeed, the extremely prolific Romanian historian, Nicolae Iorga, was one of the first to exploit the rich archives of the two companies. But I should like to single out three works in particular. These are Athanassios Karathanassis, *L'Hellénisme en Transylvanie: l'activité culturelle, nationale et religieuse des compagnies commerciales helléniques de Sibiu et de Braşov aux XVIII-XIX siècles;*[1] Despoina-Eirini Tsourka-Papastathi, *I Elliniki Emboriki Kombania tou Sibiu Transylvanias 1636-1848: organosi kai dikaio [The Greek Merchant Company in Sibiu/Transylvania: Organisation and Law];*[2] and Olga Cicanci, *Companiile greceşti din Transilvania şi comerţul european în anii 1636-1746 [The Greek Companies in Transylvania and European Commerce 1636-1746].*[3] What follows is closely based on their pioneering research.

---

[1] Thessaloniki 1989.
[2] Thessaloniki 1994.
[3] Bucharest 1981. Despoina-Eirini Tsourka-Papastathi: A propos des compagnies grecques de Transylvanie à Sibiu et Braşov. In: Balkan Studies 23 (1982), pp. 421-431 is a useful review/commentary on Cicanci. See also Zoltan

The presence of Greeks in Transylvania is recorded during the last years of the Byzantine Empire. Small Greek communities came into existence in both Hermannstadt and Kronstadt towards the middle of the 16th century. Despite complaints from Saxon merchants, who did not welcome their competition, they benefited from a series of decrees. These culminated in a decree of György Rákóczi of 1636 granting recognition to the merchant company of Hermannstadt. Just over forty years later, the merchant company of Kronstadt came into existence in 1678. These companies were to continue in existence until the end of the 19th century. Both companies had a rather elaborate system of internal administration, which included the dispensation of justice to their own members. The most important functionary of the companies was the provost, sometimes known as the *dikastis* (judge) or *arkhiigetis* (chief), sometimes as *arkhigos kai kyvernitis tis Kombanias*, leader and governor of the Company.[4]

Some members of these companies were permanently settled in Transylvania. Others were itinerant merchants from Epirus, Thessaly and Macedonia who travelled to Transylvania on a seasonal basis, arriving each year at about the time of the Feast of St. George in April and returning to the Greek lands at the Feast of St. Dimitrios in November or at Christmas. By the end of the 18th century the Greeks of Hermannstadt numbered just under 500. Although the early members of the community tended to be itinerant, by the second half of the 19th century, the French scholar, Emile Legrand, found that most of the Greeks of Kronstadt, had been born in Transylvania and that very few had ever visited Athens or Constantinople, the two princi-

---

A c s: Marchands grecs en Hongroie aux xviie-xviiie siècle. In: Ferenc G l a t z (ed.): Ethnicity and Society in Hungary. Budapest 1990, pp. 41-58; Cornelia P a p a c o s t e a - D a n i e l o p o l u: La compagnie 'grecque' de Braşov: la lutte pour la conservation des privilèges (1777-1850). In: Revue des Etudes Sud-Est Européenes 12 (1974), pp. 59-78; Cornelia P a p a c o s t e a - D a n i e l o p o l u: L'organisation de la Compagnie Grecque de Braşov (1777-1850). In: Balkan Studies 14 (1973), pp. 313-323; Olga C i c a n c i: Les statuts et les règlements du fonctionnement des compagnies grecques de Transylvanie (1636-1746): la compagnie de Sibiu. In: Revue des Etudes Sud-Est Européenes 14 (1976), pp. 477-496; and Nestor C a m a r i a n o: L'organisation et l'activité culturelle de la compagnie des marchands grecs de Sibiu. In: Balcania 6 (1943), pp. 201-241.

[4] Karathanassis, op. cit., pp. 27-29, 38.

pal centres of Greek population and culture.[5] By the 1930s a Greek traveller recorded that there were only five Greek families, totalling some fifteen persons, remaining in Kronstadt.[6] The three Greek ladies whom I encountered in the early 1970s may have been among the last survivors of the community. Alternatively, they may have formed part of the diaspora of communist exiles who fled Greece at the end of the civil war in 1949 and who were widely scattered throughout Eastern Europe and the Soviet Union and were particularly numerous in Romania.

The Hungarian and Habsburg authorities routinely referred to the members of these companies as Greeks. This is apparent in titles such as the Privilegium Universorum Graecorum in Regna Transilvaniae existentium (1636), the Compania Graecorum Nostri Cibinii [Hermannstadt] (1718); the Compania Mercatorum Graecorum Coronensis [Kronstadt].[7] But the Habsburg authorities tended not to make fine distinctions between Greeks, Hellenised Vlachs, Romanians, Serbs, Bulgarians, the great majority of whom were, of course, Orthodox Christians, as were a significant minority of Albanians.[8] Traian Stoianovich, in his path-breaking article on 'The Conquering Balkan Orthodox Merchant', has warned of the importance of taking a more nuanced view of the ethnic identity of the Balkan merchant caste that came to assume such prominence in the European provinces of the Ottoman Empire in the 17th century and, more particularly, during the course of the 18th century.[9] Greeks certainly pre-

---

[5] Emile L e g r a n d: Rapport sur une mission littéraire en Grèce. In: Archives des Missions Scientifiques et Littéraires 1877, p. 430, cited in Karathanassis, op. cit., p. 182.

[6] Tryphon E v a n g e l i d i s: I paideia epi Tourkokratias [Die Pädagogik zur Zeit der Türkenherrschaft]. Athens 1936, pt. ii, p. 416, cited in Karathanassis, op. cit., p. 182.

[7] Karathanassis, op. cit., p. 43.

[8] One such list of Ottoman merchants, which tends to group Orthodox merchants from the Balkans as 'Greeks', has been published by P. K. E n e p e k i d e s: Griechische Handelsgesellschaften und Kaufleute in Wien aus dem Jahre 1766 (Ein Konskriptionsbuch). Aus den Beständen des Wiener Haus-, Hof- und Staatsarchivs. Thessaloniki 1959.

[9] The Conquering Balkan Orthodox Merchant. In: Journal of Economic History 20 (1960), pp. 234-313. On the political significance of the emergence of a Greek merchant class, see Richard C l o g g: The Greek mercantile bourgeoisie: "progressive" or "reactionary"? In: Anatolica: Studies in the Greek East in the 18th and 19th centuries. Aldershot 1996, pt. X, pp. 1-20.

dominated in the membership of the Transylvanian companies but other Balkan Orthodox Christians also figured in significant numbers, including, of course, Orthodox Albanians. From time to time a small number of Armenians and Jews are also found in membership of the companies. The language used for the internal administration of the companies, however, was always Greek and Greek was certainly the *lingua franca* of Balkan commerce.[10] The surviving archives of the companies are in Greek but a Greek that contains Turkish, Italian, Romanian and Hungarian loan words. The assessors appointed to adjudicate over commercial disputes in the companies were known as *polgarides*, from the Hungarian *polgar* or judge. Greek members of the companies of Hermannstadt and Kronstadt came from all parts of the Ottoman Greek world, particularly from the areas that now constitute the northern part of the Greek state such as the towns of Ioannina, Serres, and Kozani. Between 1683 and 1750, a majority of the members of the Kronstadt company came from Trebizond on the south-eastern shores of the Black Sea, in the hinterland of which was a large population of Pontic Greeks. Others came from Sinope, also on the Black Sea coast of Asia Minor, and from islands with a strong mercantile tradition such as Chios and Crete. Significant numbers came from Constantinople, the Ottoman capital. Their principal trade was in products produced in the Ottoman Empire such as cotton, almonds, pepper, carpets and silks which they sold at commercial fairs (*panigyria*).

These merchants accorded a high priority to the building of churches and the establishment of schools for their children. The Church of Aghia Triada, the Holy Trinity, in Kronstadt was founded in 1787, following the issuing of a decree of the Emperor Joseph II which permitted the Greeks to build their own churches. Hitherto the Greeks of the town had made use of the Romanian Orthodox Church of St. Nicholas, located in the Schei quarter of the city where many of the Greeks lived. Many of the priests that served the Church were drawn from the monastery of Xeropotamou, one of the twenty self-govern-

---

[10] On the widespread diffusion of the Greek language in the Balkan peninsula during the second half of the 18th and the first half of the 19th centuries, see Angeliki K o n s t a n t a k o p o u l o u: I Elliniki glossa sta Valkania (1750-1850): to tetraglosso lexiko tou Daniil Moskhopoliti [Die griechische Sprache auf dem Balkan (1750-1850): Das viersprachige Lexikon des D. M.]. Ioannina 1988.

ing monasteries on Mount Athos. Between 1762 and 1908 virtually all the Greek priests who served the Greek community of Kronstadt were drawn from the monastery of Xeropotamou.[11] By contrast a number of the priests of the Greek Church in Hermannstadt came from the Athonite monastery of Vatopedi. In the case of the Greek merchant company of Hermannstadt, it took over a century for a school to be established. The company was established in 1636 but the school was not created until 1766. This delay reflected the fact that many of the early members of the Company were itinerants, either bachelors or, where they had families, leaving them in their native villages back in the Greek lands while they conducted their business in Transylvania. As the communities in Hermannstadt and Kronstadt became more established, however, schools were founded. That of Kronstadt, established with the aid of a benefaction from a rich Greek merchant, Panayiotis Khatzinikos, functioned between 1796 and 1908. The purpose of these schools was two-fold. Firstly they were to impart the skills of reading, writing and arithmetic essential for the proper conduct of commerce.[12] Secondly schools were established to impart a sound knowledge of Greek, the language of the Church as well as of commerce, so as to preserve a sense of Greek identity in *xeniteia*. This is a difficult word to translate but basically means 'sojourning in foreign parts', with overtones of nostalgia for the homeland, a phenomenon central to the historical experience of the Greek people.

A number of the teachers employed by the communities were erudite scholars. One of the most distinguished of these was Athanasios Stageiritis, a native of the reputed birthplace of Aristotle, Stageira in Khalkidiki near Thessaloniki. He taught at the Greek school in Hermannstadt between 1802 and 1806 and at that of Kronstadt between 1807 and 1809. From Kronstadt he moved to Vienna where, during the critical years before the outbreak of the Greek War of In-

---

[11] Karathanassis, op. cit., pp. 184-185.

[12] On the handbooks published for the use of Greek merchants during the 18th and 19th centuries see Triandaphyllos S k l a v e n i t i s: Ta emborika enkheiridia tis Venetokratias kai Tourkokratias kai i emboriki engyklopaideia tou Nikolaou Papadopoulou [Die Handelshandbücher aus der Venezianer- und Türkenherrschaft und die kaufmännische Enzyklopädie des N. P.]. Athens 1991.

dependence in 1821, besides teaching at the Imperial School for Oriental Languages, he published a number of books on the history and geography of the ancient Greek world. One of these, *O protos polemos metaxy ton Ellinon kai ton Person, i i thriamvos ton Ellinon* (The first war between the Greeks and the Persians, or the triumph of the Greeks) was published in Vienna in 1818. Published as it was just three years before the outbreak of the Greek War of Independence, the symbolism of such a theme scarcely needs to be stressed. Stageiritis thus played a significant role in imparting a 'sense of the past', an awareness on the part of some Greeks at least, the members of the small but influential intelligentsia, that they were heirs to a civilization that was universally admired in Europe, the civilization of ancient Greece.[13] Besides schools, libraries were established by the Greek merchant communities in both both Hermannstadt and Kronstadt. These were quite often quite substantial, and stocked books for use by teachers, pupils or to be sold.

During the early months of the Greek war of independence, and in particular after the disaster experienced by the Greek forces and the *Ieros Lokhos* (the Sacred Battalion), composed of students, in the battle of Drăgăşani in Wallachia in June 1821, the Greek communities of both Hermannstadt and Kronstadt offered shelter to Greek refugees.

A permanent concern of the Greek communities in Transylvania was the question of assimilation, hence the very considerable attention they paid to education. The complaint of Konstantinos Koumas, one of the luminaries of the 'Neo-Hellenic Enlightenment' in his *Istoriai ton anthropinon praxeon* [History of Human Activities], published Vienna in 1832 is characteristic. 'In Austria (by which he meant the Habsburg Monarchy)', Koumas wrote, 'and perhaps likewise elsewhere, our young people are being harmed by the inexperience of their parents. Greeks should pass on to their children their language, and together with this their religion which brings salvation, and which employs in their churches the Greek language. But parents despise Greek and talk to their children in German. Young women are ashamed to appear as Greeks. A Greek women who knows Greek

---

[13] On the revival of this 'sense of the past' during the critical decades before 1821, see Richard C l o g g: Sense of the Past in pre-independence Greece. In: Anatolica, op. cit., pt. XI, pp. 7-30.

speaks to another Greek woman arrogantly in German. Mothers speak to their children in German.'[14]

These Greek or Hellenised merchants of Transylvania formed part of a Greek mercantile diaspora that established itself in the eighteenth century throughout the Balkan peninsula, in the Asiatic provinces of the Ottoman Empire, in the Habsburg Monarchy and the German-speaking lands, in the Mediterranean and even further afield.[15] The young Goethe recalled in his *Aus meinem Leben. Dichtung und Wahrheit* seeing the handsome figures and dignified costumes of the Greek merchants of Leipzig in the 1760s,[16] while J. L. S. Bartholdy who travelled in the Greek lands in the early 1800s was astonished to find the burgers of Ambelakia, a small town in Thessaly which had evolved a thriving industry in spun red cotton, performing, in German 'wie in der ganzen übrigen cultivierten Welt', Kotzebue's *Menschenhass und Reue*, so strong were the mercantile ties of the town with the German-speaking lands.[17] Catherine the Great, moreover, invited Greeks to revitalise the commerce of the territories acquired by Russia on the Black Sea and the Sea of Azov, while towards the end of the eighteenth century a significant Greek commercial presence came into existence in India in Dacca and Bengal.

This was a development of great significance in the emergence of the Greek national movement. Few of these merchants, including

---

[14] Vienna 1832, pt. xii, pp. 551-552, cited in Karathanassis, op. cit., p. 147. Cf. Anonymou tou E l l i n o s: Elliniki Nomarkhia itoi logos peri eleftherias [Griechische Regionalverwaltung oder Rede über die Freiheit]. 'Italy' 1806, reprinted by G. V a l e t a s (ed.). Athens 1957, pp. 150ff.

[15] Daniil Philippidis and Grigorios Konstandas estimated that there were as many as 80,000 families (or some 400,000 people) of 'Tourkomeritai', Greeks from the Ottoman Empire, living in the Habsburg Monarchy by the last decade of the 18th century, Geographia Neoteriki, eranistheisa apo diaphorous syngrapheis, para Daniil ieromonakhou kai Grigoriou ierodiakonou ton Dimitrieon. Nun proton typois ekdotheisa epistasia ton idion, kai philotimo khrimatiki syndromi tou entimotatou kyriou Ivou Drosinou Khatzi Ivou tou ex Ambelakion [Neuere Geographie, erforscht von verschiedenen Schriftstellern, von Priestermönch D. und Diakon G. Z. D. Jetzt zum ersten Mal herausgegeben von denselben und mit ehrenwerter finanzieller Unterstützung des Herrn I. D. Kh. Sohn des I. von Ampelakia]. Vol. 1. Vienna 1791, reprinted by Aikaterini K o u m a r i a n o u (ed.). Athens 1970, p. 46.

[16] Goethes Werke. Vol. ix. Hamburg 1955, pp. 244-5.

[17] Bruchstücke zur nähern Kenntniss des heutigen Griechenlands. Berlin 1805, p. 169.

those established in Hermannstadt and Kronstadt, could be described as nationalists. They were too closely wedded to the existing *status quo* to give aid and comfort to the nationalist enthusiasts who founded in Odessa in 1814 the *Philiki Etairia*, the secret revolutionary society that laid the foundations of the Greek revolt. Nonetheless by virtue of their patronage of schools, libraries and, above all, by subsidising the studies of young Greeks in the universities of Europe (the universities of the German-speaking lands were a favoured destination) they gave a powerful impetus to the nationalist movement. For these Greek students not only came into contact with the exciting ideas emanating from the *Aufklärung* and the French Revolution but they were made aware of the way in which the language and civilization of ancient Greece was revered in Western and Central Europe and, indeed, in the New World. We sometimes forget that Ancient Greek was nearly proclaimed the official language of the newly founded United States of America. A number of these students were inspired to return to the Greek lands under Ottoman rule and endeavoured to inspire in their compatriots a sense of Hellenic ancestry and identity. This was a major factor in explaining the relative precocity of the Greek national movement in relation to that of the other Balkan peoples. The other Balkan peoples likewise looked back to a glorious past, but with the exception of that of the Romanians, with their Roman heritage, it was to a past very largely unknown in the West. The culture of ancient Greece, on the other hand, was universally admired and studied, nowhere more intensely than in the German states. For this and other reasons, the Greek merchant communities of the Near and Middle East and Southern Russia, including those of Transylvania, in many respects acted as the cradle of the Greek national movement. It was from these centres of the Greek mercantile diaspora that much of the impetus that lay behind the development of the Greek national movement and the outbreak of the Greek War of Independence in 1821 originated.

Zusammenfassung

Die griechischen Handelskompagnien in Siebenbürgen

Griechen waren seit dem Ende des Byzantinischen Reiches in Siebenbürgen zu finden, und in der Mitte des 16. Jahrhunderts entstanden in Hermannstadt und Kronstadt regelrechte Kolonien. Die griechischen Handelskompagnien beider Städte waren bis ins 19. Jahrhundert hinein tätig. Das Ethnonym „Grieche" stand dabei sowohl für Griechen im Wortsinne, die vor allem aus der Schwarzmeerregion kamen, als auch für Christlich-Orthodoxe aus dem Balkan allgemein, wobei Griechisch als *lingua franca* fungierte. Die griechischen Gemeinden verfügten über eigene Kirchen, Schulen und Bibliotheken.

Résumé

Compagnies commerciales grecques en Transylvanie

Depuis la fin de l'Empire byzantin il y avait des Grecs en Transylvanie, mais ce n'est qu'à partir du milieu du XVI siècle que de véritables colonies furent fondées à Hermannstadt et à Kronstadt. Leur activité se prolongea jusqu'au XIX siècle.

L'ethnonyme »grec« s'appliquait aussi bien aux Grecs – à proprement parler – qui étaient pour la plupart originaires de la Mer noire qu'aux chrétiens orthodoxes des Balkans. Le grec était la »lingua franca«. Les communautés grecques possédaient leurs propres églises, écoles et bibliothèques.

HISTORISCHE, SPRACHLICHE UND SOZIALE DIFFERENZIERUNG DER ROMA IM SIEBENBÜRGEN DER GEGENWART

Brigitte Mihok

Die Roma in Osteuropa sind ein klassisches Beispiel für solche ethnischen Gruppen, die zwar politische Partizipationsforderungen stellen, aber „von keiner der existierenden Nationalgeschichtsschreibungen für sich reklamiert werden"[1] und somit einer wissenschaftlichen Vernachlässigung unterliegen. Dabei bilden die Roma in Ungarn die größte, in Rumänien die zweitgrößte ethnische Minderheit.

Die Roma, die im südosteuropäischen Raum ab dem 14. Jahrhundert in den Quellen erwähnt werden, entwickelten weder eine geschriebene Sprache, die dem Zusammenhalt dient, noch versuchten sie wirtschaftlichen oder politischen Einfluß zu gewinnen. Zudem hatten sie meist als Außenseiter der Gesellschaften mit wechselnden religiösen Bindungen völlig andere Überlebensstrategien als die übrigen ethnischen Gruppen. Erst im 18. Jahrhundert haben Sprachforscher das Herkunftsgebiet der Roma in Nordwestindien lokalisiert.[2] Für die Roma selbst war der Bezug zum indischen Kulturkreis von keiner besonderen Bedeutung.

Die Geschichte der Roma in Ungarn und Rumänien beruht nicht auf einer einheitlichen, durchgängigen Entwicklung, dafür ist auch der zeitliche und geographische Raum zu groß. Hinzu kommt, daß

---

[1] Stefan Troebst: Ethnien und Nationalismen in Osteuropa. In: Österreichische Zeitschrift für Geschichtswissenschaften 5 (1994), S. 7-22, hier S. 13 (Troebst weist in diesem Zusammenhang noch auf die Pomaken in den Rhodopen, Torbeschen in Makedonien u.a. hin).

[2] August Friedrich Pott: Die Zigeuner in Europa und Asien. Leipzig 1964, S. 64; Mária Vágh: A romologiai kutatások törtenéte [Die Geschichte der Roma-Forschung]. In: Cigányok, honnét jöttek – merre tartanak? [Zigeuner, woher kamen sie – wohin gehen sie?]. Hg. Szegő László. Budapest 1983, S. 25-35, hier S. 25.

die vorhandenen historischen Darstellungen nicht von Roma selbst geschrieben wurden. Da das Romanes bis vor wenigen Jahrzehnten ausschließlich als gesprochenes Wort existierte, gibt es keine von Roma verfaßten schriftlichen Zeugnisse aus der Vergangenheit. Die Geschichtsschreibung stützt sich auf zweierlei Arten von Quellen, die etwas über die Lebenssituation der Roma aussagen: Erstens auf die Aufzeichnungen der Chronisten (Repräsentanten einer anderen Sprach- und Kulturgemeinschaft und nicht gerade frei von Vorurteilen), die nur punktuell die Geschichte der Roma erwähnten. Zweitens auf die Interpretation der Erlasse, die sich mit der Regelung der „Romafrage" befaßten, die jedoch nur jene Gruppen im Blickfeld hatten, die für die Obrigkeit ein Problem darstellten, nämlich die wandernden, herumziehenden Gruppen.

Die Geschichte der Roma ist eng verknüpft mit den kulturellen und historischen Voraussetzungen der Länder, in denen sie lebten. Deshalb bilden sie in keinem Land eine geschlossene, homogene ethnische Gruppe, vielmehr existiert eine Vielzahl von historisch und regional geprägten Gemeinschaften. Nachgewiesen ist, daß die Roma in den Fürstentümern Walachei und Moldau bis 1855/1856 Sklaven (*robi*) waren.[3] Sie waren uneingeschränktes Eigentum der Bojaren und der Klöster, die willkürlich über sie verfügten, sie für sich arbeiten ließen und ohne elementarste Freiheitsrechte gefangenhielten. Im Königreich Ungarn wurden sie zu Leibeigenen erklärt, wobei in vielen Regionen die Roma ihrem Grundherrn gegenüber abgabepflichtig waren, jedoch als Tagelöhner, Wanderhandwerker oder Händler frei auf dessen Territorium umherziehen konnten.[4] In Siebenbürgen und im Banat entstanden vor allem zwischen den Roma-Handwerkern und der Landbevölkerung symbiotische ökonomische Beziehungen, die dazu führten, daß sich ein Teil der Gemeinschaften ab dem 16. Jahrhundert ansiedelte und ihr Gewerbe von festen Winterquartieren aus betrieb. Ein anderer Teil führte hingegen bis in

---

[3] Vgl. P. N. P a n a i t e s c u: The Gypsies in Walachia and Moldavia: A chapter of economic history. In: Journal of the Gypsy Lore Society 1941, Third Series 20 (April), S. 58-72; Nicolae G h e o r g h e: Zwischen Emanzipation und Diskriminierung. Historische und aktuelle Aspekte der rumänischen „Roma-Frage". In: Halbjahresschrift für südosteuropäische Geschichte, Literatur und Politik 4 (1992), H. 2, S. 74-83.

[4] Viorel A c h i m: Ţiganii în istoria României [Die Zigeuner in der Geschichte Rumäniens]. Bucureşti 1998, S. 46-47.

Die Roma im Siebenbürgen der Gegenwart 173

die vierziger/fünfziger Jahre des 20. Jahrhunderts eine wandernde Lebensweise fort.

Während des sozialistischen Systems wurde sowohl in Ungarn als auch in Rumänien nach außen hin der Eindruck erweckt, als wären alle Roma gleich. In dieser Zeitspanne wurden sie in keinem dieser Länder als eine eigenständige ethnische Gruppe anerkannt, sondern als eine „soziale Randgruppe" verstanden und behandelt. Die Rede war stets von Beschäftigungsmaßnahmen und auch Wohnungsbauprogrammen, mit denen die Roma „in die sich entwickelnden sozialistischen Industriegesellschaften" eingebunden werden sollten.

Spätestens ab 1990 muß dieses nach außen hin „geglättete Bild" jedoch in Frage gestellt werden. Die Roma sind nämlich eine äußerst differenzierte ethnische Gruppe, was im folgenden anhand von zwei Fallbeispielen aus Siebenbürgen aufgezeigt wird. Im Volkszählungsergebnis von 1992 werden 409.723 Roma aufgeführt (1,8 % der Gesamtbevölkerung). Die „Ethnische Föderation der Roma in Rumänien" schätzt, daß es zwischen 2 - 2,5 Millionen Roma (das entspricht 10 % der Gesamtbevölkerung) gibt und eine im Mai 1993 veröffentlichte soziologische Studie kommt zu dem Ergebnis von 1.010.000 (4,6 %).[5] Die Roma-Minderheit weist die höchsten prozentualen Anteile in Siebenbürgen und im Banat auf: Mureş 5,7 %, Sibiu 4,1 %, Bihor 3,6 %, Giurgiu 3,5 %, Călăraşi 3,3 %, Ialomiţa 3,2 %, Sălaj 3,2 %, Alba 3,0 %, Arad 2,8 %, Satu Mare 2,6 %, Braşov 2,5 %, Dolj 2,4 %, Teleorman 2,3 %, Cluj 2,2 %, Timiş 2,2 %, Caraş Severin 2,1 %. Es ist davon auszugehen, daß sich die offiziell angegebenen Zahlen lediglich auf die streng traditionell lebenden Roma beziehen. Dies bedeutet, daß diejenigen, die nicht mehr in den traditionellen Gemeinschaften leben (und die Wert- und Normsysteme dieser Gemeinschaften teils aufgegeben haben), nicht aufgeführt sind. Diese bekennen sich eher zu der sie umgebenden Mehrheitsbevölkerung. Der prozentuale Anteil liegt schätzungsweise dreimal so hoch wie offiziell angegeben.[6]

---

[5] E. Zamfir, C. Zamfir (Hgg.): Ţiganii între ignorare şi îngrijorare [Die Zigeuner zwischen Ignoranz und Besorgnis]. Bucureşti 1993.
[6] Während mehrerer Forschungsaufenthalte in Rumänien wurden in den Regionen Arad, Alba, Cluj und Mureş Vergleiche zwischen Statistik und realer Größe vorgenommen. Vgl. dazu auch: Arbeitsblätter der Heinrich-Böll-Stiftung Nr. 5: „Die Situation der Roma im siebenbürgischen Landkreis Mureş". Köln 1996.

Die etablierten traditionellen Romagruppen

In Siebenbürgen sind zahlreiche traditionelle Romagemeinschaften vorzufinden. Es handelt sich um jene Gruppen, die zumindest teilgewerblich ihren traditionellen Handwerksberufen nachgehen und zudem Handel treiben.

Die Handwerksberufe erlauben eine Einteilung in verschiedene Gruppen,[7] wobei eine exakte berufsbezogene Zuordnung heutzutage nur noch bei einer Minderheit der Roma möglich ist. Die folgenden Zuordnungen beziehen ihre Legitimation mehr aus der Vergangenheit der einzelnen Familien, als aus ihrem gegenwärtigen Betätigungsfeld: die *Căldărari* (Kupferschmiede), *Corturari* oder *Ţigani nomazi* („Zeltzigeuner"), *Băieşi* (Korbflechter), *Rudari* (Hersteller von Holzgegenständen), *Ţigani de mătase* („Seidenzigeuner", unter anderem Musiker und Antiquitätenhändler), *Ţigani cu pălărie/Kalaposok*[8] („Hütetragende", zu dieser Gruppe zählen sich die etablierten Händler und Handwerker).

Bei Gesprächen mit *Gadsche* (Bezeichnung für Nicht-Roma) tritt die Eigenbezeichnung *ţigan* oder *cigány* ohne eine traditionelle Zuordnung auf. Es ist jedoch hervorzuheben, daß in Gesprächen untereinander stets die Bezeichnungen *Rom/Romni* (Plural *Roma/Romnia*) und *Manush* verwendet werden.

Markante Merkmale dieser Gemeinschaften sind der Erhalt der traditionellen Großfamilienstruktur, ihre Gruppenfestigkeit und ihr starkes Selbstbewußtsein sowie die strikte Orientierung an herkömmlichen Norm- und Wertsystemen. In ihren Gemeinschaften herrscht eine differenzierte Arbeitsteilung und Rollenzuweisung, die sich auf die Alltagsabläufe und die ökonomische Reproduktion der Familie erstrecken.

Diese traditionellen Gemeinschaften schafften es ab 1950, alte Erwerbsformen neu zu beleben und sie durch Flexibilität und Phantasie dem sozialistischen Alltag anzupassen – und dies trotz behördli-

---

[7] Vgl. hierzu L. C h e r a t a: Istoria Ţiganilor [Die Geschichte der Zigeuner]. Bucureşti 1993, S. 45-55.

[8] Dieser Begriff wurde von den Roma als Eigenbezeichnung etwa 1990 eingeführt. Äußeres Zeichen ist natürlich das Tragen von Hüten (selbst die Jungen aus diesen Familien sieht man selten ohne Hüte).

cher Restriktionen.[9] Die Kupferschmiede fertigten Metzgerwannen, Schnapsdestillen, Kaffeekaraffen und unterschiedliche Haushaltsgegenstände an. Die Blechschmiede übernahmen Auftragsarbeiten zur Herstellung von Regenrinnen. Ihr Handwerk wurde als Wertarbeit geschätzt und von der Dorfbevölkerung in Anspruch genommen. In den Sommermonaten zogen sie durch Siebenbürgen und verkauften auf den Märkten ihre Produkte. Die Frauen, die Pilze, Früchte und Federn sammelten, boten diese in den Städten im Tauschhandel an: Sie tauschten beispielsweise gesammelte Federn gegen Gebrauchsgegenstände oder Pilze gegen Altkleider. Andere wiederum spürten Marktlücken auf, sammelten Altglas und Altmetalle, betrieben Tauschhandel oder boten Dienstleistungen wie Möbeltransporte und kleinere Reparaturen in den Städten an. In den 1980er Jahren haben sie auf den Schwarzmärkten die Versorgung mit Mangelwaren beziehungsweise Waren aus dem Ausland gewährleistet. Eine Händlertätigkeit, die von den Behörden toleriert wurde und sich ab diesem Zeitpunkt zunehmend etablierte.

Die meisten dieser Gemeinschaften lebten am Rande der Dörfer oder weiter außerhalb, zumeist in Zelten oder Hütten. Erst ab 1960 begannen sie Häuser am Dorfrand zu bauen beziehungsweise zu kaufen. Bereits in den achtziger Jahren erfolgte der Einzug der Roma in den Dorfkern. Heute wohnen in den Hauptstraßen zahlreicher Dörfer über ein Drittel Roma. Da die Mehrheitsbevölkerung zunehmend altert und die jungen Leute – aufgrund besserer Beschäftigungsmöglichkeiten – in die Städte ziehen, ist davon auszugehen, daß in etwa 15 Jahren diese Ortschaften homogene Romadörfer sein werden.

Auch unter den veränderten ökonomischen Bedingungen seit 1990 haben sich diese Gemeinschaften Alternativen geschaffen und neue Marktlücken aufgespürt. Außergewöhnliches Verhandlungsgeschick, gute Marktkenntnisse sowie das Vorhandensein eines weitreichenden Beziehungsnetzes erleichterten die erfolgreiche Einbindung in den Handelsbereich. Die traditionellen Erwerbsformen werden je nach saisonaler Möglichkeit und Nachfrage des Marktes gewechselt und durch andere ersetzt. Die Kupferschmiede haben sich beispielsweise auf die Herstellung von Regenrinnen und Eisenzäunen umgestellt.

---

[9] Zahlreiche Handels- und Gewerbetätigkeiten wurden durch behördliche Bestimmungen eingeschränkt.

Parallel zur Festigung ihrer ökonomischen Position (als angesehene Händler und geschätzte Handwerker) läßt sich nach außen hin eine verstärkte Anpassung an die Lebensform der Mittelschicht erkennen: Die Familien legen besonders viel Wert auf den Häuserbau beziehungsweise die Wohnqualität, auf die Ausstattung der Häuser mit Telefon, Fernseher, Gas-Zentralheizung, fließendem Wasser, sowie auf den Besitz eines Autos. Zudem bestehen die Gemeinschaften darauf, daß ihre Kinder die Grundschule besuchen und mindestens fünf bis sechs Schulklassen abschließen. Die meisten traditionellen ungarischen Roma-Gruppen (autochthone Roma-Gruppen, deren Vorfahren schon vor 400 Jahren dort lebten) sind dreisprachig: Sie beherrschen sowohl Romanes, als auch Ungarisch und Rumänisch. Die traditionellen rumänischen Roma Gruppen beherrschen Romanes und Rumänisch. Und es gibt sogar einige siebenbürgisch-sächsische Dörfer, wo die Gemeinschaften neben Romanes und Rumänisch auch noch Deutsch beherrschen.

Allgemein ist festzuhalten, daß die Roma sich meist zur Religion der sie umgebenden Mehrheitsbevölkerung bekennen. Seit 1990 ist jedoch eine verstärkte Zuwendung zu den freikirchlichen Institutionen (Adventisten, Pfingstler, Zeugen Jehovas und andere) feststellbar.

Fallbeispiele pauperisierter und marginalisierter Roma in den siebenbürgischen Stadtrandvierteln

Der größte Teil der Roma in Rumänien läßt sich mit den vorhin erwähnten Kriterien nicht umreißen. Es handelt sich um jene, die Stadt- und Dorfrandbewohner sind und die Hilfsarbeiterebene nicht überschritten haben. Diese Gruppe kennzeichnet ein Prozeß der Adaption von Verhaltensweisen und Wertvorstellungen, die eher sozialen Ursprungs sind. Geht man davon aus, daß in Rumänien eine milde Form der ethnischen Schichtung vorherrscht, so bildet diese Mehrheit der Roma eine Ethnoklasse.[10] In den Siedlungen sprechen die Roma überwiegend Ungarisch oder Rumänisch, ein kleiner Teil auch noch Romanes.

---

[10] Vgl. Brigitte M i h o k: Ethnostratifikation im Sozialismus, aufgezeigt an den Beispielländern Ungarn und Rumänien. Frankfurt/M., Bern 1990, S. 282-303.

Eines der markantesten Merkmale ist die überdurchschnittlich hohe Arbeitslosigkeit in diesen Wohnvierteln. Gründe hierfür sind sowohl die romafeindliche Einstellung auf Arbeitgeberseite,[11] als auch das miserable Bildungs- und berufliche Ausbildungsniveau der Roma selbst. Zum Teil ist diese Situation Ergebnis einer verfehlten Integrations- und Beschäftigungspolitik in der Zeitspanne 1945-1989.

Die Industrialisierung drängte die traditionellen Roma-Handwerke und -Berufe immer mehr in den Hintergrund. Es wurde immer schwieriger, die Existenz durch das traditionelle Gewerbe zu sichern. Einerseits nahm die Nachfrage nach den Produkten der Roma ab, andererseits wurden zahlreiche Tätigkeiten durch behördliche Restriktionen eingeschränkt und verboten. Handwerkern und privaten Kleinhändlern, und gerade das waren viele Roma, wurden keine Gewerbegenehmigungen erteilt.

Ein Großteil der Roma wurde in den industriellen Sektor eingegliedert. Da sie nicht qualifiziert waren, bekamen sie aber nur Hilfs- und Gelegenheitsarbeiten zugewiesen, meist schlecht bezahlte und körperlich schwere und gesundheitsschädigende Arbeiten, die keinerlei Aufstiegsmöglichkeiten boten. Die Roma wurden auf der niedrigsten Beschäftigungsstufe als unqualifizierte Arbeitskräfte und Hilfsarbeiter gehalten. Die Einkommenshöhe, die Arbeitsgebiete sowie ihr sozialer Status verdeutlichen, daß sie lediglich die peripheren Nischen auf dem staatlichen Arbeitsmarkt zugewiesen bekamen. Typische Arbeitsbereiche waren: Bauindustrie, Straßenbau, Müllbeseitigung, Straßenreinigung und Aushilfstätigkeiten in der Schwerindustrie. Viele von ihnen gerieten nach und nach an den äußersten Rand der Gesellschaft. In den Slums am Rande der Städte zerbrachen die alten Familienstrukturen, der traditionelle Zusammenhalt der Gemeinschaften wurde zerstört, die Familien wurden entwurzelt.

Durch die Schließung beziehungsweise Umstrukturierung unrentabler Betriebe und Industriekomplexe haben seit 1990 zunächst die unqualifizierten Arbeiter und Aushilfskräfte ihre Arbeitsplätze verloren, darunter ein Großteil der Roma aus den Stadtrandsiedlungen.

---

[11] Beispiel: Stellenanzeige in România Liberă vom 12. September 1997: „Wir stellen Wachpersonal ein, Roma ausgeschlossen"; „Wir stellen junge Frauen zum Abwaschen und Saubermachen ein, Roma ausgeschlossen" usw.

Die unmittelbare Folge war die Zahlungsunfähigkeit und Verschuldung, das heißt viele Familien konnten weder Miete, noch Gas-, Wasser- oder Stromkosten bezahlen, so daß in zahlreichen Wohnungen Gas, Strom und Wasser gesperrt wurden. Mehrere Familien erhielten bereits vom Bürgermeisteramt ausgestellte Räumungsaufforderungen *(somaţie de evacuare)*, wodurch der Status des „illegalen Aufenthaltes" gefestigt wurde.

Die aktuellen Modalitäten und Voraussetzungen der sozialen Absicherung für Arbeitslose,[12] wie auch das neue Sozialhilfegesetz[13] sind besorgniserregend, weil sie für einen Teil der Roma (beispielsweise im Stadtviertel Rovinari von Târgu Mureş) keine Hilfe bedeuten, da sie nicht in Anspruch genommen werden können: *Arbeitslosengeld* in Höhe von 55-60 % des letzten Einkommens wird für die Dauer von 270 Kalendertagen gezahlt. Danach gibt es noch eine Art Arbeitslosenhilfe *(alocaţie de sprijin)* in Höhe von 40 % des letzten Einkommens für die Dauer von 18 Monaten. Seit dem 1. September 1995 besteht die Möglichkeit, nach Ablauf der Arbeitslosenhilfe beziehungsweise bei einem geringen Einkommen Sozialhilfe *(ajutor social)* zu beantragen. Für die Arbeitslosenmeldung sind folgende Unterlagen erforderlich:[14] Personalausweis beziehungsweise Meldebescheinigung; ärztliches Attest; Ausbildungs- und Qualifizierungsakten (Kopien und Originale); Unterlagen von den lokalen Räten, aus denen hervorgeht, daß kein Landbesitz besteht; Unterlagen von der Finanzbehörde, aus denen hervorgeht, daß keine eigenen Einkünfte vorliegen; eine eidesstattliche Erklärung, daß kein Arbeitsverhältnis besteht; Arbeitsbuch und eine Bescheinigung des letzten Arbeitgebers, in der das letzte Bruttogehalt festgehalten wird und anderes mehr. Abgesehen davon, daß die Siedlungsbewohner keine Erfahrung oder Kenntnis über bürokratische Vorgänge haben (wo und wie man Anträge stellt, was dazu benötigt wird) und erhebliche Schwierigkeiten haben, Anträge zu stellen beziehungsweise auszufüllen,

---

[12] Vgl. Gesetz Nr. 1/1991 bezüglich der sozialen Absicherung von Arbeitslosen. In: Monitorul Oficial al României 4 (1992), Nr. 199 (14. August 1992), S. 2-5.

[13] Vgl. Sozialhilfegesetz (Lege privind ajutorul social). In: Monitorul Oficial al României 7 (1995), Nr. 131, S. 1-4.

[14] Siehe die Verordnung des Arbeitsministeriums (Ministerul Muncii şi Protecţiei Sociale) Nr. 307/1994.

unterbindet ihr „illegaler Aufenthalt" beziehungsweise ihre Verschuldung (Miete, Strom und Gas) die Möglichkeit, überhaupt Unterlagen oder Bescheinigungen vorzuweisen, um Unterstützung zu beantragen. Da viele Roma ständig wechselnde Aushilfstätigkeiten ausgeübt haben, fehlt ihnen das für die Arbeitslosenanmeldung notwendige Arbeitsbuch. Wenn keine Arbeitslosenanmeldung und -bestätigung vorliegt, können sie – im Krankheitsfall – auch keine ermäßigten oder kostenlosen Medikamentenrezepte erhalten. Selbst für die ärztliche Versorgung der Armen (mit keinem oder geringem Einkommen) benötigt man eine Bescheinigung, die vom Stadtrat ausgestellt wird, aber nur wenn eine Arbeitslosen- beziehungsweise Sozialhilfeanmeldung vorliegt. Dies bedeutet, daß viele arbeitslose Roma aus der geregelten Gesundheitsversorgung ausgeklammert sind. Sowohl die katastrophale Wohnsituation (kein warmes Wasser, keine Heizung, was zur Zerstörung der Wohnsubstanz beiträgt), als auch die mangelnde ärztliche Versorgung führen zur Verbreitung von Krankheiten wie Rheuma, Asthma und Tuberkulose.

Mit dem Ziel der Eindämmung von Arbeitslosigkeit werden seit 1991 von staatlicher Seite Qualifizierungs- und Umschulungskurse für Arbeitslose initiiert und durchgeführt. Diese Kurse (die bislang ca. 1.000 Arbeitslosen pro Jahr angeboten wurden) orientieren sich an den Erfordernissen des Arbeitsmarktes: Vorrangig erfolgt die Umschulung oder Qualifizierung der Arbeitslosen in den Bereichen Computerfachkräfte, Buchhaltung im EDV-System, Maurer und Elektroinstallateure, Bürogehilfen usw. Derartige „Programme zur Wiedereingliederung" kommen für die Roma aus den Stadtrandsiedlungen nicht in Frage. Die Chancen auf einen neuen Arbeitsplatz sind dementsprechend gering, und um ihre Familien zu ernähren, bleibt vielen entweder der Weg in eine stetig anwachsende Schattenwirtschaft, welche mit den Attributen der Illegalität und Kriminalität belegt ist, oder aber in ständig wechselnde Aushilfsjobs und Tagelöhnerdienste, die keinerlei soziale Absicherung bieten. Viele leben im wahrsten Sinne des Wortes von der Hand in den Mund.

Symbolisch verdeutlicht sich die Situation dieses Teils der Roma anhand ihrer Siedlungsform. Die Roma-Viertel am Stadt- und Dorfrand sind in ganz Rumänien verbreitet. In diesen Siedlungen läßt sich beobachten, wie die alten Normen und Bindungen an Gültigkeit verloren haben. Diese weichen sowohl von der Lebensform der traditionellen Romagemeinschaften, als auch von jener der Mehrheitsgesellschaft ab. Die aus der Armut resultierende Lebensform läßt sich mit folgenden Grundzügen umreißen: ständiger Kampf ums Dasein, fehlende Fachqualifizierung, niedriges Einkommen, ständig wechselnde Beschäftigung, Verwendung von altem Hausrat und getragenen Sachen, hohe Kinderzahl (im Durchschnitt vier bis zehn Kinder). Mit ihr werden aber auch psychologische Erscheinungen verbunden, wie eine auf die unmittelbare Gegenwart gerichtete Orientierung, geringe Bereitschaft für die Zukunft zu planen, ein Gefühl der Resignation und anderes mehr. Die Möglichkeiten, den eigenen Kindern eine Perspektive zu schaffen, sind gering beziehungsweise nicht vorhanden.[15] Die wenigsten Kinder aus diesen Vierteln trifft man auf den normalen Grundschulen. Sowohl von Sprachschwierigkeiten als auch von sozio-kultureller Benachteiligung herrührende Rückstände in der kognitiven Entwicklung der Romakinder werden bei der Einschulung oder im Laufe der Grundschule in hohem Maße mit „verstandesmäßiger Unfähigkeit" gleichgesetzt. Dies hat zur Folge, daß ein hoher Prozentsatz der Romakinder in die für geistig und körperlich Behinderte geschaffenen „Sonderschulen" (şcoală ajutătoare) eingewiesen werden.[16] Das Fatale ist, daß Romakinder (aber auch rumänische und ungarische Kinder, die aus soziokulturell unterprivilegiertem Elternhaus stammen), die vor der Einschulung nicht geistig behindert waren, in diesen Sonderschulen geistig unterfordert werden, selbige also benachteiligt verlassen und wenig Chancen auf eine Integration in die Arbeitswelt haben.

Da diese Grundzüge und Erscheinungsformen oft nicht den Normen der Durchschnittsbevölkerung entsprechen, werden allzu schnell Ausgrenzungs- und Sanktionsmechanismen gegenüber den Betroffenen entfaltet. Doch erweisen sich diese Grundzüge und Verhaltensweisen unter den bestehenden sozio-ökonomischen Verhältnissen für die Betroffenen als die einzig vernünftigen und sinnvollen. Der ungarische Soziologe István Kemény hob in seinen Forschungsarbeiten hervor, daß eigentlich keine „Romakultur oder -subkultur" existiert, sondern lediglich die „Subkultur der Unterprivilegierten", die zu einem beträchtlichen Teil von verschiedenen Grup-

---

[15] Vgl. hierzu Arbeitsblätter der Heinrich-Böll-Stiftung Nr. 5, a.a.O., S. 17-24.
[16] Vgl. das Beispiel der „Casa de copii cu şcoală ajutătoare" in Târgu Mureş: Von den 422 Schulkindern waren (im Schuljahr 1995/1996) laut Auskunft des Direktors etwa *60 % Romakinder*, 20 % ungarische und 20 % rumänische Kinder.

pen der Roma gebildet wird.[17] Diese Feststellung läßt sich auch auf die rumänischen Verhältnisse übertragen. Gesamtgesellschaftlich betrachtet ist die Armut ein Produkt der sozio-ökonomischen Vorgänge und der sich daraus entfaltenden Ausgrenzungsmechanismen (die sich übrigens auf sämtliche Lebensbereiche erstrecken). Die „Subkultur der Armut" ist eine Reaktion auf die gegebenen sozio-ökonomischen Bedingungen, das heißt eine Überlebensstrategie. Die miserablen Arbeits-, Wohn- und Lebensbedingungen tragen auch dazu bei, daß beispielsweise im Landkreis Mureş die Lebenserwartung der Roma bei 54 Jahren liegt, das sind 14 Jahre unter dem Landesdurchschnitt.[18]

Genaue Daten über das Ausmaß der Arbeitslosigkeit unter der Romabevölkerung gibt es nicht, einerseits weil die offiziellen Statistiken das ethnische Kriterium nicht in Betracht ziehen, andererseits weil viele Roma – mangels fehlender Unterlagen, wie Arbeitsbuch (*carte de muncă*) und Meldebescheinigung des Wohnbezirkes – sich nicht als „arbeitslos" oder „arbeitsuchend" registrieren lassen können. Laut offizieller Statistik[19] betrug die Anzahl der „registrierten Arbeitslosen" im Landkreis Mureş (Stand: Oktober 1995) 37.623 Personen. Davon erhielten 6.201 Personen Arbeitslosengeld (*plată pentru ajutor de şomaj*), 14.881 Personen Arbeitslosenhilfe (*alocaţie de sprijin*) und 16.541 Personen keinerlei Unterstützung (da sie die Voraussetzungen gemäß des Gesetzes Nr. 1/1991 bezüglich der sozialen Absicherung von Arbeitslosen nicht erfüllten). Die Arbeitslosenrate im Landkreis Mureş betrug 1991 2,2 %, 1992 7,3 %, zwischen 1993 und 1995 stieg sie auf 12 bis 14 %. Erstellte Prognosen weisen darauf hin, daß „ca. 3/4 der Arbeitslosen auch zukünftig aus Târgu Mureş, Reghin und Sighişoara" stammen und „die am meisten betroffenen

---

[17] István K e m é n y: Beszámoló a magyarországi cigányok helyzetével foglalkozó 1971-ben végzett kutatásról [Bericht über die Situation der Zigeuner in Ungarn, hervorgegangen aus der 1971 beendeten soziologischen Forschung]. Budapest 1976, S. 19.

[18] Daten vom Statistischen Amt in Târgu-Mureş (Volkszählungsergebnisse 1992): Durchschnittsalter der Gesamtbevölkerung 35,85 Jahre, bei der Romabevölkerung 21,65 Jahre; während bei der Gesamtbevölkerung Personen ab 60 Jahre und mehr einen Anteil von 17,4 % ausmachen, liegt dieser Anteil bei den Roma nur bei 5,2 %.

[19] Die offiziellen Angaben über Arbeitslosigkeit wurden von Dr. Emil Groza, Direktor des Arbeitsamtes in Târgu Mureş (Direcţia de Muncă şi Protecţie Socială Mureş/Str. Iuliu Maniu nr. 2) mitgeteilt.

Gruppen weiterhin Frauen, Personen unter 30 Jahren sowie einfache Arbeiter" sein werden.

Die meisten Roma werden auch weiterhin als ungelernte, unqualifizierte Arbeitskräfte zur Verfügung stehen. Ihre Integration in die Arbeitswelt wird in Zukunft nicht leichter, zumal die ständige Modernisierung und Umstrukturierung des Wirtschaftssystems die Nachfrage nach Fachkräften erhöhen wird. Der soziale und Bildungsunterschied zwischen diesem Teil der Romabevölkerung und der Mehrheitsbevölkerung wird sich vergrößern. Die bestehenden Gräben zwischen pauperisierten Roma und der Restbevölkerung werden tiefer und zunehmend unüberwindbarer.

Im Laufe der Feldforschungen in Siebenbürgen bin ich auch der Frage nachgegangen, inwiefern von seiten der etablierten traditionellen Gruppen eine Solidarisierung mit bzw. Unterstützung für die marginalisierten Roma bestünde. Hier wurde deutlich, daß die etablierte ökonomische Stellung und vor allem die absolute Gruppenfestigkeit einer Solidarisierung entgegenstehen. Aus dem Blickwinkel der traditionellen Gemeinschaften werden jene Roma, die längst mit den herkömmlichen Norm- und Wertsystemen gebrochen haben und in den Dorf- und Stadtrandsiedlungen leben, nicht zur Romagruppe hinzugezählt und es werden keine Bindungen zu diesen angestrebt. Die etablierten, traditionellen Roma sehen sich selbst als eine „Elitegruppe" und sind stolz darauf, als Roma „Karriere" gemacht zu haben. Die Lebensform der entwurzelten (pauperisierten) Roma wird von ihnen verurteilt und die Abgrenzung hervorgehoben.

Gemäß Artikel 37 Absatz 1 der rumänischen Verfassung wird das Recht auf Bildung von Vereinen auf ethnischer Grundlage garantiert. Seit Anfang der neunziger Jahre sind zahlreiche Roma-Parteien und Organisationen entstanden, die auf die Menschenrechtsverletzungen aufmerksam machen und die Benachteiligung und Diskriminierung dokumentieren. Die politischen Organisationen verfügen aber kaum über einen weitreichenden Einfluß, weder innerhalb der Roma-Gemeinschaften noch gesamtgesellschaftlich. Dies liegt daran, daß in den letzten Jahren eine zu große Anzahl von Parteien und Organisationen gegründet wurde. Die Einstellung eines Großteils der Romabevölkerung ist von Vorsicht aber auch Unkenntnis gegenüber Organisationen und Parteien allgemein geprägt.

Das Übermaß an Parteien und Organisationen erschwert vor allem die Artikulation und Durchsetzung der Roma-Interessen gegenüber der Mehrheitsgesellschaft. Dies ist ein Zeichen der bestehenden Zersplitterung, die in der Heterogenität der Roma selbst begründet ist. Eine weitere Rolle spielt auch der Konflikt zwischen „traditionellen" und „modernen" Roma-Vertretern, sowie der Machtanspruch lokaler Roma-Persönlichkeiten, die ihre Legitimität von der regionalen oder Gemeinschaftsidentität herleiteten. Aus eben diesen Gründen scheiterte der Versuch, alle Roma-Organisationen unter einem „Dachverband" zu vereinen: Der Soziologe Nicolae Gheorghe gründete die „Ethnische Föderation der Roma in Rumänien" (*Federația Etnică a Romilor din România*), doch nur wenige der Organisationen traten diesem Dachverband bei.[20] Im April 1993 wurde in Klausenburg das „Oberste Forum der Roma aus Rumänien" gegründet, dem sieben Roma-Organisationen beigetreten sind. Dieses Forum stellte klar, daß es zu keiner Kooperation mit der „Ethnischen Föderation der Roma in Rumänien" gewillt sei.[21]

Vorerst ist die Konkurrenzsituation zwischen den unterschiedlichen Roma-Organisationen größer als die Solidaritätsneigung. Doch ist dies verständlich, wenn man sich vor Augen hält, daß zwischen 1945 und 1989 die Roma weder politische noch kulturelle Vertreter hatten, geschweige denn Erfahrungen in minderheitenpolitischen Strategien. Solange jedoch keine Solidaritätsbasis geschaffen wird, die Unterstützung von staatlichen Institutionen, Oppositionsparteien und Persönlichkeiten weiterhin so schwach ausgeprägt ist, werden es die Organisationen schwer haben, grundlegende Veränderungen herbeizuführen. Aufgrund ihrer starken politischen Zersplitterung gelang es den Roma nicht, bei den Parlamentswahlen 1992 beziehungsweise 1996 mit einer Romapartei über die für den Einzug ins Parlament notwendige 3-Prozent-Hürde zu gelangen. 1992 erhielt ein Vertreter der „Uniunea Romilor", 1996 ein Vertreter der „Partida Romilor" den für Minderheiten reservierten Platz im Abgeordnetenhaus.

Das Dilemma der Roma ist, daß es weder einen Staat in Europa gibt, der sich für ihre Belange einsetzt (da sie über keine 'Mutternation' verfügen), noch eine einflußreiche Lobby, die ihre Interessen vertreten könnte.

---

[20] Franz R e m m e l: Die Roma Rumäniens: Volk ohne Hinterland. Wien 1993, S. 90-91.
[21] Vgl. Allgemeine Deutsche Zeitung für Rumänien vom 10. April 1993.

Summary

Historical, Linguistic and Social Differences between Roma (Gypsies) in Present-day Transylvania

Supranational agreements regarding the socio-economic and social position of Roma should take account of the fact that they are an extremely mixed ethnic group. They can be distinguished according to regional, language, religious and cultural criteria, and between the individual groups there are sometimes considerable differences and contradictions. In Transylvania there are numerous traditional Roma communities, but also very poor ones, mainly to be found on the outskirts of cities. The divergent living conditions of these two groups, plus their differing forms of adaptation to changing economic conditions, are the topic of the present essay.

Résumé

Différenciation historique, linguistique et sociale des tsiganes dans la Transylvanie contemporaine

Bien que la situation sociale et économique des Tsiganes présente des similitudes par delà les frontières, il n'en demeure pas moins que ceux-ci constituent un groupe ethnique très diversifié. On peut les distinguer selon des critères régionaux, linguistiques, religieux et culturels. Il existe parfois des divergences et des contrastes sensibles entre les différents groupes. De nombreuses communautés tsiganes traditionnelles vivent en Transylvanie, mais on rencontre aussi des Tsiganes paupérisés qui habitent généralement à la périphérie des agglomérations urbaines. Le présent article cherche à analyser dans quelle mesure ces deux groupes diffèrent et comment ils parviennent à s'adapter aux nouvelles conditions économiques.

MIDDLE CLASS AND *BÜRGERTUM* IN HUNGARY WITH SPECIAL REGARD TO TRANSYLVANIA DURING THE PERIOD OF DUALISM

Gábor Gyáni

It is obvious that the orthodox notion of the Hungarian bourgeoisie and middle class or middle classes can no longer be accepted without serious modification. The main spokesman of the traditional view in contemporary Hungarian historiography has been the late Péter Hanák, who developed a polarized image of the old Hungarian middle class that, on the one hand, was to considerable degree recruited from a socially declining middling landowning nobility. The conversion of this surprisingly numerous nobility into a middle class of the nineteenth-century capitalist class society was, as Hanák suggested, characterized by the survival of the modes of behaviour and of a value system typical for the the landed nobility, a process which gentrified elements that socially have to be regarded as *'bürgerlich'*. This extended salaried class was created through a process, in which a state bureaucracy sucked up strong elements of the economically declining nobility, which was soon to become the core of a manifestly gentlemanly middle class, called even by contemporaries a gentry.

These weaknesses of the process of the formation of the middle classes were, on the other hand, even reenforced, he maintained, by the ethnically non-Hungarian character of most groups of the new entrepreneurial and professional class, since considerable parts of it had been recruited from swiftly assimilating Jews, domestic German urban groups or other immigrant elements. Their gradual adaptation to and integration into modernizing Hungarian society, however, was highly ambivalent and this contributed to their permanent inferior position both politically and culturally.[1]

The concept, briefly outlined here, has recently been challenged by several empirical investigations into the social history of both the state bureaucracy and of the middle classes of a more bourgeois type. It was revealed that the the salaried classes were by no means completely monopolized by descendants of the former noble estate, the gentry. Both the bureaucracy of the central government (that of the Ministries) and the officer-corps of the army seemed to a considerable extent to be open to the sons of the truly bourgeois groups. These researches – following the prosopographic method – support the assumption that these two segments of the middle classes, although more or less dependent on the state, stood demonstrably closer to the bourgeois than to the once-privileged landed elements. The statistical analysis of the movement into the ranks of various professional groups underlines the importance and the great weight of the *Bürgertum* in shaping the social profile and the mental outlook of the urban middle classes.[2]

Considering the findings of recent social history regarding the formation of the middle classes, there seems to be some room for the hypothesis that the state-employed salaried class of the period of Dualism increasingly developed into a special sort of *Bildungsbürgertum*. A similar argument had already been put forward by György Ránki in the late 1980s in his contribution to a collection on the nineteenth-century European bourgeoisie (*Bürgertum im 19. Jahrhundert*) edited by Jürgen Kocka. „Even if all of these non-Jewish bourgeois officials and intellectuals", Ránki wrote, „lacked the appropriate 'bourgeois ethos', they cannot be left out of any structural analysis of the Hungarian *Bürgertum*".[3] Ránki's still very cautious position was vindicated later by abundant new empirical evidence.

---

[1] Péter H a n á k: Ungarn in der Donaumonarchie. Probleme der bürgerlichen Umgestaltung eines Vielvölkerstaates. Vienna 1984, especially pp. 362-374.

[2] Gábor G y á n i: Polgárság és középosztály a diskurzusok tükrében [Bourgeoisie and Middle Class in the Light of Discourses]. In: Századvég, 7 (1997), tél. 30-38.

[3] György R á n k i: The Development of the Hungarian Middle Classes: Some East-West Comparisons. In: J. K o c k a , A. M i t c h e l l (eds.): Bourgeois Society in Nineteenth-Century Europe. Oxford 1993, p. 451.

Not just the examination of the gentry, i.e. the salaried elements employed by the state, but also a closer look at the other half of the middle class, the *Bürgertum*, forces us to revise well-established notions of the processes by which the middle-classes emerged (embourgeoisement) in Hungary. Today's debates over Jewish embourgeoisement and assimilation particularly reveal the numerous internal inconsistencies and the inadaptability of the so called *dual structure concept* lying behind these orthodox views. We have more and more empirical evidence at our hands to be able to refute this concept which maintains that amidst the circumstances of an uneven bourgeois development in the age of Dualism the Jews, i.e. the Jewish middle class, this special segment of the *Bürgertum*, alone was the source of all economic, social and cultural modernizing efforts.[4]

Those committed to the view that the Jews were the single modernizing social force in Hungary, as Viktor Karády in particular,[5] advance two arguments. On the one hand they refer to the characteristic features of the Jews in Hungary, which allegedly enabled them as a collective group to adequately fill the role of modernizer. On the other hand they argue, that this special mission was made possible by a vacuum left by the Hungarian (Magyar) middle classes, who opted for a gentlemanly way of integration into class society (foremost as state officials, a position which provided them with a protected status, not dependent upon the market – sorely needed by those possessing neither special marketable skills, nor a calculating business mentality).

However, careful research into the highly stratified Jewish community and the ambivalent nature of the process of Jewish assimilation in Hungary makes it increasingly difficult to uphold several of the main theses of the dual structure concept, first sketched by Ferenc Erdei in the 1940s and still highly popular among sociologists and historians in the 1970s and the 1980s. I am not going to discuss in detail all hotly debated issues of Jewish and non-Jewish embourgeoisement. But before looking at the creation of a new bourgeoisie in Transylvania, it seemes necessary to touch upon the overall con-

---

[4] Gábor G y á n i: Embourgeoisement as Jewish Identity. Budapest Review of Books 7 (Fall 1997) 3, pp. 107-114.

[5] Viktor K a r á d y: Zsidóság, polgárosodás, asszimiláció. Tanulmányok [Jewry, Embourgeoisement, Assimilation. Studies]. Cserépfalvi, Budapest 1997.

text of the embourgeoisement taking place in Hungary between the Compromise and World War One.

Transylvania, an internal periphery of Hungary, was even more of a latecomer on the road to a modern industrialized economy and capitalist society than the rest of the country. This, however, was only one among the factors permanently determining the retardation, the scope and the measure of embourgeoisement. No less a relevant factor was multiethnicity and especially the fact that Magyars, Germans (Saxons and Suabians) and Roumanians formed sharply distinct ethnic blocs. Ethnic diversity was further sharpened by the presence of the Jews, whose role in establishing a *Bürgertum* (especially *Wirtschaftsbürgertum*) cannot be exaggerated even in Transylvania.

Looking at ethnic diversity as a determining factor in the process of Transylvanian embourgeoisement, one has to ask first, if we can observe any profound difference in the rhythm and the extent of the process of embourgeoisement carried out by this or that Transylvanian ethnic community. The few historians who so far dealt with this problem, Ákos Egyed in particular, pointed out that Jewish merchants were the pioneers in establishing entrepreneurial capitalism in this area; closely followed by the Germans, then the Magyars and finally the Roumanians. This chronology wholly corresponds to the order of the economic capacity and strength achieved by the *Bürgertum* of each group respectively.[6]

The leading role of the Jews in establishing some form of entrepreneurial capitalism in Transylvania (and Partium) cannot obscure the fact that they also were tied by many threads to the more traditional economic sectors. This was the case especially in Nagyvárad (and to some degree in Szatmárnémeti), where nearly one-fourth of the population was Jewish. Here local authorities had extended the rights of the Jews even well before emancipation. Thus they were granted the right of buying land and real-estate in the 1740s. And they were even exempted from paying local taxes. Due to these measures Jews migrated and settled in the town in large numbers, where for them circumstances for swift capital accumulation were very advantageous indeed.[7]

---

[6] Ákos E g y e d: Hitelélet és polgárosodás Erdélyben a dualizmus korában [Banking and Embourgeoisement in Transylvania in the Age of Dualism]. In: Műhely XIX (1996) 4, p. 19.

[7] Tamás C s í k i: Városi zsidóság Északkelet- és Kelet-Magyarországon [Urban Jewry in North-Eastern and Eastern Hungary]. Budapest 1999, pp. 126-130.

Middle Class and *Bürgertum* in Hungary 189

A similar case was Szatmárnémeti, where Jewish families were to be found among local landholders as early as the beginning of the 18th century and where they were able to enter some Christian guilds in the 1830s and 1840s.[8] These examples indicate that the emergence of a prosperous Jewish banking, commercial and industrial entrepreneurial class after the mid-19th century was in many instances made easier by their previous integration into local society and economy. Therefore, one might say that the Jews in these towns were modernizers from within, not from outside, as has usually been maintained by historians speaking of the surprisingly fast upward mobility of Jewish entrepreneurs in Hungary.

The second question awaiting answers concerns the possible integration of separate ethnic bourgeoisies, and not the least problem is the specific meaning in social history of this *pillarization* type of the process of embourgeoisement.

It seems plausible to argue that the internal, i.e. inter-ethnic, integration of the Transylvanian entrepreneurial and professional middle class was only a partial one throughout the period of Dualism. True, the Jewish and the Magyar, or sometimes (as in the Bánát region) even the local German, or as in Kolozsvár, Armenian entrepreneurs, were able to cooperate with each other in common enterprises; and this helped them to form a more or less unified entrepreneurial class. But this was not so with respect to the majority of the Saxonian and the entire, slowly emerging, Roumanian bourgeoisie that both refused to enter into closer contact with outer, ethnically alien business partners.[9] This is why they managed to retain their ethnically distinctive character and were able to constitute a special kind of *Bürgertum* which refused to integrate into Hungarian 'national' society. This situation can be described with the term *pillarization*. The notion was originally applied to nineteenth- and twentieth-century Dutch society which was largely organized along denominational lines.[10] As in the case of the Dutch, the Transylvanian version of

---

[8] Ibid., pp. 133-135.
[9] E g y e d: op.cit., p. 19.
[10] J. C. H. B l o m: 'Pillarization' in Dutch Society. A Historical Approach. In: M. U o l a (ed.): The Role of Small Countries. Rauma 1980, pp. 43-55; J. E. E l l e m e r s: Pillarization as a Process of Modernization. In: Acta Politica XIX (1984) 1, pp. 129-145.

embourgeoisement also had a pronounced national center which provided an integrative framework for any kind of social activities and divisions. Still, in spite of this focal point, the ethnically confined social processes gravitated around the particularism of smaller communities and were not charcterized by the universalism typical of an integrated modern state. And this is true even for the Transylvanian Magyars and their close partners, the Jews, because due to the inherited Transylvanian regional distinctiveness, they, too, were hemmed in by their own national (ethnic) boundaries.

Therefore, the specific feature of the development of a Transylvanian *Bürgertum* within the context of Hungarian processes of embourgeoisement seems to be the high degree of fragmentation along ethnic lines. This was, however, complemented by a close relationship between the Magyar and the Jewish entrepreneurial bourgeoisie, one being much closer here than elsewhere in the country. This even meant frequent cooperation between Magyar noble families and Jewish entrepreneurs in various enterprises – not very widespread outside this region. Still, not even the Transylvanian aristocracy distinguished itself in setting up capitalist enterprises.

The most important channel for capital accumulation in Transylvania was banking, followed by food-processing industries (milling, spirit and meat industries). Nobles, too, were involved in setting up distilleries and breweries, but the chief investors even in these areas were Jewish capitalists.[11]

Little do we know at present about the precise structural composition of Transylvanian bourgeoisie and how it changed over time. In order to draw at least the chief contours of this class, I shall analyze the urban local elite of the virilists, the greatest taxpayers. These, with a high degree of probability, represented middle class elements. Therefore, by discussing that particular group, we may better understand the Transylvanian *Bürgertum*. For the time being I have to restrict myself to the statistical data of urban virilists available for

---

[11] Mihály M ó z e s: Az urbanizáció főbb jellemzői a dualizmus kori Erdélyben, a Bánátban és a Tiszántúlon [Main Characteristics of Urbanization in Transylvania, Bánát and Tiszántúl in the period Dualism]. In: Alföldi Társadalom 1991. II. köt. Békéscsaba 1991, pp. 145-146.

1910.[12] More local research based on an analysis of the virilist lists to be found in urban archives might still further clarify the picture.

We decided to examine the eight most populous cities in Transylvania and Partium: Temesvár, Arad, Kolozsvár, Nagyvárad, Szatmárnémeti, Marosvásárhely, Brassó and Nagyszeben. Taken together the virilist lists include 529 individuals. The first thing worth noting is that here the percentage of virilists, whose tax amount was counted doubly, was somewhat higher than the national average (taking into account urban centres with more than 30 thousand inhabitants). The reason for this is the higher number of intellectuals and professionals in several of the Transylvanian cities as compared to urban settlements elsewhere (especially in the Great Plain).

Because we find two structurally divergent types of middle class in Transylvanian cities, we have to group them into two separate categories. There are cities (three out of eight) where the composition and the social profile of the local elite (the virilists) were unambiguosly determined by the *Bildungsbürgertum*, i.e. the groups (intellectuals and professionals) who resembled those elements that term was coined. Both Marosvásárhely and Szatmárnémeti had a high proportion of such individuals (69 per cent of the entire virilist group) and Kolozsvár reached 57 per cent. Still, despite the basic similarities between these three cities, there were tremendous differences. Because of the central role played by Kolozsvár in the area of education and as an administrative seat, this city was characterized by the preponderance of university professors and well-to-do state or municipal officials, i.e. citizens who due to their university diploma enjoyed the advantage of the doubly counted tax. At the other end of the scale in Szatmárnémeti the lawyers provided the absolute majority (two-thirds) of those whose tax amount was counted doubly.

The other easily identifiable category of Transylvanian towns were represented by Temesvár, Arad, Nagyvárad and Brassó. In their case the local urban elite relied mostly upon their commercial and industrial activities as a solid basis for upward social mobility. But within this group, too, important differences can be observed. As for Nagyvárad, commerce and banking played the decisive role in shaping

---

[12] Magyarország városainak háztartása az 1910. évben [Urban Budgets in Hungary in the year 1910]. Magyar Statisztikai Közlemények 58. kötet. Budapest 1916, pp. 9-10.

the virilist group (with 20 indidviduals in this category as opposed to nine in industry). Similar proportions may be observed in Arad. With Temesvár, however, the opposite was the case. The Hungarian Manchester, as the town was dubbed by contemporaries, provided promising opportunities for industrialists and they became a stable element of the local virilist elite (with 14 persons registered in this category as opposed to ten engaged in commerce and banking).

The problem of who actually belonged to the *Bürgertum* at any given time cannot be solved alone by applying sociological terms and parameters, like occupation, level of income etc. As Wolfgang Kaschuba has pointed out, one of the best ways of identifying members of the bourgeoisie has been to seek the unambiguous signs of *Bürgerlichkeit*. „The term", Kaschuba writes, „refers to attitudes and cultural factors".[13] If it is a „historically developing cultural praxis", on which a bourgeois self-identity is based, we must do no more than find those social situations, configurations and institutions in which that special cultural practice manifests itself, since amidst such circumstances culture (seen as praxis) creates its own particular social profile, constituting the *Bürgertum*.

An authentic bourgeois quality manifests itself through the medium of the domestic material culture, the practice of home-building and the use of privacy,[14] which can also be examined in a Transylvanian context. In Kolozsvár, one of the few truly metropolitan urban centres of the region, one may observe many signs of how middle class families tended to assimilate a life-style instructed by the ideal of *Bürgerlichkeit*.

Although Kolozsvár came close to the metropolitan model embodied by Budapest in Hungary (Budapest architects were quite often commissioned to plan not only public buildings, but also family houses), the bourgeois life-style here still had several special local features.[15] The most striking difference in comparison to Budapest was the preference given to villas and private cottages over rent-palaces. It is characteristic that apartment houses built especially for middle-

---

[13] Wolfgang K a s c h u b a: German *Bürgerlichkeit* after 1800: Culture as Symbolic Practice. In: J. K o c k a and A. M i t c h e l l op.cit., p. 393.

[14] Cf. Gábor G y á n i: Domestic Material Culture of the Upper-Middle Class in Turn-of-the-Century Budapest. In: A. P e t ő, M. P i t t a w a y (eds.): Women in History – Women's History: Central and Eastern European Perspectives. CEU. Budapest 1994, pp. 55-73.

class tenants were financed primarily by the Roman Catholic Church, not private investors. So, the villa type middle-, and upper-middle class homes came to dominate the scene from the 1880s on. The spatial arrangements of the garden-city type middle class villa was an adequate response to the special requirements of *Bürgerlichkeit*. A university professor's house (built in 1886) e. g., had five rooms (salon, bedroom with a wardrobe, dining-room, gentleman's or drawing-room and children's room) and was completed by a servant's room, but there was no bathroom. From the turn of the century as a result of the increasing modernization of the urban infrastructure, the bathroom, too, came to be an indispensable part of an average middle class house.

We may add that these middle class villas were with very few exceptions owned and inhabited by well-to-do intellectuals or professionals (e.g. physicians). Public officials with somewhat lower incomes, however, were more likely to occupy rented accomodation as mentioned before.

The case of Kolozsvár clearly shows that middle-class intellectuals and professionals, this special variant of a *Bildungsbürgertum*, could have had such a decisive role both in acquiring and disseminating true bourgeois values, because they were far ahead on the road towards the ideal of perfect *Bürgerlichkeit*.

Zusammenfassung

Mittelstand und Bürgertum in Ungarn während des Dualismus unter besonderer Berücksichtigung Siebenbürgens

Mit Materialien, die sich vor allem auf Siebenbürgen beziehen, belegt dieser Artikel, daß die Annahmen von Péter Hanák über das

---

[15] The evidence on middle class domestic culture in Kolozsvár is to be found in Ákos E g y e d: A korszerűsödő Kolozsvár három évtizede, 1867-1900 [The Three Decades of Modernizing Kolozsvár, 1867-1900). In: Kőfallal, sárpalánkkal... Várostörténeti tanulmányok [With Stonewall, Mudfence... Studies on Urban History]. Csokonai, Debrecen 1997, pp. 101-104.

ungarische Bürgertum und seine „Gentrifizierung" in erheblichem Maße modifiziert werden müssen. Zu diesem Zweck diskutiert der Autor die ethnische Fragmentierung des siebenbürgischen Bürgertums, seine regionalen Besonderheiten, vor allem auch die Rolle der Juden, die ökonomischen Aktivitäten des Adels und insbesondere die Charakteristika der Beamten und ähnlich gestellter Gehaltsempfänger, die bisher meist als Abkömmlinge des niedergehenden Adels galten oder als gentrifizierte soziale Aufsteiger. Auf der Basis von Untersuchungen zum Lebensstil, namentlich zum Bereich des Wohnens, zeigt dieser Beitrag, daß das Bildungsbürgertum, und hier die wohlhabenderen Gruppen, wie Anwälte und Ärzte, ganz entschieden einem bürgerlichen Lebensstil anhingen.

Résumé

Classe moyenne et bourgeoisie en Hongrie sous la double monarchie, en particulier en Transylvanie

A l'aide de matériaux concernant avant tout la Transylvanie, l'article fournit la preuve que les thèses de Peter Hanák sur la bourgeoisie et son accès à la haute société ont besoin d'être revues. Pour ce faire l'auteur analyse la fragmentation ethnique de la bourgeoisie transylvaine, ses particularités, les activités économiques de la noblesse ainsi que les caractéristiques des fonctionnaires et des salariés d'un niveau identique qui jusqu'à présent étaient tenus pour des rejetons d'une noblesse appauvrie ou pour des membres de la petite bourgeoisie ayant réussi à s'élever dans la hiérarchie sociale. Par l'étude du mode de vie, en premier lieu de l'ameublement, l'article montre que la bourgeoisie cultivée et principalement les avocats et les médecins avaient un style de vie très »bourgeois«.

„SIEBENBÜRGENS HERVORRAGENDE BESTIMMUNG ALS INDUSTRIE-LAND" – WIRTSCHAFTLICHE ERSCHLIESSUNGS-KONZEPTE 1850-1910

Heike Frenzel

Ist die Wirtschaft Ungarns und Siebenbürgens vom Beginn bis zur Mitte des 19. Jahrhunderts gekennzeichnet durch das Festhalten an vorindustriellen Strukturen und das Beharren auf ständischen und zünftischen Privilegien, so weist die Zeit nach der Jahrhundertmitte, eingeläutet durch Verfassungskampf, Bürgerkrieg und Revolution, eine ungleich stärkere Dynamik gerade auch im Bereich der Wirtschaft auf. Sie ist gekennzeichnet von einer beinahe unvermittelt einsetzenden Entwicklung, die aber vor allem die Masse der konservativ denkenden und handelnden bäuerlichen Bevölkerung unvorbereitet traf und der auch die städtischen Handel- und Gewerbetreibenden zunächst nicht recht gewachsen waren.[1]

Der Staat zog sich als Unternehmer mehr und mehr zurück und ebnete so dem Liberalismus die Bahn. Die stetige Zunahme der Be-

---

[1] Einen guten allgemeinen Überblick über die wirtschaftliche Entwicklung Ungarns und Siebenbürgens bieten Iván T. B e r e n d und György R á n k i: Ungarns wirtschaftliche Entwicklung 1849-1918. In: Alois B r u s a t t i (Hg.): Die Habsburgermonarchie 1848-1918. Bd. 1: Die wirtschaftliche Entwicklung. Wien 1973, S. 462-527, und Zoltan S z á s z: Bevölkerung, Wirtschaft und Kultur im Zeitalter des Kapitalismus. In: Béla K ö p e c z i (Hg.): Kurze Geschichte Siebenbürgens. Budapest 1990, S. 551-594.

Die ungarische Wirtschaftsgeschichte der betreffenden Epoche ist erstaunlich gut erforscht. Ohne hier die einzelnen Titel anführen zu wollen sei bemerkt, daß es mehr qualitätvolle Untersuchungen zu diesem Gegenstand gibt als beispielsweise zur österreichischen Wirtschaftsgeschichte dieser Zeit. Vertiefende Regionalstudien allerdings sind rar, so existieren auch für Siebenbürgen nur wenige moderne Darstellungen, besonders quantifizierende Arbeiten fehlen noch völlig.

völkerung zusammen mit der *Aufhebung der Grunduntertänigkeit* (1848) hatte zwar eine bis dahin nicht gekannte Mobilität der Bevölkerung zur Folge, doch blieben vorhandene soziale Abhängigkeiten weitgehend aufrechterhalten. Die *Zollunion* der habsburgischen Länder (1851) bewirkte auf der einen Seite eine erhebliche Steigerung des Verkehrs innerhalb der Monarchie, auf der anderen Seite aber auch eine enorme Verschärfung des Wettbewerbs der Gewerbetreibenden untereinander. Der *Einführung der Gewerbefreiheit* (1859) schließlich schoben die Zünfte vielfach eigenmächtig einen Riegel vor, indem sie – wiewohl fortan unter der Bezeichnung Genossenschaften – einfach an ihren althergebrachten Ordnungen festhielten und sich erst durch das ungarische Gewerbegesetz von 1872 bewegen ließen, ihre überkommenen Gesetze endgültig aufzuheben und die volle Gewerbefreiheit tatsächlich einzuführen.

Die administrativen Maßnahmen in den Jahrzehnten nach der Revolution von 1848/1849 schufen dennoch die Voraussetzungen für eine Einbindung Ungarns, damit später auch Siebenbürgens, in die Weltwirtschaft.[2] Gemäß der überkommenen habsburgischen „Arbeitsteilung" war die östliche Reichshälfte bis dato ein reines Agrarland geblieben. Im Zentrum der Wirtschaftsentwicklung stand daher erst einmal die Modernisierung der Agrarwirtschaft, der wichtigste Motor der Agrarentwicklung war wiederum der Export. Eine notwendige Voraussetzung für die Umgestaltung der Landwirtschaft war der Ausbau der Verkehrswege, insbesondere der Bau von Eisenbahnlinien und die Anbindung an das europäische Schienennetz. Schon in den 50er Jahren begann deshalb – mit überwiegend österreichischem Kapital – der Ausbau der Schienenwege in Ungarn.

---

[2] Vgl. Krisztina Mária F i n k: Die österreichisch-ungarische Monarchie als Wirtschaftsgemeinschaft. Ein historischer Beitrag zu aktuellen Integrationsproblemen. München 1968, S. 19-25; sowie David F. G o o d: The Economic Rise of the Habsburg Empire, 1750-1914. Berkeley, Los Angeles, London 1984, S. 78-80. Ausführlich dazu John K o m l o s: The Habsburg Monarchy as a Customs Union. Economic Development in Austria-Hungary in the Nineteenth Century. Princeton, New Jersey 1983, S. 25-51, in seinem ersten Kapitel „The Mid-Century Reforms".
Während das neoabsolutistische Regime im großen und ganzen eine Politik der Reaktion betrieb, stellte es gleichzeitig die Weichen für eine liberalistische Wirtschaftspolitik, nicht zuletzt, um Preußen und dem Zollverein auf ökonomischem Gebiet die Stirn bieten zu können.

Damit war auch ein bedeutender Faktor für die Entwicklung der Montan- und der Fabriksindustrie geschaffen. Obwohl die Wirtschaft des Landes zunächst nicht die rasche und günstige Entwicklung nahm, auf die man hätte hoffen können, gärte es doch im Innern. Zwei Jahrzehnte des staatlichen Umbaus mündeten schließlich in den Dualismus; Siebenbürgen brachte diese Entwicklung die schon von den 48er Revolutionären geforderte Union mit dem wiederhergestellten Königreich Ungarn. Nach dem Ausgleich von 1867 leitete die ungarische Regierung eine Wirtschafts- und Industrieförderungspolitik ein, die stets die Angleichung an die stärker industrialisierten österreichisch-böhmischen Länder zum Ziel hatte, und obwohl – bei aller Anstrengung – ein Aufholen gegenüber dem Vorsprung, den der westliche Teil der Doppelmonarchie besaß, nie gelungen ist, profitierte davon letztlich auch Siebenbürgen, das allerdings gegenüber dem restlichen Ungarn immer einen gewissen Rückstand aufwies.[3]

Für die Industrialisierung Siebenbürgens lassen sich zwei Wurzeln ausmachen: Erstens waren es die auf die Ausbeute der reichlich vorhandenen Rohstoffe des Landes gerichteten Bergwerks- und Hüttenunternehmen, die, was in vielen Fällen mit Hilfe ausländischen Kapitals geschah, zu industriellen Großbetrieben west- und mitteleuropäischen Zuschnitts umgestaltet wurden. Zweitens war es das städtische Gewerbe, in dem die deutsche Bevölkerung seit alters her ein starkes Übergewicht hatte.[4] Während selbst in vielen größeren

---

[3] Die weiter oben angesprochene Arbeitsteilung zwischen Österreich und Ungarn blieb auch in der zweiten Jahrhunderthälfte im wesentlichen bestehen, in Anspielung auf die Hauptexportgüter der beiden Reichshälften in den jeweils anderen Landesteil bezeichnete Eddie den Dualismus sinnbildlich als eine „marriage of wheat and textiles", vgl. die ausgezeichnete Darstellung der österreichisch-ungarischen Wirtschaftsentwicklung von Scott M. E d d i e: Economic Policy and Economic Development in Austria-Hungary 1867-1913. In: Peter M a t h i a s, Sidney P o l l a r d (Hgg.): The Cambridge Economic History of Europe, Bd. 8: The Industrial Economies: The Development of Economical and Social Policies. Cambridge 1989, S. 814-886, hier besonders S. 832-838.

[4] Obwohl natürlich von nicht zu vernachlässigender Bedeutung im Gesamtzusammenhang, kann der Anteil der deutschen Bevölkerung am wirtschaftlichen Aufschwung Siebenbürgens hier nicht in aller Ausführlichkeit behandelt werden. Siehe dazu zusammenfassend für die gesamte Donaumonarchie vor allem Harald H e p p n e r: Die wirtschaftliche Bedeutung der deutschen Siedlungsgebiete in Südosteuropa für das Habsburgerreich 1720-1918. In: Gerhard G r i m m, Krista Z a c h (Hgg.): Die Deutschen in Ostmittel- und Südosteuro-

Städten Ungarns noch bis zum Ausbruch des Ersten Weltkrieges die Mehrzahl der Stadtbevölkerung in der Landwirtschaft arbeitete, blieben die siebenbürgischen Städte auf dem Wege der westeuropäischen Entwicklung[5], aus den traditionellen Handwerksbetrieben wuchs organisch eine stattliche Anzahl von Textil-, Maschinen-, Zucker-, Sprirituosen- und ähnlichen Fabriken mit überregionaler Bedeutung heran.[6]

Peter Josef Frank

Begibt man sich auf die Suche nach den konzeptionellen Vordenkern der wirtschaftlichen Entwicklung Siebenbürgens zur Zeit des Neoabsolutismus, so begegnet man ab 1860 immer wieder dem Namen Peter Josef Franks. Peter Josef Franks eigener Werdegang korrespondiert so idealtypisch mit den Anfängen der Industrialiserung Siebenbürgens, wie seine Schriften diese reflektieren, so daß er uns bei der Schilderung derselben begleiten mag. Peter Josef Frank, 1827 geboren, absolvierte im Jahr 1846 das Gymnasium in Hermannstadt, um anschließend, wie es ja die Regel war, außerhalb Siebenbürgens, in Wien und Karlsruhe, die Ingenieurwissenschaften zu studieren. Studienreisen führten ihn in dieser Zeit nicht nur durch Österreich und Deutschland, sondern auch nach Oberitalien, in die Schweiz, ja bis nach Belgien und Frankreich. Dort galt sein Interesse besonders dem Besuch von Maschinenfabriken und der Besichtigung techni-

---

pa, Bd. 1: Geschichte – Wirtschaft – Recht – Sprache, S. 85-100 und für die Siebenbürger Sachsen im besonderen Carl G ö l l n e r: Wirtschaft. In: Carl G ö l l n e r (Red.): Die Siebenbürger Sachsen in den Jahren 1848-1918. Köln, Wien 1988 (Siebenbürgisches Archiv 22), S. 66-103.

[5] Ilona S á r m á n y - P a r s o n s: Die Rahmenbedingungen für 'die Moderne' in den ungarischen Provinzstädten um die Jahrhundertwende. In: Andrei C o r b e a - H o i ş i e, Jaques L e R i d e r (Hgg.): Metropole und Provinzen in Altösterreich (1880-1918). Wien, Köln, Weimar 1996, S. 180-217, hier S. 184.

[6] Ein prominentes Beispiel dafür ist die Textilfabrik Scherg in Kronstadt, ein Familienunternehmen, das aus einer einfachen Tuchmacherwerkstatt hervorgegangen war. 1865 wurde dort die erste Dampfmaschine in Siebenbürgen überhaupt in Betrieb genommen. Zur Geschichte dieses Unternehmens, an dem der Verlauf der industriellen Entwicklung Siebenbürgens in exemplarischer Weise hervorragend deutlich wird, s. Maja P h i l i p p i: 200 Jahre Familie Scherg in Kronstadt. Vom Wollenzieher Michael Schürge zur Tuchfabrik Scherg. In: Balduin H e r t e r (Hg.): Siebenbürgische Familien im sozialen Wandel. Köln, Weimar, Wien 1993 (Siebenbürgisches Archiv 27), S. 1-152.

scher Lehrmittelsammlungen, offenbar schon mit dem Vorsatz, die erworbenen Kenntnisse auch im heimatlichen Siebenbürgen nutzbringend anzuwenden. Nach Abschluß des Studiums trat er 1851 in die siebenbürgische Landesbaudirektion ein und bekleidete bald einen Posten in der Direktion.[7] Berufsbedingt hielt er sich jeweils für kurze Zeit in Hermannstadt, Neumarkt a. Mieresch, Bánffy-Hunyad und Klausenburg auf, also in den langsam aus ihrem „Dornröschenschlaf" erwachenden Städten Siebenbürgens, in einer der Regionen Ungarns, die zwar mit einigen Jahrzehnten Verspätung gegenüber West- und Mitteleuropa, dann aber neben Transdanubien, Oberungarn und dem Banat am stärksten von der Industrialisierung erfaßt wurden. Während die Städte des angrenzenden Banats – begünstigt durch die zentralere Lage und die Nähe zu den reichen Eisenerz- und Steinkohlevorkommen – einen raschen Aufstieg nahmen, beschritten die urbanen Zentren Siebenbürgens allerdings eher den Weg eines gemäßigten, aber dennoch soliden Wachstums.[8]

Einige Jahre nach seiner Rückkehr in die Heimat wird Frank publizistisch tätig, was zunächst in Beiträgen für die deutschsprachige siebenbürgische Presse seinen Niederschlag findet.[9] In einer Zeitschrift richtet man ihm ab 1860 eine ständige Rubrik „Gewerbe" ein, ganz ausdrücklich dem Wunsch der Leserschaft nach „Beschreibungen siebenbürgischer Fabriksunternehmungen" entsprechend. Sein

---

[7] Franks Lebenslauf findet sich bei Joseph T r a u s c h, Friedrich S c h u l l e r : Schriftsteller-Lexikon der Siebenbürger Deutschen, Bd. 1, unveränderter Nachdruck der Ausgabe 1868, S. 338; Bd. 4, unveränderter Nachdruck der Ausgabe 1902, S. 117-118. Beide Köln, Wien 1983 (Schriften zur Landeskunde Siebenbürgens 7/I und 7/IV); sowie Hermann A. H i e n z: Schriftsteller-Lexikon der Siebenbürger Deutschen, Bd. 6. Köln, Weimar, Wien 1998 (Schriften zur Landeskunde Siebenbürgens 7/VI), S. 149-150.

[8] S z á s z: a.a.O., S. 555 und S á r m á n y - P a r s o n s: a.a.O., S. 195, S. 206-213. Besonders nach 1900 entwickelten sich die Städte am Rande der Großen Tiefebene, namentlich Temeswar, Arad und Großwardein, sehr rasch zu regionalen Zentren und überflügelten sogar Szeged, die zweitgrößte Stadt Ungarns, in der Dynamik der Industrialisierung und in ihrer kulturellen Bedeutung. Sie gaben sich offen, modern und zeitgemäß. Einzig Klausenburg in Siebenbürgen erreichte die Funktion eines regionalen Zentrums. Die nächstgrößeren siebenbürgischen Städte wie Kronstadt und Hermannstadt zählen lediglich zur zweiten Kategorie der gut entwickelten Komitatszentren.

[9] Ein vollständiges Verzeichnis seiner Publikationen bei T r a u s c h, S c h u l l e r: a.a.O., Bd. 1, S. 338; Bd. 4, S. 117-118; H i e n z: a.a.O., Bd. 6, S. 149-150.

allererster Artikel über eine Wassermühle bei Kronstadt verdeutlicht, wie bescheiden die Anfänge gewesen sind und wie groß der Abstand zu West- und Mitteleuropa noch war.[10] Aus diesem Grunde versucht Frank in der gleichen Ausgabe eine Analyse „Über die Ursachen des bisherig öfteren Mißlingens siebenbürgischer Fabriks-Unternehmungen"[11] und stellt eingangs fest: „Seit zwei Decennien ringt die Fabriksindustrie in Siebenbürgen sich Bahn zu brechen, ohne daß es ihr bisher gelungen wäre, feste Wurzeln zu schlagen."[12] Es folgt eine ziemlich umfängliche Liste der von ihm festgestellten Versäumnisse der Vergangenheit. Für das Scheitern der ersten Unternehmergeneration macht er auf der einen Seite ganz grundsätzliche, durch Erfahrung leicht vermeidbare Verhaltensweisen verantwortlich, wie die falsche Wahl des Fabrikationszweiges oder des Fabriksortes oder etwa unzweckmäßige und kostspielige Fabrikseinrichtung, und hebt auf der anderen Seite auch auf zwei viel gravierendere Mißstände ab, nämlich die „Beschränktheit" der „Geldverhältnisse", daraus resultierend der Mangel an ausreichendem Betriebskapital, sowie die mangelhafte Ausbildung der Fabriksleitungen und der Beschäftigten.

Zwar hatte man sich mit der Änderung des Zunftwesens von Anbeginn auch um die Förderung des gewerblichen Unterrichts bemüht, doch lag dem Gewerbeschulwesen bis zur Gründung eines „Landesausschusses für den gewerblichen Unterricht" durch das Unterrichts- und das Handelsministerium im Jahre 1881 kein einheitliches System zugrunde. Seit 1848 war den Handwerksmeistern zwar vorgeschrieben, ihre Lehrlinge zum Besuch der Gewerbeschule anzuhalten (für den Fall, daß eine solche am Orte überhaupt vorhanden sei), doch gingen die staatlichen Maßnahmen in dieser Richtung nur soweit, als daß der gewerbliche Unterricht mit den oberen Klassen der Volks- und Bürgerschulen verbunden wurde. Der ungarische Landesindustrieverein und andere gewerbliche Korporationen versuchten daher, auf eigene Initiative gewerbliche Fachschulen einzurichten, doch konnten sie auf Dauer nicht am Leben erhalten wer-

---

[10] Josef F r a n k: Die Dampfmühle in Hosszufalu. In: Siebenbürger Quartalsschrift 2 (1860), S. 206-209.

[11] Ders.: Über die Ursachen des bisherig öfteren Mißlingens siebenbürgischer Fabriks-Unternehmungen. In: Siebenbürger Quartalsschrift 2 (1860), S. 797-799 und S. 834-837.

[12] Ebd., S. 797.

den, sofern sie nicht vom Staat zu organisierten Anstalten umgewandelt wurden.¹³

Der Geldmangel im Lande war ein schwerwiegendes Problem, zumal die materielle Lage des heimischen Gewerbestandes, auf dem zu allem anderen noch ein erheblicher fiskalischer Druck lastete, sich eher verschlechtert hatte. Abhilfe konnten die im Entstehen begriffenen Geldinstitute schaffen. Bekanntlich machte die 1835 gegründete Kronstädter Sparkasse (als erste in ganz Ungarn) den Anfang, gefolgt von der Hermannstädter Sparkasse 1841. Produktion und Handel zu fördern war allerdings nur der mittelbare Zweck der Sparkassengründungen, ihre Hauptaufgabe bestand darin, den „Sparsinn" der Bürger anzuregen, damit diese in die Lage versetzt würden, ihre Situation aus eigener Kraft zu verbessern. Bedeutung für das Kreditwesen in größerem Stil und den Wechselverkehr mit Rumänien erlangten die Filialen der österreichisch-ungarischen Nationalbank in Kronstadt und Hermannstadt und etliche im letzten Drittel des Jahrhunderts gegründete Privatbanken. Für das Leihgeschäft mit kleineren Summen gründeten sich in vielen Ortschaften Siebenbürgens Spar- und Vorschußvereine, die auf Solidarhaftung beruhten und nicht auf Profit ausgerichtet waren. Hier machte Hermannstadt 1862 den Anfang. Diese Spar- und Vorschußvereine ermöglichten jetzt auch den kleinen Gewerbetreibenden, an günstige Kredite zu kommen.¹⁴

Um zu Frank zurückzukehren, er schließt seine Analyse mit einer optimistischen Prognose – und das entsprach einer weitverbreiteten Einschätzung unter Einheimischen und Fremden, sobald die Rede auf die siebenbürgische Wirtschaft kam –, die sich vor allem auf den Rohstoffreichtum des Landes gründete: „Siebenbürgen mit seinen zahllosen Wasserkräften, billigem Brennstoff und seinen vielen Roh-

---

¹³ Über die Entwicklung und Förderung des gewerblichen Unterrichts in Siebenbürgen s. Emil F. T a n d l e r: Die industrielle Entwicklung Siebenbürgens. Kronstadt 1909, S. 123-127. Tandler nennt auf S. 123f. alle fünfzehn Anstalten des gewerblichen Unterrichts in Siebenbürgen namentlich.

¹⁴ Zu den in Siebenbürgen tätigen Geldinstituten ausführlich Frank selbst: Peter Josef F r a n k: Gegenwart und Zukunft der Siebenbürger Sachsen. Eine volkswirtschaftliche Studie. Hermannstadt 1892, S. 26-34 und 39-91. Ausschließlich die siebenbürgisch-sächsischen Kreditanstalten behandelt Rudolf R ö s l e r: Die Kreditorganisationen der Sachsen in Siebenbürgen, Hermannstadt o.J. [ca. 1913].

stoffen, ist, ohne mancherlei Schwierigkeiten des ersten Beginnes verkennen zu wollen, zu einer blühenden Fabriksindustrie gerade sehr geeignet, und es wird dieser Zustand eines regen Industrielebens auch sicher eintreten, sobald spätere Fabrikunternehmer die Klippen vermeiden, an denen ihre Vorgänger scheitern mußten."[15]

Von demselben zukunftsfrohen Optimismus kündet Franks erste größere Arbeit über die Volkswirtschaft Siebenbürgens, die 1867, im Jahr des österreichisch-ungarischen Ausgleichs, zum Abschluß kam. Ihrem plakativen Titel ist das Zitat entnommen, mit dem dieser Beitrag überschrieben ist: „Siebenbürgens hervorragende Bestimmung als Industrie-Land."[16] Gewidmet ist das Bändchen dem damaligen ungarischen Minister für Communicationen und öffentliche Arbeiten, dem Grafen Emerich von Miko, der selbst siebenbürgischer Herkunft war, verbunden mit der Hoffnung, die jetzige Budapester Regierung möge Siebenbürgen nicht mehr in dem Maße vernachlässigen, wie er es ihren Vorgängern, also den österreichischen Regierungen in Wien, vorwirft.[17] Ansonsten wendet sich die Schrift in erster Linie an siebenbürgisches Lesepublikum, dem die Entwicklungspotentiale des heimischen Gewerbes, deren Branchen Frank nach und nach systematisch abhandelt, vor Augen geführt werden sollen. Ausgehend von der Überlegung, daß die Nachbarländer Siebenbürgens, Ungarn einmal ausgenommen, noch einen Entwicklungsrückstand gegenüber Siebenbürgen aufwiesen, mithin die Erzeugnisse einer gesteigerten industriellen Produktion dort natürlicherweise Absatz finden müßten, erörtert er auch eingehend die Frage der Verkehrswege. Tatsächlich führten die großen internationalen Handelsrouten seit der Internationalisierung des Schiffsverkehrs in der Donaumündung im Jahre 1857 und dem Ausbau dieser Wasserstraße in der Folgezeit nämlich an Siebenbürgen vorbei.[18] Die auf dem Wasserweg transportierten englischen, belgischen und französischen

---

[15] F r a n k: Über die Ursachen, a.a.O., S. 797f.
[16] Peter Josef F r a n k: Siebenbürgens hervorragende Bestimmung als Industrie-Land. Hermannstadt 1868.
[17] Siehe Anm. 33.
[18] Zu den Interessen Österreichs, der Großmächte und der kleinen Balkan-Länder bei den Verhandlungen zur Regelung der Donauschiffahrt auf der Londoner Konferenz 1883 und zu deren Vorgeschichte s. Emil P a l o t á s: Machtpolitik und Wirtschaftsinteressen. Der Balkan und Rußland in der österreichisch-ungarischen Außenpolitik 1878-1895. Budapest 1995, S. 191-208.

Industrieerzeugnisse waren auf den angestammten Märkten in den angrenzenden rumänischen Fürstentümern zudem billiger zu haben als die wie eh und je auf Saumpferden mühselig und kostspielig über die Pässe transportierten siebenbürgischen Fabrikate.[19] Handel und Gewerbe Siebenbürgens hatten – sowohl in qualitativer wie in quantitativer Hinsicht – gefährliche Konkurrenz bekommen.

Neue Möglichkeiten eröffnete der bevorstehende Ausbau des Eisenbahnnetzes, so wurde 1869 mit dem Bau der ersten Strecke in Siebenbürgen von Arad bis Karlsburg begonnen. Innerhalb der wirtschaftlichen Eliten Siebenbürgens hatte man die Chance, die diese Anbindung an ferner gelegene Märkte bot, wohl erkannt und der Ausbau des Schienennetzes wurde zeitweilig zur wichtigsten Frage der Innenpolitik. In zahlreichen Broschüren, Denkschriften und in der Tagespresse wurde immer wieder diskutiert, ob der Verbindung nach Rumänien über den Tömöschpaß bei Kronstadt oder über den Rotenturmpaß bei Hermannstadt der Vorzug zu geben sei. Beide Städte sandten Vertreter nach Wien und Pest, um dort ihre Interesse zu vertreten. Schließlich gewann das wirtschaftlich entwickeltere Kronstadt – unterstützt von den Vertretern der ungarischen Großagrarier – die Oberhand, so daß die Wahl zunächst auf die Strecke Kronstadt–Tömösch fiel, die 1879 zusammen mit der rumänischen Anschlußstrecke eröffnet wurde.[20] Erst knapp zwanzig Jahre später erfolgte die Eröffnung der Rotenturmer Durchbruchsbahn, für die sich Frank schon in den 60er und 70er Jahren als Abgesandter von Handelsgremium, Gewerbeverein und Stadtvertretung Hermannstadts in Budapest, Wien und sogar in Bukarest eingesetzt hatte.[21] Bis zur Jahrhundertwende war dann das Streckennetz so weit

---

[19] Das waren vor allem Holzwaren, Textilien, Lederwaren und Glas, die in den Donaufürstentümern als „Kronstädter Waren" gehandelt wurden, vgl. S z á s z: Bevölkerung, Wirtschaft und Kultur, a.a.O., S. 567.

[20] Über den Eisenbahnbau in Siebenbürgen vgl. am ausführlichsten T a n d - l e r: a.a.O., S. 12-24; eine moderne Untersuchung über den Eisenbahnbau in Siebenbürgen steht bislang noch aus.

[21] Davon zeugen seine eigenen Publikationen zur Eisenbahnfrage: Peter Josef F r a n k: Calea ferată Pitești-Sibiu [Die Eisenbahnstrecke Pitești-Hermannstadt]. București 1872, und ders.: Die Anschlüsse der ungarischen an die rumänischen Bahnen. Eine Denkschrift zu Gunsten der Hermannstadt-Rotenturmer Linie nebst Verhandlungen der Bukarester Kammer vom 19. und 20. Februar 1873. Pest 1873.

ausgebaut, daß die Hauptorte Siebenbürgens miteinander und mit dem westlichen Teil Ungarns verbunden waren, an drei Stellen war die Verbindung zum rumänischen Streckennetz hergestellt. Das geographisch so abseitig gelegene Siebenbürgen war endlich aus seiner Isolation befreit und über den Schienenweg an den europäischen Fernverkehr angebunden.[22]

Da aber die Frachtkosten auf den siebenbürgischen und rumänischen Bahnen einerseits sehr hoch waren, und eine Verbindung zur Donau angesichts der „umgelenkten" Handelswege andererseits erstrebenswert schien, gab es auch in Siebenbürgen Überlegungen zum Ausbau der Wasserstraßen. Als bedeutendster Wasserlauf Siebenbürgens galt der Alt, der in den Ostkarpaten entspringt, den südöstlichen Teil Siebenbürgens durchfließt, beim Rotenturmpaß die frühere rumänische Grenze erreicht, dort wiederum die Karpaten durchquert und sich schließlich in die Donau ergießt. Schon die österreichische Regierung hatte sich mit dem Problem der Altregulierung beschäftigt, und Frank machte seinerseits Vorschläge zur Schiffbarmachung dieses Wasserweges. Doch waren sie aus Kostengründen weit entfernt davon, in die Tat umgesetzt zu werden.[23] In neuerer Zeit griff Karl Wolff wiederum auf Franks Ideen zurück und konsultierte für seine Entwürfe dazu sogar Experten in Deutschland. Der Hermannstädter Komitat ersuchte die ungarische Regierung wiederholt, in dieser Angelegenheit mit dem Nachbarstaat Rumänien in Verhandlung einzutreten, doch letztlich scheute auch der ungarische Staat die hohen Kosten für dieses umfangreiche Projekt.

Peter Josef Frank war mittlerweile in die Privatwirtschaft gewechselt, wo er sich als Fabriks- und Bergwerksdirektor versuchte. Of-

---

[22] Die Hauptlinien entstehen in Siebenbürgen in der Zeit vor der Wirtschaftskrise, im Zeitraum 1867-1873, danach folgt der Ausbau des Netzes, so daß bis zum Ersten Weltkrieg auch in Siebenbürgen eine mit dem restlichen Ungarn vergleichbare Dichte entsteht, vgl. G o o d: a.a.O., S. 99-104. Zum Zustandekommen der Anschlüsse ans rumänische Eisenbahnnetz s. Lothar M a i e r: Rumänien auf dem Weg zur Unabhängigkeitserklärung 1866-1877. Schein und Wirklichkeit liberaler Verfassung und staatlicher Souveränität. München 1989, S. 227-230.
[23] Unter anderem das Kapitel „Die Schiffbarmachung des Alt". In: Peter Josef F r a n k: Gegenwart und Zukunft der Siebenbürger Sachsen. Eine volkswirtschaftliche Studie. Hermannstadt 1892, S. 320-321.

fenbar machte er mit der privaten Wirtschaft jedoch keine guten Erfahrungen, denn er ging alsbald seines gesamten Privatvermögens verlustig. Nach diesem Schicksalsschlag zog es ihn ins benachbarte Rumänien. Dort konnte er wieder Fuß fassen, wurde an verschiedenen Orten zum Stadt- und sogar zum Kreisingenieur berufen. Angesichts einer massiven Auswanderung von Siebenbürgen nach Rumänien war dieser Schritt so ungewöhnlich nicht, doch zog es vor allem ungelernte Arbeitskräfte ins Nachbarland.[24] Besondere Anziehungskraft übte die Tatsache aus, daß das Wirtschaftsleben in Rumänien viel weniger Beschränkungen und Reglementierungen unterlag und ein Aufstieg aus eigener Kraft den Auswanderern leichter erreichbar schien als in Siebenbürgen. Im sogenannten „Zollkrieg" Ungarns mit Rumänien in den Jahren 1886-1893, als Ein- und Ausfuhr von Waren und Rohstoffen auf ein Minimum verringert wurden, wanderte aber auch unternehmerisches Kapital und unternehmerische Initiative in das rumänische Nachbarland, vor allem von Kronstadt aus siedelten sich neue Unternehmen oder Zweigbetriebe jenseits der nahegelegenen Grenze an.[25] Eine weitere Folge des Zollkriegs war die schwerste Krise des siebenbürgischen Gewerbes überhaupt. Zwar versuchte die Budapester Regierung, die schlimmsten Folgen durch die Vergabe staatlicher Aufträge an Betriebe und Handwerker abzumildern, doch war der Niedergang ganzer traditioneller Gewerbezweige nicht aufzuhalten. Lediglich Unternehmen, die ihr Kapital in die Mechanisierung investierten, marktorientiert produzierten und es verstanden, sich neue Märkte in der Bukowina, in Bulgarien, Serbien, der Türkei und innerhalb der Monarchie zu erschließen, wuchsen allmählich zu Mittel- und in einigen Fällen auch

---

[24] Auch zur Bevölkerungsbewegung zwischen Siebenbürgen und Rumänien gibt es keine neuere Untersuchung. Für den Zeitraum 1857-1900 versucht August Jekelius aufgrund der Daten der amtlichen Volkszählungen Umfang und Auswanderungsgebiete des Sachsenlandes zu fixieren; s. August J e k e l i u s: Die Bevölkerungs- und Berufsstatistik des ehemaligen Königsbodens. Hermannstadt 1908, S. 119-128. Nach Beginn der Massenauswanderung in Richtung Amerika um das Jahr 1900 führte der Staat ordentliche Registrierstationen ein und veröffentlichte regelmäßig detaillierte Angaben zur Auswanderung.

[25] Die Brüder Schiel aus Kronstadt beispielsweise gründeten in Buşteni eine Papierfabrik, die rasch expandierte und zur größten des Landes werden sollte, die Kronstädter Familie Rhein verlegte ihre erst kurz zuvor gegründete Tuchfabrik nach Azuga; vgl. P h i l i p p i: a.a.O., S. 79.

zu wirklichen Großbetrieben heran, die Qualitätsware nach europäischem Maßstab produzierten.[26]

Aus Rumänien zurückgekehrt, veröffentlichte Frank 1889 seine Erfahrungen aus dieser Zeit unter dem Titel „Wirtschaftliche Resultate. Eine Parallele zwischen Siebenbürgen und Rumänien".[27] Bei nicht einmal vielversprechenden Grundvoraussetzungen, so konstatiert er, wachse die Wirtschaft jenes Landes schneller als die Siebenbürgens, da bei aller Gegensätzlichkeit der Parteien die Politik die Weichen immer in Richtung Fortschritt gestellt habe. Für Siebenbürgen muß er feststellen, daß dort „feindliche Brüder zusammen [wohnen], die sich nicht als Siebenbürger, sondern vielmehr als Anhänger dieser oder jener Nationalität fühlen; während jede Nationalität auf Kosten der anderen nach dem Übergewichte strebt, schwächen sich alle gegenseitig und die Folge ist, daß hier Stillstand und Rückschritt eintreten, während rings herum alles freudig aufblüht." Ein wenig widersprüchlich dazu bleibt die Einengung auf eine ausgesprochen siebenbürgisch-sächsische Wirtschaftspolitik, die er selbst in den „Schlußfolgerungen" fordert: „Wir müssen uns lebhaft vor Augen halten, daß [...] unser nationaler Bestand nur noch von so langer Dauer ist, als unser letztes übrig gebliebenes Verteidigungsmittel, nämlich unsere wirtschaftliche Kraft noch ausreichen wird; [...] so müssen unsere sämtlichen Bestrebungen sich im gemeinschaftlichen Brennpunkt der wirtschaftlichen Kräftigung konzentrieren [...]."[28]

Die umfangreichste und letzte Studie Franks über Siebenbürgen, die wenig später, 1892 erschien, heißt jetzt auch bezeichnenderweise „Gegenwart und Zukunft der Siebenbürger Sachsen"[29], mehr eine Art Bestandsaufnahme der Finanzwirtschaft, der landwirtschaftlichen und industriellen Entwicklung der vergangenen Jahrzehnte als ein programmatischer Entwurf für die Zukunft, getragen von der

---

[26] Das bereits genannte Unternehmen der Familie Scherg kann auch für diesen Anpassungsprozeß als repräsentatives Beispiel dienen; vgl. ebd., S. 78-81.
[27] [Peter] Josef F r a n k: Wirtschaftliche Resultate. Eine Parallele zwischen Siebenbürgen und Rumänien. Hermannstadt 1889.
[28] Ebd., S. 31.
[29] Wie bereits zitiert: Peter Josef F r a n k: Gegenwart und Zukunft der Siebenbürger Sachsen. Eine volkswirtschaftliche Studie. Hermannstadt 1892.

Enttäuschung über die ungarische Wirtschaftspolitik in Siebenbürgen und voller Hoffnung auf das nationale siebenbürgisch-sächsische Wirtschaftsprogramm, das vom zweiten Sachsentag in Hermannstadt 1890 als Teil des sogenannten Nationalprogramms verabschiedet wurde.[30] Bemerkenswert am Nationalprogramm ist, daß die führenden Köpfe der Siebenbürger Sachsen, die ja von Hause aus zumeist Juristen und Theologen waren, das Schwergewicht ihrer Agitation vom politischen Kampf auf die Unterstützung von Wirtschaftsprojekten verlagerten. Inhaltlich bietet es, bis auf das Vorhaben, die Großindustrie in Siebenbürgen heimisch zu machen, tatsächlich wenig Innovatives. Frank unkte mit einiger Berechtigung, es enthalte Thesen, die er selbst schon vor 25 Jahren in seiner „Siebenbürgischen Zeitschrift für Handel, Gewerbe und Landwirtschaft" aufgestellt habe.[31]

Ausblick
Vorgetragen hatte das Nationalprogramm der Vorsitzende des Sächsischen Zentralausschusses und Direktor der Hermannstädter Sparkasse Karl Wolff, eine Persönlichkeit, die die siebenbürgisch-sächsische Wirtschaftspolitik der Jahrzehnte bis zum Ersten Weltkrieg entscheidend prägte. Da Wolffs wirtschaftliche Aktivitäten weitaus bekannter sind als die Franks, sollen sie hier nur kurz in ihren Grundzügen vorgestellt werden.[32]

Für die Siebenbürger Sachsen, die zahlenmäßig kleinste der drei Völkerschaften Siebenbürgens, stellte sich die Stärkung ihrer wirtschaftlichen Basis unter dem Druck der Magyarisierungspolitik Bu-

---

[30] Vgl. Tandler: a.a.O., S. 86 f. Auch die folgende Publikation, die nach der Verabschiedung eines Industrieförderungsgesetzes im Jahr 1097 in Deutschland erschien und sich ausdrücklich an die dortige Unternehmerschaft wendet, ist in den Zusammenhang der Industrieförderungspolitik Ungarns zu bringen: Ott Sugár: Die Industrialisierung Ungarns unter Beihilfe des Staates und der Kommunen. Leipzig 1908.
[31] Die von Frank in Hermannstadt herausgegebene Siebenbürgische Zeitschrift für Handel, Gewerbe und Landwirtschaft erschien von 1865 bis 1968 wöchentlich.
[32] Ausführlich dazu Carl Göllner: Karl Wolffs politisches und wirtschaftliches Wirken. In: Forschungen zur Volks- und Landeskunde 16 (1973), H. 1, S. 5-36.

dapests mittlerweile als eine Art Überlebensfrage.[33] Unter der Führung von Karl Wolff entwickelten sie jetzt einen Aktivismus ganz eigener Art, um die wirtschaftlich-gewerbliche Dynamik in der Region – gleichsam als Basis ihrer Existenz – zu fördern. Sie suchten auf direktem Weg Unternehmen aus dem Deutschen Reich zur Ansiedlung zu bewegen und sächsische Arbeiter zu beschäftigen. Die politische Führung der Siebenbürger Sachsen nahm Kontakt zu großen deutschen Geldinstituten – wie etwa der Deutschen Bank – und zu den Großindustriellen Deutschlands auf, um sie zu Krediten zu bewegen. Auf Wolffs Initiative wurden eine Reihe deutscher Fachleute nach Siebenbürgen eingeladen, die Gutachten über die vorhandenen Waldbestände, die Stein- und Erzvorkommen und zu den Entwicklungschancen aller Sparten industrieller Produktion erstellten und in Deutschland in Umlauf brachten.[34] Von der ungarischspra-

---

[33] Zu fragen wäre an dieser Stelle berechtigterweise nach der siebenbürgischen Wirtschaftspolitik der Budapester Regierung und möglicherweise auch nach deren nationalpolitischer Motivation. Ohne diese Problematik hier erschöpfend behandeln zu können, sei erwähnt, daß es im Parlament durchaus Stimmen gab, die vor der übermächtigen Wirtschaftskraft der Siebenbürger Sachsen warnten und ernsthaft Maßnahmen zur Beschränkung forderten. Denkbar wäre auch der Einfluß solcher Stimmen beim Eisenbahnbau, d.h. bei der Bevorzugung der Kronstädter vor der Hermannstädter Linienführung (unbestritten profitierten ja die ungarischen Großagrarier von dieser Entscheidung), oder bei dem Desinteresse gegenüber den Plänen zur Altregulierung, von der ja in erster Linie die von Sachsen bewohnten Gebiete Südsiebenbürgens profitiert hätten. Meinem Eindruck nach sind die Entscheidungsträger in der Hauptstadt zumindest in bezug auf die Wirtschaft jedoch eher Realpolitiker gewesen, die ihre Entscheidungen zum besten der Gesamtentwicklung und nicht zu Lasten einzelner Bevölkerungsteile fällten. Das zeigt unter anderem die Vergabepraxis bei lukrativen Staatsaufträgen, die sich ausschließlich an der Leistung des einzelnen Unternehmens orientierte. Gleichwohl kann solch großangelegten Projekten wie der „Szekler Industrie-Aktion" in den Jahren um die Jahrhundertwende, der gezielten Förderung des strukturschwachen und hauptsächlich von Magyaren bewohnten Szeklerlandes im Südosten Siebenbürgens, eine gewisse nationalistische Komponente natürlich nicht abgesprochen werden.

[34] T a n d l e r: a.a.O., S. 84f. Auf Einladung des „Sächsischen Zentralausschusses" kam unter anderem der Vorsitzende des Zentralvereins für Handelsgeographie in Berlin, Dr. Robert Jannasch, nach Siebenbürgen. Nach eingehenden Untersuchungen brachte er in Berlin die Broschüre „Industrielle Unternehmungen in Siebenbürgen" heraus (Berlin 1909). Vgl. auch Carl W o l f f: Bemühungen um das siebenbürgisch-sächsische Gewerbe. Hermannstadt 1899. Dr. Karl Wolff als Vorsitzender des Sächsischen Zentralausschusses und Direktor der Hermannstädter Sparkasse war überhaupt die treibende Kraft bei jenen Vorhaben.

chigen Presse wurde diese Kampagne übrigens mit wohlwollenden Kommentaren begleitet, zumal die Budapester Regierung sich unter Hinweis auf die großzügige Gewährung von Steuer- und Gebührenfreiheit nach der Jahrhundertwende selbst verstärkt bemühte, vor allem bei der französischen und englischen Unternehmerschaft und bei der internationalen Finanzwelt Interesse für Industriegründungen zu wecken.[35] Vor allem im Kohlebergbau, aber auch in der Gold-, Silber- und Kupferförderung und im Eisenhüttenwesen beteiligte sich schließlich deutsches, englisches, französisches und belgisches Kapital.[36] Ob allerdings dieses ausländische Engagement als Erfolg der ungarischen Industrieförderung oder gar der siebenbürgisch-sächsischen Wirtschaftspolitik gewertet werden kann, muß dahingestellt bleiben.

Die Zeit nach der Jahrhundertwende ist gekennzeichnet durch stetiges, aber gemäßigtes Wachstum. Mit dem Ersten Weltkrieg geht in Siebenbürgen dann nicht nur eine politische, sondern auch eine wirtschaftsgeschichtliche Epoche ihrem Ende zu. Eine Periodisierung dieser Epoche ist nicht ohne Schwierigkeiten vorzunehmen. In die Zeit des Neoabsolutismus, also in den Zeitraum von 1848/1849 bis 1867 fällt die Beseitigung administrativer Hindernisse und damit einhergehend ein langsames Aufblühen der Industrie, gleichzeitig der allmähliche Niedergang des in seinen Traditionen befangenen Gewerbes. Der Anschluß an das ungarische Königreich nach dem Ausgleich von 1867 brachte eine kurze Periode des Aufschwungs mit sich, die durch die gesamteuropäische Wirtschaftskrise der Jahre 1873-1878, von deren Auswirkungen auch Siebenbürgen nicht verschont blieb, ein vorzeitiges Ende hatte. Der nächste ernsthafte Einbruch in ökonomischer Hinsicht – mit den oben geschilderten Folgen – traf Siebenbürgen bereits wenig später im Zollkrieg Österreich-Ungarns mit Rumänien von 1886-1871. Erst nach dem Ende dieser nachbarlichen Zwistigkeiten herrschten wieder derart stabile Zustände, daß die siebenbürgische Industrie bis zum Ersten Weltkrieg kontinuierlich aber, bedingt durch die angespannte Weltwirtschaftslage, eben nur mäßig wachsen konnte. An die Seite der Leicht- und

---

[35] Wolff: a.a.O., S. 8. Siehe auch Fußnote 30.
[36] Szász: a.a.O., S. 575f.

Lebensmittelindustrie trat in den Städten auch schon die chemische Industrie.[37] Betriebe der Elektro- und der Schwerindustrie fanden allerdings noch keine günstigen Existenzbedingungen, so daß man zum Zeitpunkt des Kriegsausbruchs von einem Zustand unvollendeter Industrialisierung sprechen kann. Alle hoffnungsvollen Anfänge nehmen dann infolge der Kriegswirtschaft und der kriegsbedingten Zerstörungen ein jähes Ende. Der Anschluß Siebenbürgens an Rumänien als Folge der Niederlage Österreich-Ungarns ließen dann die Zukunft für so manchen Zeitgenossen bewölkt erscheinen, doch bargen die neue Lage im geographischen Zentrum des Staates, die Entdeckung neuer Rohstoffe am Vorabend des Krieges – wie zum Besispiel die Erdgasfunde bei Mediasch – auch neue Entwicklungspotentiale für die siebenbürgische Wirtschaft.

Summary

"Transylvania's Outstanding Destiny as an Industrialised Country" – Economic Policies 1850-1910

The industrial development of Hungary and Transylvania only started after the mid-19th century, initiated by the neo-absolutist regime of the Habsburgs, and later promoted by the Hungarian central government in Budapest. One of the little known pioneers of Transylvanian economic development was Peter Josef Frank (1827-1900), an engineer whose initiative was reflected in numerous publications. His first major publication, *Transylvania's Outstanding Destiny as an Industrialised Country* (Hermannstadt, 1868) was characterised by naïve optimism. However, the tone of his last comprehensive study, *The Present and Future of Transylvanian Saxons. An Economic Study* (Hermannstadt, 1892) was a more realistic, even sceptical – the ups and downs of Transylvanian economic development had left visible trac-

---

[37] Vor allem in Form von Raffinerien, die das aus dem Prahovatal nach Siebenbürgen importierte Öl weiterverarbeiteten.

es in Frank's own life as well. At the same time it gave suggestions for an exclusively "Transylvanian-Saxon" economic programme, which was taken up and modified a little later by Karl Wolff.

Résumé

»La détermination de la Transylvanie en tant que pays industrialisé« – Projets de mise en valeur économique (1850/1910)

Le développement industriel de la Hongrie et de la Transylvanie ne commença qu'à partir du milieu du XIX siècle; il fut d'abord amorcé sous le régime néoabsolutiste des Habsbourg, puis soutenu fortement par le gouvernement central à Budapest. Un des précurseurs méconnus du développement économique de la Transylvanie fut l'ingénieur Josef Frank (1827/1900), dont les idées trouvèrent forme dans de nombreuses publications parmi lesquelles on peut citer: »La détermination de la Transylvanie en tant que pays industrialisé« (Hermannstadt 1868) où s'exprime un optimisme encore quelque peu naif, alors que sa dernière grande étude: »Présent et avenir des Saxons de Transylvanie« (Hermannstadt 1892), plus sceptique, tient compte de la réalité.

ASPEKTE DER JÜNGEREN ZENTRALITÄTS- FORSCHUNG IN OSTMITTEL- UND SÜD- OSTEUROPA – VERÄNDERTE PERSPEKTIVEN FÜR DIE BEWERTUNG DER STÄDTE SIEBENBÜRGENS?

Hans-Joachim Bürkner und Wilfried Heller

Einleitung

Die gesellschaftliche Transformation in Ostmittel- und Südosteuropa hat nicht nur die Bedingungen der Stadtentwicklung, sondern auch die relative Bedeutung der Städte und ihre Positionen innerhalb der nationalen Zentrenhierarchien verändert. Prozesse der Deindustrialisierung, wachsende Arbeitslosigkeit, sinkende Realeinkommen und soziale Polarisierungen auf der einen Seite, die Entwicklung marktwirtschaftlich organisierter Produktions-, Handels- und Dienstleistungsbereiche, die Privatisierung von Wohnungs- und Eigentumsmärkten und ein verändertes Wanderungsverhalten der Bevölkerung auf der anderen Seite stecken den Rahmen ab, in dem sich der Wandel der städtischen Funktions- und Bedeutungshierarchien vollzieht (Korcelli 1997). Angesichts der erheblichen Unterschiede in den regionalen Transformationsbedingungen muß diese recht allgemeine Aussage für jedes Land, ja für jede Region spezifiziert werden. Dabei ist nach den jeweils eigenen regionalen Entwicklungstrends und den ihnen zugrundeliegenden Regelhaftigkeiten zu fragen. Insofern ist es sinnvoll, die aktuellen Bedingungen der Stadtentwicklung und der Veränderung der Position der Städte in Siebenbürgen in bezug auf die rumänische Zentrenhierarchie einer genaueren Inspektion zu unterziehen.

Ausgangspunkt unserer Fragestellung ist die Beobachtung, daß am Vorabend des Umbruchs in Ostmitteleuropa in der Mehrzahl der sozialistischen Länder die Folgen der polarisierten Regionalentwicklung, die zu Beginn des 20. Jahrhunderts mit der späten Urbanisierung der Agrarstaaten Ostmittel- und Südosteuropas einhergegangen war, nicht völlig überwunden worden waren. Vor dem Zweiten Weltkrieg standen in Ostmitteleuropa wenige Metropolen, die einen enormen politischen und ökonomischen Bedeutungsüberschuß besaßen, einer Vielzahl von kleinen regionalen Netzwerken aus Klein- und Mittelstädten mit geringen ökonomischen Potentialen gegenüber (Enyedi 1992). Trotz der in Ansätzen erfolgreichen planerischen Bemühungen des Sozialismus um den Ausgleich regionaler Disparitäten und trotz des hohen Urbanisierungsgrades, der aufgrund dieser Bemühungen schließlich in den 80er Jahren erreicht worden war (Fassmann 1997), blieb die polarisierte Struktur des Städtenetzes in abgeschwächter Form weitgehend erhalten (Pichler-Milanovich 1994, S. 1098f.). Die Frage, die sich für die Entwicklung in den 90er Jahren stellt, ist daher: Führen die neuen marktwirtschaftlichen Bedingungen zu erneuten Polarisierungen (da zum Beispiel die Metropolen Schwerpunkte ausländischer Investitionen sind und somit Entwicklungsvorsprünge realisieren und ausbauen können), oder zeichnen sich für die „nachgeordneten" Groß- und Mittelstädte neue Entwicklungsperspektiven ab (zum Beispiel aufgrund der Expansion von Handel und Dienstleistungen), die ihre Positionen innerhalb der Städtehierarchien positiv beeinflussen? Inwiefern ist Siebenbürgen in entsprechende Entwicklungstrends einbezogen?

Bevor wir versuchen, eine Antwort auf diese Frage zu formulieren, werden wir uns noch ein wenig intensiver mit den Ergebnissen der Zentralitätsforschung zur Frage der Bedeutung der im Sozialismus entstandenen Ausgangsstrukturen der Zentrenentwicklung für die weitere Entwicklung von Städtesystemen auseinandersetzen. Außerdem werden wir die in dieser Literatur gegebenen Interpretationen der Entwicklungstrends der ostmitteleuropäischen Städtesysteme in den 90er Jahren diskutieren. Anschließend werden wir die Entwicklung in Siebenbürgen skizzieren und die Frage aufwerfen, inwiefern sich die Befunde in übergeordnete Trends einordnen lassen.

Bisherige Ergebnisse der Zentralitätsforschung zur Entwicklung von Städtesystemen in Ostmitteleuropa in den 1990er Jahren

Das Thema „Erbe des Sozialismus" in bezug auf ostmitteleuropäische Städtesysteme in der Literatur

Die Bedeutung des strukturellen „Erbes des Sozialismus" hinsichtlich der Ausprägung ostmitteleuropäischer Städtesysteme in den 90er Jahren wird in der Zentralitätsforschung nicht übereinstimmend beurteilt. Konsens scheint zunächst darüber zu bestehen, daß die Strategie der dezentralen industriellen Entwicklung, die seit den 50er und 60er Jahren betrieben wurde, in der Mehrzahl der sozialistischen Staaten zum Abbau von regionalen Disparitäten beitrug, da sie vormals periphere Standorte aufwertete und teilweise sogar zu einem Rückbau der Primatstädte führte (Fassmann 1997; Korcelli 1998, S. 157). Während jedoch einige Zentralitätsforscher damit bereits ein weitgehend egalitäres Siedlungssystem gegen Mitte der 80er Jahre für realisiert halten (zum Beispiel Fassmann 1997, S. 50; Grimm et al. 1994, S. 20), äußern sich andere Autoren zurückhaltender und gehen lediglich von einem Wachstum der mittleren und unteren Hierarchieebenen der Städtesysteme bei gleichzeitigem Weiterbestehen von gemäßigten regionalen Disparitäten aus (Pichler-Milanovich 1994; Slepička 1996; Berényi 1996; Korcelli 1997).

In Rumänien führte die Politik der massiven Industrialisierung und der damit verbundenen Urbanisierung (Heller 1979) zu einer dualen Struktur des Städtenetzes, das von den idealtypischen Hierarchiekonstrukten in Form von pyramidenförmig angeordneten Städten unterschiedlicher Größenklassen deutlich abweicht. Sie ist von einem Dominieren der Hauptstadt Bukarest und der relativ großen Bedeutung der unteren Hierarchieebenen (das heißt der Klein- und Mittelstädte) gekennzeichnet, während die „1. Rangstufe" der Großstädte, die der Hauptstadt unmittelbar nachgeordnet sind, nur schwach ausgeprägt ist beziehungsweise von Großstädten gebildet wird, die eine relativ geringe Größe aufweisen (Ianoş et al. 1996, S. 214). Eine stärkere regionale Differenzierung der Hierarchien zeigt, daß die idealtypische Baumstruktur[1] mit einer ausreichenden Zahl

---

[1] Nach dem klassischen Zentrale-Orte-Modell von C h r i s t a l l e r (1933) entstehen Zentren aufgrund der unterschiedlichen räumlich-distanziellen Reich-

an Ober- und Mittelzentren noch am ehesten in Siebenbürgen (Städtesystem mit Cluj-Napoca als Oberzentrum) anzutreffen ist, während demgegenüber in vielen anderen Regionen die oberen Hierarchieebenen sehr schwach besetzt sind und erst auf der 3. und 4. Rangstufe eine größere Zahl von Zentren vorhanden ist (ebd.). Im Vergleich zu anderen Ländern Ostmitteleuropas weist Rumänien somit nur wenige nachgeordnete Oberzentren auf, von denen an erster Stelle Cluj-Napoca zu nennen ist (vgl. Grimm et al. 1994, S. 23 u. 54).

Quellenkritisch muß allerdings angemerkt werden, daß die Erstellung von Rangordnungen für die Zeit vor 1989, aber auch für die gegenwärtige Phase der Stadtentwicklung in Ostmitteleuropa erhebliche Probleme bereitet. Aussagekräftige Indikatoren, die in der For-

---

weite von Gütern, die innerhalb von Regionen angeboten werden. Je mehr zentrale Güter, d. h. Güter mit hoher Reichweite, an einem Ort angeboten werden, desto höher ist die Zentralität dieses Ortes. Christaller ordnet zentrale Orte anhand von ökonomisch definierten Reichweitengrenzen jeweils unterschiedlichen Zentralitätsstufen zu und postuliert auf diese Weise ein geschlossenes funktionales System zentraler Orte, die im Mittelpunkt von sie umgebenden, hexagonalen Marktgebieten gelegen sind. Innerhalb dieses hierarchischen Systems bestehen asymmetrische Austauschbeziehungen zwischen den einzelnen Zentralitätsstufen derart, daß ein Ort höherer Zentralität jeweils eine bestimmte Anzahl von Orten der nächstniedrigen Zentralitätsstufen versorgt. Gemäß dem von Christaller als dominant begriffenen Versorgungs- bzw. Marktprinzip sind dem Marktgebiet eines zentralen Ortes jeweils drei Marktgebiete niedrigerer Zentralität zugeordnet (Zuordnungsfaktor K = 3), so daß eine symmetrische, baumartige Hierarchiestruktur entsteht. Weitere Zuordnungsfaktoren (K = 4, K = 7) ergeben sich, wenn andere Gliederungsprinzipien, beispielsweise anhand der Verkehrsverbindungen zwischen zentralen Orten oder administrativen Strukturen, in das Modell eingeführt werden (s. hierzu Marshall 1969, zit. in Schätzl 1993, S. 76).

Aufgrund der geringen Marktorientierung der Versorgungsfunktionen, die die zentralen Orte innerhalb der sozialistischen Planwirtschaft hatten, kann von einem historischen Wachstum von Marktbeziehungen und Städtenetzen, wie es das Zentrale-Orte-Modell impliziert, kaum gesprochen werden. Die Ausprägung zentraler Funktionen unterlag jeweils den herrschenden Doktrinen der zentralistischen Siedlungs- und Regionalplanung, die phasenweise mit unterschiedlichen Intensitäten des Ausbaus von zentralen Funktionen in Städten unterschiedlicher Größenordnung einhergingen. So konnten beispielsweise in der Mehrzahl der sozialistischen Staaten in den 50er und 60er Jahren relativ kleine Städte zentrale Funktionen auf sich vereinigen, die unter Marktbedingungen dort nicht anzutreffen gewesen wären (Fassmann 1997). Entsprechend schwer fällt es, symmetrische, baumartig gegliederte Hierarchiestrukturen der ost- und ostmitteleuropäischen Städtesysteme zu identifizieren.

schung üblicherweise herangezogen werden, um den Zentralitätsgrad von Städten zu bestimmen, standen nur in sehr eingeschränktem Umfang zur Verfügung. Zu diesen Indikatoren zählen beispielsweise die Höhe städtischer Einzelhandelsumsätze, die Zahl der Einpendler, die Anzahl der im tertiären Sektor Beschäftigten (Očovski et al. 1996, S. 96) oder auch die Anbindung der Orte an Fernverkehrsnetze (Lijewski 1998, S. 176). In der jüngeren Forschung zu Städtesystemen in Ostmitteleuropa hat sich daher die Verwendung von Ersatzindikatoren eingebürgert. So wird häufig die Einwohnerzahl einer Stadt verwendet, da angenommen wird, daß die Mehrzahl der gängigen Zentralitätsindikatoren positiv mit der Größe einer Stadt korreliert (Grimm et al. 1994, S. 10).[2] Allerdings können auf dieser methodischen Basis vorerst nur grobe Anhaltspunkte zur Beschaffenheit von Städtehierarchien gewonnen werden.

Die geringe Ausdifferenzierung der oberen Ränge der rumänischen Städtehierarchie ist auf mehrere Faktoren zurückzuführen. Zum einen wurden die zuvor unter Marktverhältnissen gewachsenen historischen Provinzzentren wie Cluj-Napoca, Timişoara, Craiova, Iaşi, Constanţa usw. durch die sozialistische Industrialisierungs- und Urbanisierungspolitik zwar gestärkt (Ianoş et al. 1996, S. 214), allerdings nicht in dem Maße, wie dies in einem marktwirtschaftlichen System der Fall gewesen wäre. Insbesondere die unzureichende Entwicklung des tertiären Sektors, der häufig nur ein Minimum an haushaltsbezogenen Dienstleistungen für die lokale Bevölkerung bereitstellen konnte, schwächte die Bedeutung dieser Oberzentren. Aus demselben Grunde wurden auch andere, relativ große Städte auf untere Hierarchieebenen verwiesen. Zum anderen wurde mit der zentralen Planung des Siedlungssystems ein Bruch mit zuvor gültigen Mechanismen der Selbstregulierung der Beziehungen zwischen den Städten vollzogen (Ianoş et al. 1996, S. 210). Dieser äußerte sich in der Neugründung von Städten in den 50er und 60er Jahren, in der massiven staatlichen Stützung von monostrukturierten Industriestäd-

---

[2] Weitere, gelegentlich anzutreffende Verfahren der Klassifizierung von Städten anhand von ad hoc erstellten Einschätzungsrastern, die mit subjektiven Wertungen von „Experten" und „Landeskennern" gefüllt werden (G r i m m et al. 1994, S. 9) erfüllen schwerlich das Kriterium der intersubjektiven Überprüfbarkeit und sollten daher in wissenschaftlichen Analysen nicht verwendet werden.

ten und administrativen Zentren ohne eigenes Hinterland in den 70er Jahren und schließlich in den 80er Jahren in dem Versuch, die Urbanisierung des ländlichen Raums durch die Schaffung von agro-industriellen Zentren voranzutreiben (der sogenannten Systematisierung), dessen Wirkungen allerdings vielfach überschätzt worden sind.

*Zur Darstellung des Systemwechsels:
Zwischen Modernisierungstheorie und Globalisierungsthese*

Mit dem Zusammenbruch des Sozialismus in Ostmitteleuropa ist von der Zentralitätsforschung die Erwartung formuliert worden, daß es nun, da marktwirtschaftliche Bedingungen in mehr oder weniger liberaler Form wiederhergestellt seien, zu einer „Normalisierung" der Städtesysteme kommen müsse. Insbesondere sei eine Angleichung ihrer Strukturen an westeuropäische Städtesysteme zu erwarten. In der Tat schienen die ersten Entwicklungstrends zu Beginn und gegen Mitte der 90er Jahre diese Vermutung zu stützen:

1. Zum einen konnte ein gradueller Bedeutungsverlust der Städte auf den unteren Hierarchieebenen festgestellt werden. Die Deindustrialisierungswelle betraf in erster Linie kleinere, monofunktionale Industriestädte, die aufgrund von Massenarbeitslosigkeit und nachfolgenden Abwanderungen der Bevölkerung erhebliche Schwächungen ihrer zentralen Funktionen hinnehmen mußten (Korcelli 1997, S. 51). Umgekehrt ließen Zuwanderungen in die größeren Zentren, die besonders in Rumänien unmittelbar auf die Aufhebung der Zuzugssperren für Großstädte erfolgten (Heller 1997), auf eine künftige Stärkung der mittleren und höheren Hierarchieebenen schließen. Die Vermutung, die idealtypische Baumstruktur des Städtesystems würde wiederhergestellt, ließ sich nicht von der Hand weisen. In der Folgezeit traten jedoch Trendbrüche ein, die zudem regional in unterschiedlicher Weise erfolgten. In Rumänien beispielsweise sorgten steigende Lebenshaltungskosten in den Großstädten bei ausbleibender Reindustrialisierung und nur langsamem Wachstum des tertiären Sektors für sinkende Erwerbschancen und schließlich für eine Stagnation beziehungsweise Abnahme der Zuwanderung sowie für steigende Abwanderungszahlen aus den Städten (vgl. zum Beispiel Teodorescu 1996 und Heller et al. 1998).

2. Zum anderen hat der enorme Bedeutungsüberschuß der Primatstädte, vor allem wegen ihrer hohen Attraktivität für ausländische Direktinvestitionen in der Industrie und der Etablierung von inter-

nationalen Finanz- und Immobiliensektoren, einige Autoren von der Zunahme des Einflusses globaler Wirtschaftsprozesse auf die Entwicklung dieser Städte sprechen lassen (zum Beispiel Lichtenberger 1994). Hierdurch würden die Primatstädte – ähnlich wie viele Global Cities in der westlichen Hemisphäre – stark profitieren, so daß sich die Entwicklungsdiskrepanzen zwischen ihnen und den nachgeordneten Großstädten jeweils verschärfen würden (Grimm et al. 1994, S. 24f.). Auf der nationalen Ebene wird sogar die Expansion von weitgehend dualen Strukturen von Wirtschaft und Städtesystem – analog zu Städtesystemen in der Dritten Welt – für möglich gehalten (Lichtenberger 1994).

An beiden Einschätzungen ist Kritik teilweise bereits geäußert worden, teilweise bedarf sie der weiteren Ausformulierung. Zu Recht ist darauf hingewiesen worden, daß die Idee der Modernisierung der nationalen Städtesysteme, das heißt der Angleichung an westeuropäische oder atlantische Strukturen, die Rolle von endogenen Entwicklungsfaktoren in den Regionen Ostmitteleuropas unterschätzt (Korcelli 1997, S. 51). So läßt sich leicht zeigen, daß die Allokation ausländischen Kapitals keineswegs ausschließlich in den Primatstädten, sondern in einzelnen Regionen sogar ausgesprochen dezentral erfolgt, beispielsweise dort, wo lokale Arbeitskraftressourcen in spezifischer Weise nutzbar sind. Darüber hinaus ist es berechtigt, an dem westlich geprägten Modernisierungsdenken innerhalb der Transformationsforschung grundsätzliche Zweifel anzubringen, da sich in jüngerer Zeit zunehmend eigene regionale Entwicklungspfade in Ostmitteleuropa abzeichnen, die nicht nur endogene Besonderheiten offenbaren, sondern allgemein ihre eigene historische Kontinuität besitzen können (Müller 1995 u. 1996).[3]

---

[3] Zum Problem der modernisierungstheoretischen Schieflage der Transformationsforschung und den sich daraus ergebenden Defiziten hinsichtlich der grundlegenden Denkfiguren und Forschungsprogrammatiken siehe R u d o l p h 1995, S a n d s c h n e i d e r 1994, v. B e y m e 1994 und K l e i n 1994. In der Stadtforschung zu Ostmitteleuropa äußern sich modernisierungstheoretische Positionen vornehmlich in bezug auf allgemeine Prozesse der Stadtentwicklung, die mittelbare Auswirkungen auf die Ausdifferenzierung von Städtesystemen haben können. So wird beispielsweise die Idee eines nachholenden Vollzugs von Stadtentwicklungszyklen nach westlichem Muster ernsthaft diskutiert (P i c h l e r - M i l a n o v i c h 1994).

Will man den Modernisierungsgedanken nicht völlig aufgeben, so sollte zumindest die Frage geklärt werden, was man unter „Märkten" im Zusammenhang mit der Zentrenbildung verstehen möchte. Handelt es sich um isolierte Märkte in Stadtregionen, die ausschließlich innerhalb einer Nationalökonomie verortet sind, etwa in der Art, wie Christaller sie in seinem Zentrale-Orte-Modell für die späten 20er und frühen 30er Jahre idealtypisch konzipiert hat (Christaller 1933), oder handelt es sich um vernetzte Märkte, die offen für Einflüsse aus übergeordneten Hierarchieebenen (zum Beispiel dem Weltmarkt) sind?[4] Kann in Ostmitteleuropa angesichts der Heterogenität der eingesetzten Transformationsstrategien überhaupt davon ausgegangen werden, daß sich ein verbindlicher Typus der regionalen Marktorganisation entwickelt, der als Basis der Zentrenbildung verstanden werden kann? Hierzu bietet die Literatur bislang keine nennenswerten grundlegenden Überlegungen an.

Schließlich besteht ein Widerspruch zwischen der Vorstellung, es müsse zu einer Normalisierung des Städtesystems unter marktwirtschaftlichen Bedingungen kommen, und der Idee, die Städte Ostmitteleuropas stünden nun vor der Aufgabe, sich in ein im raschen Wandel befindliches, internationales Städtesystem einzufügen und dort ihren Rangplatz im globalen Wettbewerb zu finden.[5] Im einen Fall wird „Marktwirtschaft" als nationales Charakteristikum begriffen, das grundsätzlich mit den klassischen Definitionen der Begriffe „Zentralität" und „Städtehierarchie", nämlich als ein Ergebnis der Summe von räumlich gestaffelten Arrangements regionaler Stadt-Umland-Beziehungen und Versorgungsfunktionen, harmoniert. Im anderen Fall werden Städtehierarchien in Ostmitteleuropa zumindest teilweise als Ergebnis der Integration der Städte in globale Wirt-

---

[4] Das Zentrale-Orte-Modell hat aufgrund der schematischen Basisannahmen zum Anbieter- und Konsumentenverhalten auf regionalen Märkten von Beginn seiner Formulierung an eine gewisse Realitätsfremdheit aufgewiesen (D e i t e r s 1996a, S. 28 f.; D e i t e r s 1996b, S. 634 f.; B l o t e v o g e l 1996a, S. 620; G e b h a r d t 1996, S. 691). In Zeiten der zunehmenden Überformung von regionalen Marktbeziehungen durch exogene ökonomische Einflüsse verliert es erheblich an Erklärungskraft (B l o t e v o g e l 1996a, S. 621; G e b h a r d t 1996, S. 694). Eine Erklärung von Städtehierarchien, die ausschließlich auf der Basis der Umlandbedeutung von Städten erfolgt, ist für Regionen, die in die Weltwirtschaft integriert sind, als inadäquat anzusehen (vgl. D e i t e r s 1996a, S. 29).

[5] Dieser Widerspruch findet sich z. B. bei G r i m m et al. 1994.

schaftszusammenhänge begriffen, ohne daß jedoch mit ausreichender theoretischer Fundierung die Ursachen, Ausprägungen und Folgen dieser Zusammenhänge erklärt würden (so bei Grimm et al. 1996). Ebenfalls kaum diskutiert wird die Frage, wie denn nationale Städtesysteme im einzelnen durch die unterschiedliche Positionierung der ihnen zugerechneten Großstädte in bezug auf globale Städtesysteme verändert werden.

Daß derartige Fragestellungen mit bestehenden theoretischen Ansätzen durchaus zu bearbeiten wären, zeigt ein kurzer Blick auf die regulationstheoretisch orientierte Städtesystemforschung (Krätke 1991). Dort wurden Polarisierungstendenzen des globalen Städtesystems konstatiert, die unmittelbare Auswirkungen auf die Ausprägung nationaler Städtesysteme haben, vor allem in Form der Abkopplung der Städte von den ihnen zugeordneten Regionen. Auch die zunehmend eigengesetzliche Wirtschaftsentwicklung der Global Cities aufgrund der wachsenden Konzentration von Kapital und Entscheidungsmacht in wenigen Kommandozentren sowie die Zunahme der Städtekonkurrenzen um die Attraktion von transnationalem Kapital bleiben nicht ohne Auswirkungen auf die Zentralität von Städten innerhalb nationaler Systeme, da sich zum Beispiel neue Arten von Dienstleistungen (vor allem unternehmensbezogene Dienstleistungen, s. Gebhardt 1996, S. 693) etablieren und die Versorgungsbeziehungen innerhalb von Stadtregionen eine Reallokation erfahren (Gebhardt 1996, S. 696). Darüber hinaus stellen strategische Allianzen und kooperative Organisationsstrukturen in Form von neuen regionalen Städtenetzen jeweils neue Antworten auf globale Herausforderungen dar (Stiens 1996b, S. 663; Priebs 1996, S. 675; Blotevogel 1996b), die ihrerseits zur Veränderung von funktionalen Städtehierarchien führen können.

Es ist unschwer zu ersehen, daß die Interpretation der jüngeren Entwicklungstendenzen der Städtesysteme in Ostmitteleuropa unter der Vorgabe, gültige Regelhaftigkeiten und einen universellen Entwicklungsweg identifizieren zu wollen, zu erheblichen Vereinfachungen und Verallgemeinerungen führt, wobei insbesondere von den regionalen Entwicklungspfaden einzelner Länder und Regionen abstrahiert wird. Angesichts der Fragwürdigkeit des Modernisierungsgedankens und der offensichtlichen Autonomie, mit der sich regionale Entwicklungslogiken entfalten, halten wir für die Zukunft vermehrt solche Untersuchungen für erforderlich, die die endogene

Entwicklungsdynamik der Transformation von Städtesystemen und regionale Differenzierungen von Entwicklungspfaden stärker berücksichtigen als bisher.

Jüngere Entwicklungstendenzen in Rumänien mit Schwerpunkt auf Siebenbürgen

Versuchen wir also abschließend, für Rumänien und vor allem für Siebenbürgen einige jüngere Entwicklungstendenzen aufzuzeigen, die Hinweise auf solche regionalen Entwicklungslogiken enthalten. Wir beziehen uns dabei auf die eigene Berechnung von Wanderungseffektivitätsziffern sowie auf Materialien zur Entwicklung regionaler Disparitäten in Rumänien, die von einer schwedischen Beratungs-

Abb. 1: Regionaler Entwicklungsstand in Rumänien (Entwicklungsindex), obere 20 Ränge (März 1996)

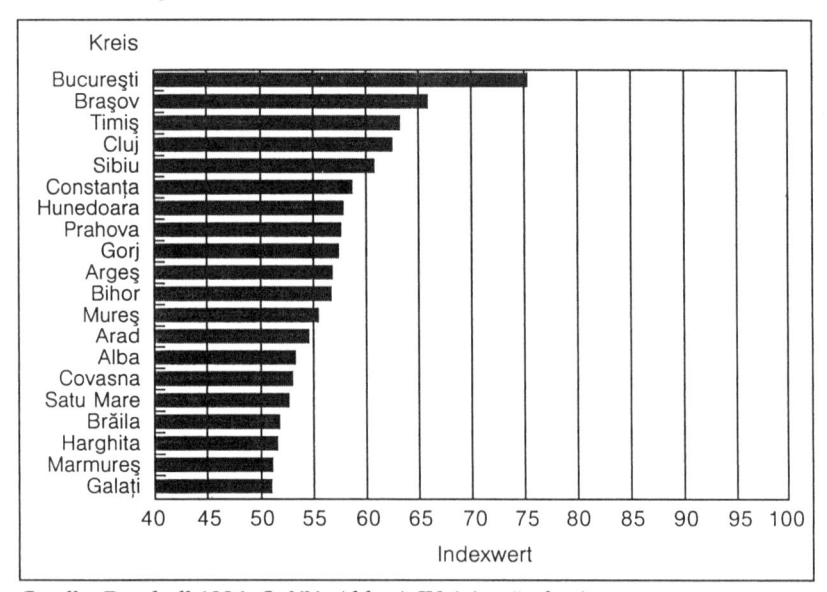

Quelle: Rambøll 1996, S. XX, Abb. A IV-1 (verändert)

firma im Jahr 1996 veröffentlicht wurden (Rambøll 1996). Zur Entwicklung von Städten sind derzeit keine ausreichend differenzierten statistischen Angaben erhältlich; die uns vorliegenden Daten sind auf der Ebene der mittleren Verwaltungseinheiten (*judeţe*) aggregiert und weisen somit Durchschnittswerte zwischen ländlichen und städtischen Teilregionen aus. Im Falle Siebenbürgens (*judeţe* Cluj-Napoca, Braşov, Sibiu, Mureş sowie Teile der *judeţe* Alba und Bistriţa-Năsăud) sind diese Daten jedoch durchaus aussagekräftig, da die städtischen Zentren hier jeweils strukturbestimmend für die zugeordneten Verwaltungseinheiten sind.

Die Analyse allgemeiner Entwicklungsindikatoren zeigt zunächst, daß die Mehrzahl der Kreise Siebenbürgens (das heißt die *judeţe* Braşov, Cluj und Sibiu) neben Bukarest und Timiş den höchsten Entwicklungsstand aller 41 Kreise Rumäniens aufweist (s. Abb. 1).

Die Klassifikation der Verwaltungseinheiten erfolgte anhand einer Liste von 17 Entwicklungsindikatoren, die sich auf die ökonomischen, sozialen, demographischen und infrastrukturellen Verhältnisse beziehen (s. Tab. 1).

Tab. 1: Indikatoren, die in den verwendeten Entwicklungsindex eingegangen sind (Klassifizierung „A" des Entwicklungsstandes, März 1996)

1 Bruttoinlandsprodukt/Einwohner (USD) (1993)
2 Arbeitslosenquote in % (1994)
3 Dichte der öffentlichen Straßen und Wege (km/100 km^2) (1994)
4 Dichte der Eisenbahnlinien (1994)
5 Telefonabonnements/1000 Einw. (1994)
6 Krankenhausbetten/1000 Einw. (1994)
7 Anteil der Schüler in Lyzeen in der Altergruppe 15-18 Jahre an allen Schülern in % (1994)
8 Trinkwasserverbrauch in Privathaushalten/Tag/Person (1994)
9 Anteil der Wohnungen mit Anschluß an Trinkwasserleitungen an allen Wohnungen in % (1992)
10 Bevölkerungsdruck (Gesamtfläche des *judeţ* : bewaldete Fläche) (1994)
11 Netto-Migrationsrate (1994)
12 Demographische Vitalität (Bevölkerung unter 15 Jahre : Bevölkerung über 60 Jahre) (1994)
13 Anteil der Stadtbevölkerung an der gesamten Bevölkerung in % (1994)
14 Private Pkw/1000 Einw. (1993)
15 Anteil der Bevölkerung, die mehr Ausbildung hat als Primarstufenabschluß, an allen Personen im Alter von 12 Jahren und mehr in % (1993)
16 Großräumige Migrationsrate (= Migration in andere *judeţe*) (1994)
17 Kindersterblichkeit (1992-1994)

Quelle: Rambøll 1996

Die regionale Differenzierung (Abb. 2) zeigt einen Entwicklungsvorsprung des Westens und der Primatstadt.[6] Sie folgt damit dem üblichen Muster der Regionalentwicklung in den Transformations-

Abb. 2: Regionaler Entwicklungsstand der Kreise Rumäniens 1994 (Klassifizierung „A" nach Rambøll 1996)

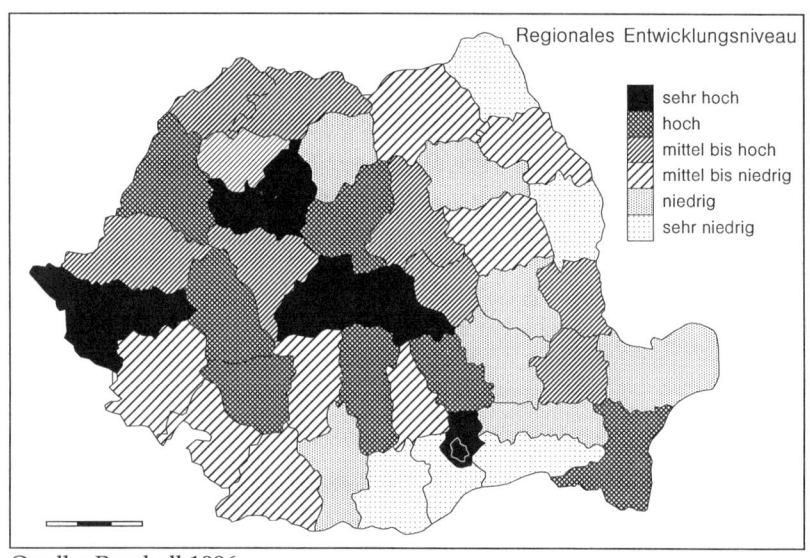

Quelle: Rambøll 1996

ländern Ostmitteleuropas (s. dazu Bürkner 1996). Diejenigen Regionen, die sich jeweils im Kontakt zu höher entwickelten Regionen befinden oder überdurchschnittlich hohe ausländische Direktinvestitionen aufweisen, scheinen zunächst in relativ hohem Maße davon zu profitieren. Allerdings ist für Rumänien eine Einschränkung anzubringen: Eigentlich hätten die unmittelbaren Grenzregionen noch stärker bevorzugt sein müssen. Der Umstand, daß die Regionen Siebenbürgens besser abschneiden, kann mit der relativ hohen Position der dortigen Städte in der Städtehierarchie in Zusammenhang gebracht werden. Da diese Städte nicht ausschließlich mit industriellen Monostrukturen ausgestattet waren, sondern Ansätze zu diversifizierten und ausbaufähigen neuen Branchenstrukturen auf-

---

[6] Zur namentlichen Identifizierung der dargestellten Kreise Rumäniens siehe Abb. 4.

Aspekte der jüngeren Zentralitätsforschung 225

wiesen, konnten sie bereits in der Frühphase der Transformation günstige Startpositionen einnehmen. So zeigt sich bei näherer Betrachtung, daß überall dort, wo der tertiäre Sektor die höchsten An-

Abb. 3: Sektorstruktur der Beschäftigten in den rumänischen Kreisen (*judeţe*) 1994

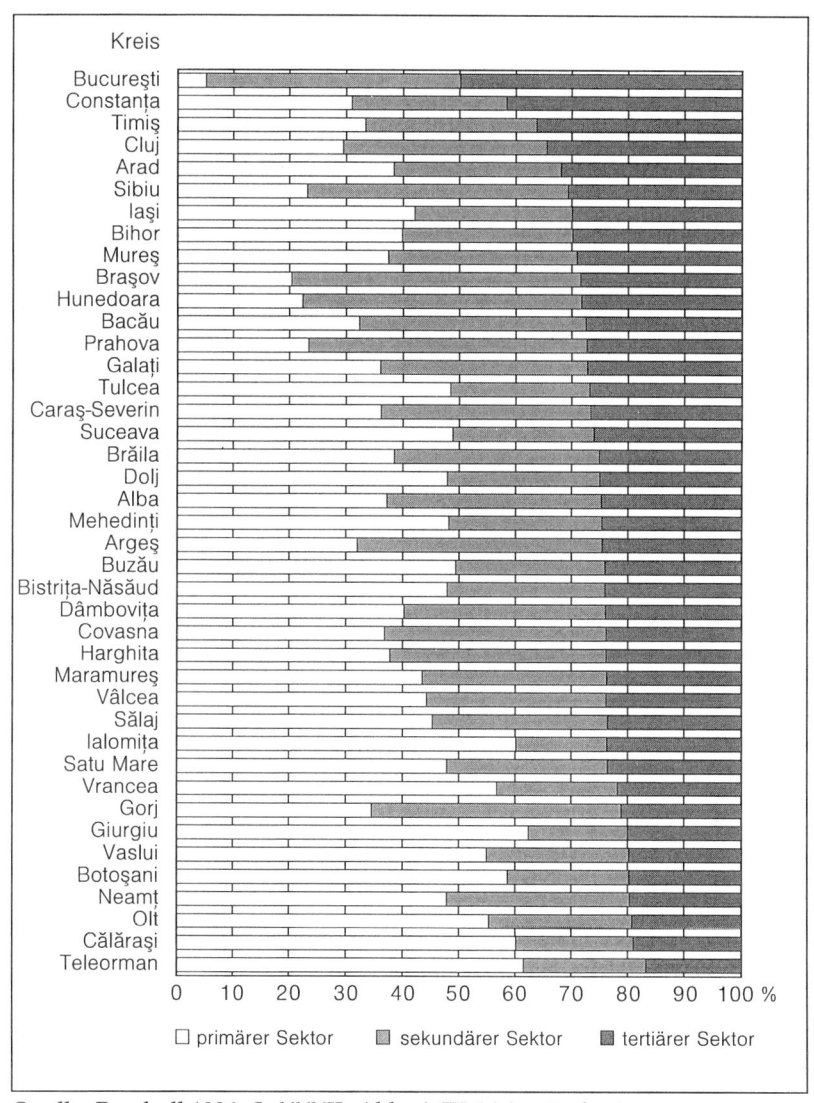

Quelle: Rambøll 1996, S. XXXII, Abb. A IV-14 (verändert)

teile an der Sektorstruktur hat, auch die jeweils größeren Entwicklungsvorsprünge realisiert wurden (Abb. 3).

Die bereits beschriebenen Tendenzen der Entwicklung der regionalen Disparitäten werden durch eine Analyse der regionalen Wanderungs-Effektivitätsziffern für das Jahr 1996 bestätigt. Diese Migrationsdaten werden von uns als Ersatzindikatoren für fehlende Zentralitätsindikatoren verwendet, da davon ausgegangen werden kann, daß das Ausmaß der Zuwanderung jeweils Aufschluß über die Attraktivität und somit den Bedeutungsüberschuß der Zentren gibt. Die aktuellen Binnenwanderungsströme verstärken im Prinzip die traditionellen regionalen Disparitäten (s. Abb. 4).

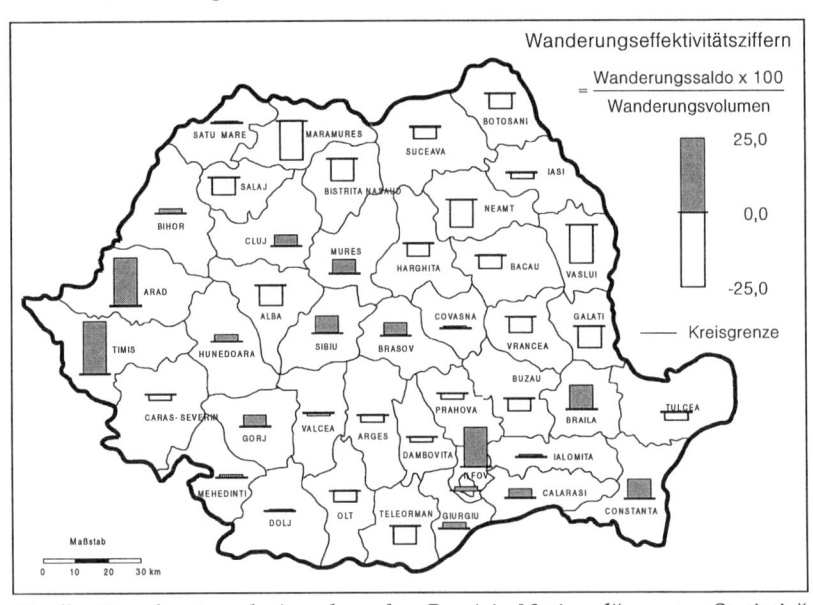

Abb. 4: Wanderungsströme in den Kreisen Rumäniens 1996

Quelle: Errechnet nach Angaben der Comisia Naţională pentru Statistică (Bucureşti). Kartographie: A. Schmallowsky.

Denn effektive Wanderungsgewinne weisen vor allem die folgenden Regionen auf: die Hauptstadt Bukarest und ihr Umland, die Banater Kreise Timiş und Arad, die siebenbürgischen Kreise Sibiu, Mureş, Braşov und Cluj, die schwerindustriell geprägten Kreise Brăila, Gorj und Hunedoara sowie der Kreis Constanţa wegen der Hafenwirtschaft (einschließlich Freihandelszone). Ein neues Merkmal des räumlichen Entwicklungsmusters zeigt sich darin, daß die an der Westgrenze Rumäniens gelegenen Banater Kreise Timiş und Arad mit deutlichem Abstand am stärksten von Wanderungsgewinnen betroffen sind. Hier wirkt sich die größere Nähe zur Wirtschaft der westlichen Nachbarländer und der Länder Mittel- und Westeuropas in vergleichsweise hohen Investitionen der in- und der ausländischen Wirtschaft aus. Dadurch werden verstärkt Binnenmigranten angezogen.

Auch Kreise, in denen Städte mit erheblichen ökonomischen Transformationsproblemen liegen, befinden sich neuerdings im Aufwärtstrend. So gehört der Kreis Braşov trotz massiver Deindustrialisierungsprozesse und Massenentlassungen in den Jahren 1992-1994 sowie der kurzfristigen Abwanderungstendenzen der Bevölkerung in den Jahren bis 1995 für Binnenmigranten im Jahr 1996 schon wieder zu den zehn attraktivsten Kreisen Rumäniens, da hier auch ohne die staatliche Großindustrie, die in Kronstadt (Braşov) weitgehend zusammengebrochen ist, relativ große Beschäftigungspotentiale vorhanden sind, die mehr wirtschaftliche Zukunftsperspektiven zeigen als die Wirtschaft der meisten anderen Kreise Rumäniens. In den nächsten Jahren ist mit einer weiteren Attraktivitätszunahme des Kreises Braşov zu rechnen.

Insgesamt gesehen weisen sowohl die strukturellen Entwicklungsindikatoren als auch die Mobilitätsziffern für das Jahr 1996 auf eine Stabilisierung der Stadtregionen im Transformationsprozeß und auf eine überdurchschnittliche Entwicklung im rumänischen Landesvergleich hin. Dieses Ergebnis steht weitgehend in Übereinstimmung mit der eingangs zitierten Polarisierungsthese, die für die Primatstädte sowie auch für die von ausländischem Kapital bevorzugten westlichen Grenzregionen jeweils Entwicklungsvorsprünge und eine Aufwärtsbewegung der Stadtregionen in den nationalen Städtehierarchien prognostiziert.

Abschließende Ergebnisdiskussion

Der Befund, daß dort, wo die Sektorstruktur „modernisiert" wird, auch Entwicklungsvorsprünge auftreten, scheint zunächst die Annahmen der Modernisierungstheorie zu bestätigen. Allerdings darf hierbei nicht übersehen werden, daß es sich speziell bei der Entwicklung des tertiären Sektors um ein Phänomen handelt, das nicht etwa die Angleichung an westliche Verhältnisse, zum Beispiel in Form von global integrierten Stadtökonomien, anzeigt. Vielmehr handelt es sich überwiegend um ein endogenes Phänomen, nämlich die Ausweitung von Kleinhandel und Kleingewerbe, überwiegend mit dem Ziel, fehlende Distributionsnetze für Waren des täglichen Bedarfs oder mangelnde Angebote im Bereich der personenbezogenen Dienstleistungen durch eine Vielzahl von dezentralen und informellen Aktivitäten zu kompensieren (Stefoi 1996). Daß sich zugleich auch in anderen, damit völlig unverbundenen Bereichen neue Dienstleistungen entwickeln (zum Beispiel unternehmensbezogene Dienstleistungen) und auch in der industriellen Struktur neue Akzente gesetzt werden können, ist mit hoher Wahrscheinlichkeit anzunehmen. Diese neuen Bereiche sind jedoch derzeit weder als struktur- noch als entwicklungsbestimmend anzusehen.

Die Frage, inwiefern in Rumänien in den 90er Jahren neue Polarisierungen innerhalb des Städtesystems eingetreten sind und welche Position die Städte Siebenbürgens in diesem Prozeß einnehmen, läßt sich dahingehend beantworten, daß die Polarisierungsthese mit Abstrichen bestätigt und Siebenbürgen in diesem Zusammenhang eine Art Vorreiterrolle zugesprochen werden kann. Allerdings deutet alles darauf hin, daß es zunächst nicht zu einer Polarisierung im Sinne der fortschreitenden Entwicklung von überproportionalen Bedeutungsüberschüssen der größeren Städte zu Lasten der Klein- und Mittelstädte kommt. Vielmehr dürfte die Hierarchieebene, die der Primatstadt unmittelbar nachgeordnet ist, allenfalls soweit aufgewertet werden, daß ihre Bedeutung entsprechend dem idealtypischen Hierarchiemodell wiederhergestellt wird. Eine viel weiter gehende Polarisierung ist dagegen zwischen der Hauptstadt Bukarest und dem Rest des nationalen Städtesystems anzunehmen. Da hier die neue Funktion Bukarests innerhalb des globalen Städtesystems für neue und intensivere Entwicklungsimpulse sorgt (zum Beispiel durch die Entwicklung des Finanzsektors), ist eine weitere Auseinanderentwicklung für die Zukunft zu erwarten.

Inwiefern die Ebene der Großstädte, die der Primatstadt unmittelbar nachgeordnet sind, einen weitergehenden und dauerhaften Bedeutungsaufschwung erleben wird, dürfte von der künftigen Entwicklung der Sektorstrukturen und der Entwicklung von expansionsfähigen und auf dem Weltmarkt konkurrenzfähigen Branchen abhängig sein. In dieser Hinsicht sind die Großstädte Siebenbürgens trotz aller positiven Entwicklungsansätze bislang gegenüber der Primatstadt zu sehr benachteiligt, als daß ein Schließen der Entwicklungsschere in naher Zukunft abzusehen wäre. In welcher Weise von einem spezifischen Entwicklungspfad der Zentren in Siebenbürgen gesprochen werden kann, bleibt den empirischen Ergebnissen von künftigen, detaillierten Analysen auf regionaler Basis vorbehalten.

Summary

Aspects of Recent Centrality Research in Eastern, Central and South-Eastern Europe – Changed Perspectives for the Evaluation of the Cities of Transylvania?

The development of the city networks in the south-east European countries in transition is taking place in the triangle between social transformation, the effects of older regional disparities and the selective integration of cities in the global setting. In view of the persistent social crisis the question is to what extent the urban network in Romania is caught up in current processes to heighten regional polarisation, and what position the Transylvanian cities take within this trend. On the basis of secondary statistical analyses it is maintained that Transylvanian cities are tending towards economic and demographic stabilisation. However, this is not enough to reduce the growing divergency between the main cities and those lower down in the hierarchy.

Résumé

Nouvelles études sur le centralisme dans l'Europe de l'Est et du Sud-Est. L'importance pour les villes de Transylvanie

Trois facteurs ont joué sur les réseaux de relations interurbaines: la transformation de la société, les anciennes disparités régionales et l'intégration sélective des métropoles dans le système interurbain global. Etant donné les crises permanentes qui ébranlent la société, on peut se poser la question de savoir dans quelle mesure le réseau de relations entre les villes de Roumanie subit le contre-coup des polarisations régionales et quelle est la position des villes de Transylvanie dans ce processus. Les statistiques révèlent une stabilisation économique et démographique des villes transylvaines. Cette stabilisation ne suffit pas cependant à compenser le clivage croissant entre la capitale et les autres villes situées aux différents niveaux de la hiérarchie urbaine.

Literatur

Berényi, I.,
Z. Dövényi
Historische und aktuelle Entwicklungen des ungarischen Siedlungsnetzes. In: Institut für Länderkunde Leipzig (Hg.): Städte und Städtesysteme in Mittel- und Südosteuropa. Leipzig 1996. S. 104-171 (Beiträge zur Regionalen Geographie, 39).

Beyme, K. von
Ansätze zu einer Theorie der Transformation der ex-sozialistischen Länder Osteuropas. In: W. Merkel (Hg.): Systemwechsel 1: Theorien, Ansätze und Konzeptionen. Opladen 1994, S. 141-171.

Blotevogel, H. H.
Zentrale Orte: Zur Karriere und Krise eines Konzepts in der Regionalforschung und Raumordnungspraxis. In: Informationen zur Raumentwicklung, 1996a, H. 10, S. 617-629.

Blotevogel, H. H.
Zur Kontroverse um den Stellenwert des Zentrale-Orte-Konzepts in der Raumordnungspolitik heute. In: Informationen zur Raumentwicklung, 1996b, H. 10, S. 647-657.

Bürkner, H.-J.
Dynamik des sozioökonomischen Umbruchs in Ostmitteleuropa. Das Beispiel Nordwestböhmen. Kassel 1996 (Urbs et Regio, 64).

Christaller, W.
Die zentralen Orte in Süddeutschland. Eine ökonomisch-geographische Untersuchung über die Gesetzmäßigkeiten der Verbreitung und Entwicklung der Siedlungen mit städtischen Funktionen. Jena 1933.

Deiters, J.	Ist das Zentrale-Orte-System als Raumordnungskonzept noch zeitgemäß? In: Erdkunde, 50. 1996a, H. 1, S. 26-34.
Deiters, J.	Die Zentrale-Orte-Konzeption auf dem Prüfstand. Wiederbelebung eines klassischen Raumordnungsinstruments? In: Informationen zur Raumentwicklung, 1996b, H. 10, S. 631-645.
Enyedi, G.	Urbanisation in East-Central Europe: Social Processes and Societal Responses in the State Socialist System. In: Urban Studies 29, 1992, S. 869-880.
Fassmann, H.	Veränderung des Städtesystems in Ostmitteleuropa. In: Z. Kovács, R. Wiessner (Hgg.): Prozesse und Perspektiven der Stadtentwicklung in Ostmitteleuropa. Passau 1997, S. 49-61 (Münchener Geographische Hefte, 76).
Gebhardt, H.	Forschungsdefizite und neue Aufgaben der Zentralitätsforschung. In: Informationen zur Raumentwicklung, 1996, H. 10, S. 691-699.
Grimm, F.-D. in Zusammenarbeit mit H. Kistenmacher et al.	Zentrensysteme als Träger der Raumentwicklung in Mittel- und Osteuropa. Leipzig 1994 (Beiträge zur Regionalen Geographie, 37).
Heller, W.	Regionale Disparitäten und Urbanisierung in Griechenland und Rumänien. Aspekte eines Vergleichs ihrer Formen und Entwicklung in zwei Ländern unterschiedlicher Gesellschafts- und Wirtschaftsordnung. Göttingen 1979 (Göttinger Geographische Abhandlungen, 74).
Heller, W.	Ergebnisbericht zum Forschungsprojekt „Migration, sozioökonomische Transformation und Entwicklungsperspektiven im ländlichen Raum Rumäniens" (DFG). Potsdam 1997.
Heller, W., T. Rotariu, E. Mezei, M. Dan, R. Poledna, A. Pervain	Migration, Socio-Economic Transformation and Perspectives of Regional Development in the Rural Areas of Romania: Report on a German-Romanian Research Project. In: W. Heller (Hg.): Romania: Migration, Socio-Economic Transformation and Perspectives of Regional Development. München 1998 (Südosteuropa-Studien, 60).

Ianoş, I., A. Ungureanu, F.-D. Grimm	Grundzüge der Stadtgeographie und des Städtesystems Rumäniens. In: Institut für Länderkunde Leipzig (Hg.): Städte und Städtesysteme in Mittel- und Südosteuropa. Leipzig 1996, S. 172-226 (Beiträge zur Regionalen Geographie, 39).
Klein, D.	Eine mehrdimensionale, kritische Deutung der ostdeutschen Transformation. In: BISS public 4, 1994, H. 13, S. 33-44.
Korcelli, P.	Perspektiven für Städte und Städtesysteme im östlichen Mitteleuropa: Strukturen und Funktionen im Wandel. In: A. Mayr (Hg.): Regionale Transformationsprozesse in Europa. Leipzig 1997, S. 48-54 (Beiträge zur Regionalen Geographie, 44).
Korcelli, P.	Die Städte Polens im Wandel – ihre demographischen und ökonomischen Determinanten. In: I. Brade, F.-D. Grimm (Hgg.): Städtesysteme und Regionalentwicklungen in Mittel- und Osteuropa. Rußland, Ukraine, Polen. Leipzig 1998, S. 148-166 (Beiträge zur Regionalen Geographie, 46).
Lijewski, T.	Die ranghöchsten Zentren und die Wirtschaftsräume Polens – Charakteristika und regionale Bedeutungen. In: I. Brade, F.-D. Grimm (Hgg.): Städtesysteme und Regionalentwicklungen in Mittel- und Osteuropa. Rußland, Ukraine, Polen. Leipzig 1998, S. 167-196 (Beiträge zur Regionalen Geographie, 46).
Marshall, J. U.	The Location of Service Towns. An Approach to the Analysis of Central Place Systems. Toronto 1969.
Müller, K.	Vom Postkommunismus zur Postmodernität? Zur Erklärung sozialen Wandels in Osteuropa. In: Kölner Zeitschrift für Soziologie und Sozialpsychologie 47, 1995, S. 37-64.
Müller, K.	Kontingenzen der Transformation. In: Berliner Journal für Soziologie, 1996, H. 4, S. 449-466.
Očovský, Š., A. Bezák, P. Podolák	Siedlungsstruktur und Zentrenentwicklung in der Slowakischen Republik. In: Institut für Länderkunde Leipzig (Hg.): Städte und Städtesy-

	steme in Mittel- und Südosteuropa. Leipzig 1996, S. 53-103 (Beiträge zur Regionalen Geographie, 39).
Pichler-Milanovich, N.	The Role of Housing Policy in the Transformation Process of Central-East European Cities. In: Urban Studies 31, 1994, H. 7, S. 1097-1115.
Priebs, A.	Zentrale Orte und Städtenetze – konkurrierende oder komplementäre Instrumente der Raumordnung? In: Informationen zur Raumentwicklung, 1996, H. 10, S. 675-690.
Rambøll – Grupul de consultanţă	Disparităţi regionale în România 1990-1994 [Regionale Disparitäten in Rumänien 1990-1994]. Bucureşti 1996.
Rudolph, H.	Einleitung: Pläne und Planrevisionen – heute wie früher? In: H. Rudolph, D. Simon (Hgg.): Geplanter Wandel, ungeplante Wirkungen. Handlungslogiken und -ressourcen im Prozeß der Transformation. Berlin 1995, S. 9-20 (WZB-Jahrbuch 1995).
Sandschneider, E.	Systemtheoretische Perspektiven politikwissenschaftlicher Transformationsforschung. In: W. Merkel (Hg.): Systemwechsel 1. Theorien, Ansätze und Konzeptionen. Opladen 1994, S. 23-46.
Schätzl, L.	Wirtschaftsgeographie 1: Theorie. 5. Aufl. Paderborn u.a. 1993 (Uni-Taschenbücher, 782).
Slepička, A. in Zusammenarbeit mit G. Taege	Siedlungsstruktur und Zentrenentwicklung in der Tschechischen Republik. In: Institut für Länderkunde Leipzig (Hg.): Städte und Städtesysteme in Mittel- und Südosteuropa. Leipzig 1996, S. 6-52 (Beiträge zur Regionalen Geographie, 39).
Stefoi, E.	Übergangsökonomie und städtischer Alltag. In: Stadtbauwelt 36, 1996, S. 2016-2022.
Stiens, G.	Szenarien veränderter Zentralitätsstrukturen des städtischen Siedlungssystems. Mögliche Auswirkungen neuer siedlungsstruktureller Leitbilder und Konzepte der Raumordnung. In: Informationen zur Raumentwicklung, 1996, H. 10, S. 659-673.

PERSONENREGISTER

Abdul Hamid II., Sultan 124
Altemberger, Thomas 41
Andreas II., Kg. 28, 34
Andreas III., Kg. 38
Antonescu, Ion 141, 150, 156, 157, 158, 159
Assmann, Jan 101

Barsczewska-Krupa, Alina 53
Bárta, Boleslav 79
Bartholdy, J. L. S. 167
Báthory, Christoph 47
Báthory, Sigismund 47
Báthory, Stefan 46, 47
Bechard, Ferdinand 60
Berindei, Dan 53
Bethlen, István 145
Beyme, Klaus von 76
Bismarck, Otto von 56
Bonifatius IX., Papst 124

Cantemir, Dimitrie 122
Carol II., Kg. 149, 150
Catherine s. *Katharina*
Čerepanja 92
Christaller, W. 220
Cicanci, Olga 161
Colbert, Jean-Baptiste 59
Conze, Werner 76
Crainic, Nicolae 57

Darwin, Charles 74
Deutsch, Karl W. 97
Dmowski, Roman 63
Dózsa, György 43

Dřímal, Ivan 81
Dupin, Charles 60

Egyed, Ákos 188
Eichmann, Adolf 152, 153, 155
Eliade, Mircea 56
Ellerbach, Berthold 41
Eminescu, Mihai 143
Erdei, Ferenc 187

Ferdinand I. Kg./Ks. 44, 45
Frank, Peter Josef 198-204, 206, 207, 210, 211

Gaulle, Charles de 61
Gebler, Ratsherr 129
Gellner, Ernest 72, 73, 74
Gelou 37
Géza, Grfst. 24
Géza II., Kg. 33
Gheorghe, Nicolae 183
Goethe, Johann Wolfgang von 167
Gömbös, Gyula 145, 146
Gorbačov, Michail 17
Gruner, Wolf D. 52
Gusti, Dimitrie 58
Gyula, Fst. 26

Hahner, Peter 53
Hanák, Péter 185, 193
Hann, Christopher M. 95
Havel, Václav 64
Herder, Johann Gottfried 62
Hintze, Otto 29
Hitler, Adolf 150, 152, 158

Holzyfel, Kurt 52
Horthy, Miklós 62, 145, 152, 153, 154, 158, 159
Hroch, Miroslav 73, 75
Hunyadi, Johannes 40

Ionescu, Nae 57
Iorga, Nicolae 52, 121, 161
Ipsilanti, Alexander 123
Isabella, Regin. 45

Johann s. Szapolyai
Johann II. Sigismund, Fst. 45, 46
Johann von Sankt Georgen und Bösing 41
Jókai, Mór 132
Joseph II., Ks. 131, 164

Kállay, Miklós 152
Karády, Viktor 187
Karathanassis, Athanassios 161
Karl I. Robert, Kg. 35
Karl V., Ks. 44
Kaschuba, Wolfgang 192
Kasztner, Rezső 153
Katharina d. Gr., Zarin 167
Kemény, István 180
Khatzinikos, Panayiotis 165
Kocka, Jürgen 186
Kogălniceanu, Mihail 60
Kohl, Helmut 60
Kołodzejczyk, Rudolf 83
Kor'jatovyč, Fedir 98
Kotzebue, August von 167
Koumas, Konstantinos 166
Kuras, Ivan F. 90

Ladislaus Kán 38
Laitin, David D. 102
Lapidoth, Ruth 70
Lebrecht, Michael 136
Legrand, Emile 162
Lovinescu, Eugen 57
Ludwig I., Kg. 28, 30, 36

Luft, Robert 75, 77
Lutz, Carl 154

Magocsi, Paul Robert 95, 98
Manuc 123, 124
Maria Theresia, Kgin. 131
Markó, Béla 116
Martinuzzi, Georg 45
Matthias Corvinus, Kg. 36, 40, 41, 43
Maur, Edouard 53
Maximilian I., Ks. 9
Meinecke, Friedrich 67, 68
Miko, Emerich von 202
Mitterand, François 61
Müller, Georg Eduard 22

Napoleon Bonaparte 59
Nowak, Jürgen 68

Oeter, Stefan 108
Orbán, Balázs 133, 135
Ortega y Gasset, José 77

Palacký, František 75
Pârvan, Vasile 56
Piłsudski, Józef 62, 63
Pongrácz, Johann 40

Racoviță, Mihai 123
Rákóczi II., Franz 127
Rákóczi, György 162
Ránki, György 186
Rareș, Petru 44
Reagan, Ronald 60
Renan, Ernest 62
Roosevelt, Franklin D. 154
Rotrekl, Zdeněk 79

Schramm, Gottfried 29
Senkowska-Gluck, Monika 52
Sigismund, Kg./Ks. 36
Sigismund von Sankt Georgen und Bösing 41

Stageiritis, Athanasios 165, 166
Stefan d. Gr., Fst. 122
Stephan I., Kg. 24, 26
Stoianovich, Traian 163
Süleyman I., Sultan 45
Symeon, Zar 6
Szálasi, Ferenc 155
Szapolyai, Emmerich 41
Szapolyai, Johann, Fst. 43, 44, 45
Szapolyai, Stephan 41
Székely, Mihály 47
Szongott, Kristóf 131

Teleki, József 133
Teutsch, Georg Daniel 44
Thatcher, Margaret 60
Tichý, Zdeněk 79
Titulescu, Nicolae 55
Tocqueville, Alexis de 54
Trajan, Ks. 4
Trajkov, Veselin 53
Trier, Tom 90, 98
Troščyns'kyi, Volodymyr P. 90

Tsourka-Papastathi, Despoina-Eirini 161
Turjanyca, Ivan M. 89, 92

Vadász, Sándor 53
Vajk s. Stephan I.
Varhola, Andrej s. Andy Warhol
Verbőczy, Stefan 43, 47
Vianu, Tudor 57
Vlachos, Georgis C. 53

Wagner, Ernst 22
Wallenberg, Raoul 154
Warhol, Andy 98, 99
Warhol, John 99
Weber, Eugene 102
Weiss, Manfred 142
Wilson, Woodrow 69
Wladislaus II., Kg. 43
Wolff, Karl 204, 207, 208, 211

Zeletin, Ştefan 57

MITARBEITERVERZEICHNIS

Hans-Joachim Bürkner, Dr. phil., Universitätsprofessor, Institut für Regionalentwicklung und Strukturplanung (IRS), Erkner

Richard Clogg, Dr. phil., Universitätsprofessor, European Studies Centre, St. Anthony's College, Oxford

Heike Frenzel, M.A., Doktorandin, Institut für Geschichtswissenschaft, Technische Universität Berlin

Kinga Gál, Dr. jur., European Centre for Minority Issues (ECMI), Flensburg

Konrad G. Gündisch, Dr. phil., Wissenschaftlicher Direktor, Bundesinstitut für ostdeutsche Kultur und Geschichte, Oldenburg

Gábor Gyáni, Dr. phil., Historisches Institut der Ungarischen Akademie der Wissenschaften, Budapest

Mariana Hausleitner, Dr. phil., Osteuropa-Institut, Freie Universität Berlin

Wilfried Heller, Dr. phil., Universitätsprofessor, Geographisches Institut, Abteilung für Kultur- und Sozialgeographie, Georg-August-Universität, Göttingen

Harald Heppner, Dr. phil., ao. Universitätsprofessor, Institut für Geschichte, Abteilung Süd-Ost Europäische Geschichte, Universität Graz

Brigitte Mihok, Dr. phil., Zentrum für Antisemitismusforschung, Technische Universität Berlin

Judit Pál, Dr. phil., Historisch-Philosophische Fakultät, Babeş-Bólyai-Universität, Klausenburg (Cluj-Napoca)

Stefan Troebst, Dr. phil., Universitätsprofessor, Professur für Kulturstudien Ostmitteleuropas, Universität Leipzig

Alexandru Zub, Dr. phil., Universitätsprofessor, Institut für Geschichte „A. D. Xenopol" der Rumänischen Akademie, Jassy (Iaşi)

Siebenbürgisches Archiv
Archiv des Vereins
für Siebenbürgische
Landeskunde
– Eine Auswahl –

14/1: Naturwissenschaftliche Forschungen über Siebenbürgen I.
Hrsg. v. Ernst Wagner u. Heinz Heltmann. 1979. VIII, 526 S., zahlr. Abb. u. Tab. Ln. (3-412-04978-6).

15: Paul Niedermaier:
Siebenbürgische Städte.
Forschungen zur städtebaulichen und architektonischen Entwicklung von Handwerksorten zwischen dem 12. und 16. Jahrhundert. 1980. 316 S., 160 Abb. davon 5 Falttaf. Br. (3-412-06178-6).

16: Albert Arz von Straussenburg:
Beiträge zur siebenbürgischen Wappenkunde.
Mit Beitr. v. Hermann A. Hienz u. Balduin Herter.
VIII, 243 S., zahlr. Abb., 2 farb. Taf. Br. (3-412-00380-8).

18: **Naturwissenschaftliche Forschungen über Siebenbürgen II.**
Hrsg. v. Heinz Heltmann.
1984. VIII, 354 S., 1 Faltkte, zahlr. Abb. Br. (3-412-09583-4).

19: **Luther und Siebenbürgen.**
Ausstrahlungen von Reformation und Humanismus nach Südosteuropa.
Hrsg. v. Georg Weber u. Renate Weber.
1985. VIII, 353 S., 18 Abb. Br. (3-412-02585-2).

20: **Naturwissenschaftliche Forschungen über Siebenbürgen III.**
Beiträge zur Pflanzengeographie des Südost-Karpatenraumes.
Hrsg. v. Heinz Heltmann u. Gustav Wendelberger.
1985. X, 353 S., zahlr. Abb. u. Tab., 3 Faltktn, 1 Portait. Br. (3-412-04185-8).

22: **Die Siebenbürger Sachsen in den Jahren 1848–1918.**
Red. v. Carl Göllner.
1988. XIV, 448 S., 65 Abb. Br. (3-412-05587-5).

23: Hermann Fabini:
Gotik in Hermannstadt.
Übers. v. Rudolf Herbert u. Hermann Fabini.
1989. 268 S. Br. (3-412-14088-0).

Siebenbürgisches Archiv
Archiv des Vereins für Siebenbürgische Landeskunde
– Eine Auswahl –

24: Gruppenautonomie in Siebenbürgen.
500 Jahre siebenbürgisch-sächsische Nationsuniversität.
Hrsg. v. Wolfgang Kessler.
1990. X, 416 S. Br.
(3-412-22588-6).

25: Naturwissenschaftliche Forschungen über Siebenbürgen IV.
Hrsg. v. Heinz Heltmann.
1992. 434 S., 1 Kte, 65 Abb. Br.
(3-412-03892-X).

26: Die siebenbürgisch-deutsche Literatur als Beispiel einer Regionalliteratur.
Hrsg. v. Anton Schwob u. Brigitte Tontsch.
1993. 364 S. Br. (3-412-08092-6).

28: Siebenbürgen zwischen den beiden Weltkriegen.
Hrsg. v. Walter König.
1995. VIII, 396 S. Br.
(3-412-09394-7).

29: Siebenbürgen zur Zeit der Römer und der Völkerwanderung.
Hrsg. v. Wolfgang Schuller.
1995. VII, 276 S. Br.
(3-412-13394-9).

30: Naturwissenschaftliche Forschungen über Siebenbürgen V. Beiträge zur Flora, Vegetation und Fauna von Siebenbürgen.
Hrsg. v. Heinz Heltmann u. Gustav Wendelberger.
1995. VIII, 296 S., 31 Abb. Br.
(3-412-09894-9).

31: Minderheit und Nationalstaat.
Siebenbürgen seit dem Ersten Weltkrieg.
Hrsg. v. Harald Roth.
1995. VII, 219 S. Br.
(3-412-05295-7).

32: Beiträge zur siebenbürgischen Schulgeschichte.
Hrsg. v. Walter König.
1996. VIII, 340 S. Br.
(3-412-05796-7).

33: Das Bild des anderen in Siebenbürgen.
Stereotype in einer multiethnischen Region.
Hrsg. v. Konrad Gündisch, Wolfgang Höpgen und Michael Markel.
1998. IX, 342 S. Br.
(3-412-09797-7).

34: Siebenbürgen in der Habsburgermonarchie.
Vom Leopoldinum bis zum Ausgleich (1690–1867)
Hrsg. v. Zsolt K. Lengyel u. Ulrich A. Wien.
1999. VIII, 245 S. Br.
(3-412-05998-6).

35: Minderheiten, Regionalbewußtsein und Zentralismus in Ostmitteleuropa.
Hrsg. v. Heinz-Dietrich Löwe, Günther H. Tontsch u. Stefan Troebst. 2000. VIII, 238 S. Br.
(3-412-12799-X)